well-being
のあり方を
研究者が伝授！

ライフデザイン白書 2022

「幸せ」視点のライフデザイン

2万人アンケートが描く
生き方・暮らし方の羅針盤

著 第一生命経済研究所

東洋経済新報社

はじめに

弊社、第一生命経済研究所は、第一生命グループのシンクタンクとして1997年4月に創立されました。2002年10月には、先行して設立されていた生活関連のシンクタンク、ライフデザイン研究所（1988年9月設立）と合併し、現在に至るまで生活と経済、ミクロとマクロをともにカバーするユニークな研究所として活動しております。

大規模な生活者定点調査にもとづく本書『ライフデザイン白書』は、旧ライフデザイン研究所時代の1995年から定期的に出版してきているもので、今回はその第11号となります。本書は2021年1月に行った全国18～79歳の男女約2万名に対するアンケート調査の分析をベースとしていますが、弊社では、この調査とは別に2020年4月から「新型コロナウイルスによる生活と意識の変化に関する調査」を合わせて3回実施しています。本書は2年ごとの生活者定点調査に加え、これら3回の臨時調査の結果も踏まえ、コロナ禍で起きた日常生活、社会・経済の変化について、ミクロとマクロの両面から従来以上に総合的に分析し、Afterコロナのライフデザインについて様々な提言を行っています。

2019年に出版した第10回のライフデザイン白書では、『人生100年時代の「幸せ戦略」』と題し、QOL（Quality of Life＝生活の質）を向上させ「幸せ」に生きるためには、「つながり」「お金」「健康」の3つの人生資産を自律的にデザインしていくことが重要であるとの大胆な提言を行いました。

しかし、翌2020年1月から新型コロナの感染拡大が始まり、多くの人々が「健康」に不安を感じるだけでなく、QOLや幸せに関係が深いと考えられる人と人との「つながり」も多くの場面で分断され、そして生活を支える「お金」にまで大きな影響を及ぼす状況が生じています。このようなコロナ禍が2年近くに及ぶなかで、生活者の意識や行動がどのように変化しているのか、私たちは「幸せ戦略」を今後どう再構築すべきなのか、コロナ禍前には気づかなかった多くの学びのなかで、本書では新たな仮説・検証、考察・提言を試みています。

2019年の提言から2年間の環境変化は著しいものがありました。たとえば、テレワークなどの働き方改革やデジタル化が大きく加速した一方で、経済のK字回復といわれるように、企業や個人の経済格差の拡大が問題となっています。また、企業でDX人財の必要性が認識される一方で、従業員や高齢者のデジタルディバイド（ITを利用できる者と利用できない者との間の格差）も顕著となってきています。グローバルではワクチン接種における南北問題、一国主義が大きな問題となっています。気候変動が日常化し、環境問題がグローバルから個々人の日常の問題となり、企業そして個人の行動変容が不可欠とされています。これらは持続可能な社会を目指すSDGsとして、国際間および世代間の共有課題として認識されるようになりました。

このような環境変化のなか、生活者一人ひとりが「幸せ戦略」を追求するためには、現在直面する社会課題への理解は避けて通れないとの認識を切実に持つに至りました。ミクロとマクロの問題を同時にどう語るのか、まだまだ未熟な過程ではありますが、本書では大胆にチャレンジしています。私たちは、コロナ禍で「つながり」「お金」「健康」という3つの人生資産の重要性を改めて実感しています。そして今回、この基本フレームは変えずに、「多様性の受容」「寛容さ」「利他」という新たな視点も取り入れることで、個人の幸せ追求と社会課題の解決を結び付ける試みを行っています。読者の皆さまにはどのように映るでしょうか。

第一生命経済研究所、そしてこのライフデザイン白書は、常に挑戦し変化・進化していきたいと思っています。今回、様々な分野のエコノミストや研究員が、それぞれの専門の知見にもとづき、このAfterコロナを見据えたライフデザイン白書の執筆に参加しています。このような「多様性」を弊社の強みとしつつ、貴重な「つながり」の1つである外部の専門家の方にインタビューをお願いすることもできました。ご尽力いただいた皆さまにはこの場をお借りして御礼申し上げます。そして最後に、読者の皆さまには「寛容さ」を持って私たちの挑戦を温かく見守っていただければ幸甚です。

株式会社　第一生命経済研究所
代表取締役社長　丸野　孝一

「幸せ」視点のライフデザイン　目次

序章　多様性を受け入れ、幸せを体感するライフデザインに向けて

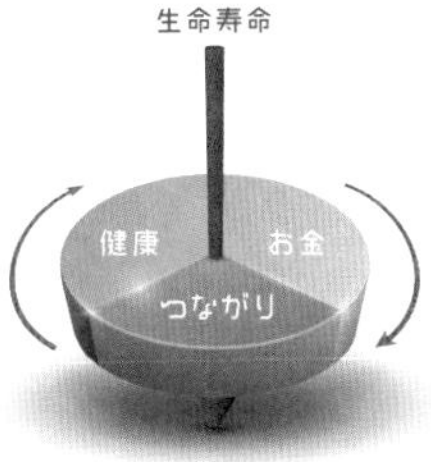

コロナ禍で見えたもの

2020年に世界中を巻き込んだ新型コロナウイルス（COVID－19）の流行は、人々の生活スタイルや習慣だけでなく、価値観や人生観までをも変えるほどのインパクトをもたらしました。そこで多くの人々が共通して口にしたことがあります。

「これまでの当たり前の日常が、いかに幸せだったかに気づいた」

仕事や学校の合間や帰りに友人知人と食事やお酒を楽しむこと、家に人を招いておしゃべりをすること、離れて暮らす家族の顔を見に行くこと、劇場やホールに赴いてライブで舞台を楽しむこと、そんなささやかな「普通に行っていたこと」が、当たり前にできなくなり、1年以上も我慢する生活。そして、そうした行動や移動を行った人や、期せずして感染してしまった人や感染者を出した地域に対する厳しい目。「自粛警察」などともいわれる、「正義」を大義とした暴力的言動や行為。こうした社会の閉塞感は、感染への不安や経済活動の収縮と相まって、多くの人のQOL（生活の質）を下げたと考えられます。

Society5.0の時代

その一方で、新たな動きも多数見られました。実際に人に会えないのなら、インターネットを用いてそれらを何とかできないか。コンサート会場に行けないなかで、どうしたらライブの一体感を再現できるか。高齢の親にどうしたら孫の顔を見せられるか。そんな試行錯誤が、Society5.0といわれる社会に向けた新たな挑戦への背中を押しました。

Society5.0とは、狩猟社会（Society1.0）→農耕社会（Society2.0）→工業

社会（Society3.0）→情報社会（Society4.0）に続く新たな社会の形として位置づけられ、内閣府によれば「サイバー空間（仮想空間）とフィジカル空間（現実空間）を高度に融合させたシステムにより、経済発展と社会的課題の解決を両立する、人間中心の社会」と定義されています。言い換えれば、テクノロジーを用いた仮想空間（ネットの世界）を活用して、現実社会の限界や課題を突破しつつ、現実社会ならではの要素も尊重し、それらをうまく組み合わせることで、人々の幸せを実現する社会であると捉えてよいでしょう。一大ブームとなった「DX（デジタルトランスフォーメーション）」とは、Society5.0社会の「サイバー空間（仮想空間）」の部分を整えるプロセスを指しています。身近なものがハイテク化していくことに対して、「ついていけるかどうか心配」「だんだん難しくなる」と不安に思う人も少なくないでしょうが、社会が目指しているのはあくまで人々の幸せの体感を得るための経済発展と社会課題の解決であり、DXはそのための手段であって、それ自体は目的ではありません。

つながりの体感とSDGs

新型コロナウイルスが私たちに気づかせたもう1つのことは、「私たちが思うより私たちはつながっている」ということでした。ウイルスは人を媒介して世界のあらゆるところに広がり、これによりいかに地球上の人たちがつながっているかということが改めて体感されました。

第一生命経済研究所（以下、当研究所）が2020年に3回にわたって実施した「新型コロナウイルスによる生活と意識の変化に関する調査」（巻末の「調査概要」参照）では、新型コロナウイルスの流行により、ナショナリズムやリージョナリズムといった「自国さえ良ければ」「自分の地域さえ何とかなれば」といった意識が芽生えたことがうかがえます。その一方で、実際に暮らしや社会を回していくうえでは、世界の人々がつながっているとの事実によって、もはや自国だけでは経済が成り立たないことや、新型コロナウイルスを自国内だけで封じ込めても意味がないという共通認識を得ることができました。

たとえば、コロナ禍においてニーズが急増した消毒薬について、商品（中身）はあっても容器が海外生産されていたことで、出荷できなかったケースが生じるなど、私たちの生活が予想以上にグローバルであることを改めて知った人も多くいました。発生したウイルスがあっという間に広がる小さな地球において、環境問題や他国の課題は自分とは無関係ではないということも強く実感されたのではないでしょうか。

SDGsは、Sustainable Development Goalsの略で、2030年の達成を目標として2015年の国連サミットで採択された、世界の課題解決に向けた17のゴールです。「貧困」「飢餓」「健康福祉」「教育」「ジェンダー平等」「安全な水とトイレ」「エネルギー」「働きがいと経済成長」「産業と技術革新」「不平等」「まちづくり」「消費」「気候変動」「海洋」「陸」「平和と公正」「パートナーシップ」といったテーマのいずれもが、「自国」「自分の地域」といったレベルでの解決は難しく、世界が一丸となって協調・連携して取り組まなければならないものばかりです。私たちは、新型コロナウイルスの拡大で明らかになった「私たちが思うより私たちはつながっている」という事実を強みに変え、これらに取り組む必要があるのです。そしてその手段が、私たちのつながりの切り札ともいえる「Society5.0」の仕組みだといってよいでしょう。

幸せ・well-being視点で考えるライフデザイン

こうしたなか、今日幸せとは何か、well-being（ウェル・ビーイング）とはどういう状態を指すのか、それらは何で測れるのかといった視点での社会的関心が高まり、研究が進められています。当研究所でも、2019年に『人生100年時代の「幸せ戦略」』（以下「幸せ戦略」、東洋経済新報社刊）を10回目の「ライフデザイン白書」シリーズとして発行するなど、これからの社会において、生活者一人ひとりがどういう視点でライフデザインをすればよいのかを研究・発信してきました。

そこに通底する概念は、幸せとは「なる」ものではなく「感じる」ものであるという考え方です。幸せになるために今を犠牲にして頑張るのではなく、大きな目標に向かって頑張る日々そのもののなかにも幸せを見つけてそれを感じ取っていく。その日々それ自体が幸せであり、目標の達成という成功体験もまた幸せであるという考え方です。日々の幸せを感じ取るためには、様々なことに目を向けて行動し、「誰か」や「何か」とつながり、楽しむことを意識して感性を磨くことを提言しています。そして、実際にそういう考え方や行動をとっている人たちにおける幸福感が高いことを、データで検証しています。

図0-1は当研究所が提唱している、ハピネス、QOL（Quality of Life: クオリティ・オブ・ライフ）、well-beingの捉え方です。私たちは主体的な行動をとることによって得られる嬉しい・楽しいといった「ハピネス」を日々体感することで、満足感を得る経験を重ねていきます。これにより、自分が良い状態にあるという体感を得る（＝QOLが高まる）ことで「well-being」が達成されます。しかし、良い状態というものはすぐに日常になってしまい、状態としての幸せを感じ続けることは難しいのが実情です。主体的な行動をとり続け、積極的に「ハピネス」を感じ続けることで、常にQOLを高めることができるのです。こうした動的（Dynamic: ダイナミック）な要素で構成される「出来事」と静的（Static: スタティック）な「状態」の体感の循環をうまく作ることで、日々楽しさ（ハピネス）を感じ、幸せな状態（well-being）

図0-1　「幸せ」の構造

にいられると考えています。

近年、「幸せ視点」は組織の経営にも取り入れられるようになってきています。慈善事業ではなく経済活動をするのだからと、事業者がそういう視点を持つことに懐疑的になったり、生ぬるいと感じたりする部分もあるでしょう。ところが、従業員が働きがいを持って楽しく働ける職場の生産性が高いこと、そして消費者はそういう事業者が提供する商品やサービスを購入したいと考えていることは容易に想像がつきます。それに気づいた事業者は、着々と経営に「幸せ視点」を導入し、競争体制から共創体制にシフトしているのです。CHO（チーフ・ハピネス・オフィサー）やCWO（チーフ・ウェルビーイング・オフィサー）といった役職を社内に設ける事業者も出てきています。

また、Beyond SDGsともいわれる、SDGsの目標達成の期限とされる2030年以降の社会に向けて、GDW（Gross Domestic Well-being：国民総充実）という指標の提唱もされるなど、経済成長（GDP）だけでは測れない社会の価値を模索する動きも出てきています。

ライフデザイン3.0時代とは

当研究所では、これからの社会が「ライフデザイン3.0」時代であるということを提唱しています。

同質的で画一性の高いライフデザイン1.0時代（昭和）は、皆で同じようなライフコースを歩んでいれば、将来への心配は大きくなかった一方で、「当たり前のライフコース」を逸脱することへの周囲の目や不安があるなど、人生における選択の自由度が低かった時代です。

続くライフデザイン2.0時代（平成）は、多様化が進んで人生の選択肢が広がり、人生がカスタマイズできるようになった時代でした。女性の社会進出や高学歴化により、結婚や出産も自己裁量による部分が大きくなるなど、人生におけるライフイベント選択の自由度は広がりましたが、多様化によって将来への見通しが立ちにくくなったことに加え、自己責任部分が拡大したことによって不安感が高まりました。折しもこの時代はバブル経済の崩壊やリーマンショックといった経済的ダメージに加え、大きな自然災害が続いたことで、備えの意識は高まっていたものの、ライフコースの多様化によりモデルケースが見つけられず、「何とか将来に備えたいけれどどう備えていいかわからない」という時代だったといえます。

ライフデザイン3.0時代（令和）は、こうした発想を転換し、ありたい未来は自分で描き、その実現に向けて今をデザインしようというものです。当研究所は、日々を楽しみ、充実させることを主眼に、いつからでも始め、何度でもやり直し、方向転換をしながら、柔軟性の高いライフデザインをしていこうという提言を行っています。

図0-2　ライフデザイン3.0の時代へ

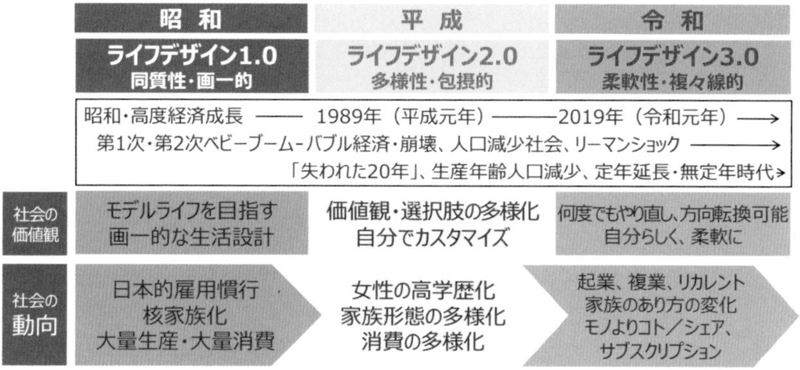

ライフデザイン3.0モデルにおいて重要なのは、「正解」も「勝敗」もないということです。モノ・資産・地位・寿命といった量的・ステージ的な社会の基準で自分が幸せかどうかを測る「勝ち」ではなく、人の数だけ解があり、自分にとっての人生や生活の「価値」を追求する視点が求められます。たとえばつながる力やハピネスを感じる力、「健康体感（数値的な健康状態ではなく自分の心身の状態やバランスに満足できるかどうか）」などがここでいう「価値」にあたります。

「勝ち」ではなく一人ひとりの「価値」が目指される社会においては、「多様化」が進むと考えられます。一人ひとりが違ってよいということが浸透すれば、当然自分と価値観の異なる人や考え方に触れることが多くなるでしょう。そこで1つの課題が生じます。自分と異なるものや、自分が肯定していないものとの関係です。これまでは社会に「当たり前」とされるモデルがあり、そこに違和感を持つ人たちもその当たり前になんとなく従っていたり、従わずに拒絶されたりといったことが生じていました。当たり前が崩壊し、多様化によって様々なタイプの人が可視化されることで、当然自分とは「合わない」という感覚を持つ機会は増えると思われます。

そこで必要なのが多様性を受容する「寛容さ」となります。「Inclusion（包摂性）」と言い換えてもよいでしょう。

ますます重要になる「寛容さ」

①つながりの体感とユニバーサル社会をもたらす「寛容さ」

ライフデザインのグレートリセットにおいては、価値観や生き方の多様性をお互いに認め合い、受け入れていく視点が重要です。それは、多様な他者を認め、その背景や考え方に思いを馳せ、尊重しようという主体的なアクションであるともいえます。

1つの価値観で他人の生き方の良し悪しや勝ち負けを判断しない寛容さを持つことは、自分自身の生き方を認めてもらうことにもつながります。周囲に認められ、受け入れられるということは、つながりの体感をもたらし、QOLの向上に大きく寄与するので、一人ひとりのwell-beingに結び付くと考えられます。自分と異なる人に受け入れられ他者の寛容さを体感した人は、自分と異質なものを受け入れる他者への寛容さを持つようになるでしょう。相手のQOLを高めることができれば、その人も誰かのQOLを上げるような寛容さを持てるかもしれません。何より、相手が喜んでくれること、相手のQOLが高まることで、自分自身のQOLが高まる機会も増えます。こうした連鎖が、お互いに尊重し助け合える社会、すなわちユニバーサル社会につながるといえます。

②暮らしにゆとりをもたらす「寛容さ」

寛容さは人に対してだけでなく、モノやコトに対しても持つことができます。近年、あえてテクノロジーを用いず、時間がかかっても人の手でゆっくり作業をしたり、買ってきたほうが安価であるにもかかわらず手づくりをしたりといった、「少し面倒だけれど丁寧な暮らし」を楽しんでいる人が目立ちます。特にコロナ禍で生活時間を見直した人で、田舎暮らしを体験したり(移住をした人もいます)、そば打ちや味噌づくりを始めたりといった、手間暇をかける行動を「豊かさ」として大きく評価する動きが見られました。こうした傾向は、本書内でも「トキデザイン」型の消費として述べています。

これはいわば、時間の価値の高め方の変化であり、時間の使い方への寛容さと言ってもよいかもしれません。いかに少ない時間で多くのことをするかという捉え方ではなく、幸せを感じる時間を創出できたかどうかが時間価値を高めるという考え方です。

③自分を守り、楽にする「寛容さ」

また、寛容さは自分と合わない相手を「受け入れてあげる」という目線での譲歩ではなく、むしろ自分のために心がけることです。なぜなら、多様化が進む社会において寛容さがないと、自分と異なる人や合わない人にイライラしたり怒りを感じたりすることが多くなるからです。

コロナ禍でも、きちんと感染防止対策をしている人や日々前向きに生きている人ほど、マスクをしないなどのルールを守っていない人に対して怒りの感情を感じていたというデータがあります。ルールを守らない人を肯定する

図0-3　価値観のグレートリセット

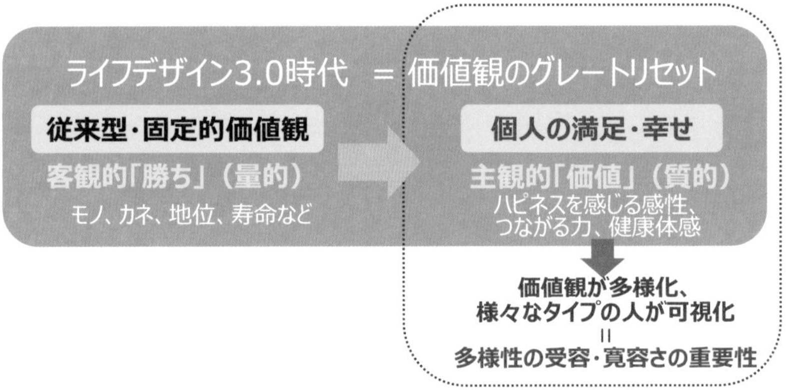

ものではありませんが、きちんとやっている人が負の感情を抱き、well-beingの状態にいられないというのはあまりに不条理です。

これを、「何か事情があるのかもしれない」という発想転換で受け流して、負の感情を引きずらずに切り替える能力、それも「寛容性」であると捉えられます。レジリエンス（＝立ち直る力）も寛容さがベースにあるといってよいでしょう。それはある意味、想像力を要するスキルであり、これからさらに多様化が進む社会において、負の感情に流されそうになる自分自身を守ることにつながるといっても過言ではありません。ハラスメントやいじめといった対人関係のエスカレーションをなくしていくうえでも、こうした「互いを受け入れる」「自分を尖らせない」という日常の習慣と感情のコントロールは、今後ますます重要になっていくものと思われます。

本書の構成とコンセプト

こうした社会変化と人々の意識変革のなか、当研究所では改めてこれからの時代のライフデザインについて考えるべく、新たに「ライフデザインに関する調査」（巻末の「調査概要」参照）を実施し、第11回目のライフデザイン白書としてまとめました。できあがった本書の構成は図0−4の通りです。

当研究所では、これからの人生に必要な資産として「つながり」「お金」「健

図0−4　本書の構成

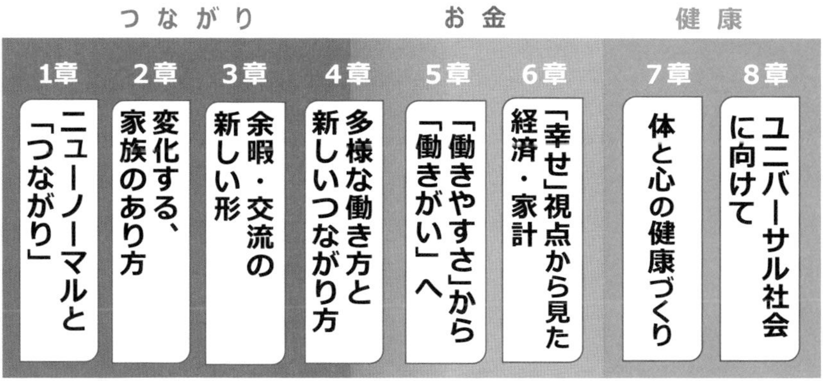

康」の3つを挙げています。本書の各領域はこの3つのカテゴリごとにまとめられています。

図0-5　生命寿命を支える3つの人生資産

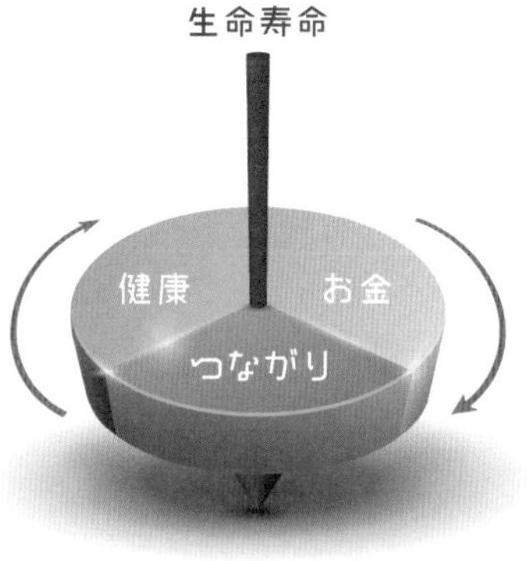

「コミュニティ」「家族」「アクティビティ」「職場」の部分は、「つながり」の領域として扱っています。DXや高齢化のなかで人や地域とのつながりはどう変わろうとしているのか、家族関係はどう変わってきたのかを考えます。またアクティビティとして、趣味・余暇や消費にDXやSociety5.0の視点がどう取り入れられてきているのかについて考察しています。つながりがもたらすハピネスが就労にどう影響しているか、コロナ禍で加速したテレワークのあり方についての最近の情報についても紹介しています。

続く、「働き方」「経済環境」「家計」といった部分は「お金」の領域としています。どうやって稼ぐか・貯めるかに加えて、「幸せに稼ぎ続ける」ことや「楽しく幸せに消費する」ということにも焦点を当てています。

最後の、「心と体の健康」「ユニバーサルな社会・環境」の部分は「健康」の領域です。ここでは、「健康であること」とはどういうことなのかを捉え直し、SDGsのコンセプトでもある「誰一人取り残さない社会」を考えます。

終章では、各領域で発したメッセージを集約し、幸せなライフデザインの実現において必要なマインドセットや視点についてまとめています。

どうしたら一人ひとりが日々幸せを体感しながら暮らせるのか、Society5.0というスキームをどう社会に活かし、SDGsの達成を目指すのか。こうしたことについて、個人が持つべき視点やヒントを模索し発信することを目的に、それぞれの領域の専門家によって本書は編纂されています。

（宮木由貴子）

第1部

つながり

第1章 ニューノーマルと「つながり」

私たちが暮らす社会は、複数の多様な人と人とのつながりで形づくられています。

新型コロナウイルスは、この「つながり」をいとも簡単に断ち切ってしまいました。人と人との接触が制限された社会は、人々にどのような影響をもたらすのでしょうか。

本章では、社会のありようが大きく変容するなか、地域社会（コミュニティ）での暮らしや人々の意識がどのように変化したのか、そして私たちがいかに「つながる術」を見出していけるのかを考えていきます。

1 再び「つながる」ことはできるのか

人のつながりとコロナ禍

皆さんは、「コミュニティ」という言葉にどのようなイメージを持ちますか。そして、「あなたは『コミュニティ』に属していますか」と聞かれたら、どのように答えますか。

職場や学校、趣味のサークルやクラブ、部活動、学び直しのために通い始めた大学院、地域のボランティア、NPOなどの活動団体、身体を鍛えるために通うジム、飼っている犬の名前で呼び合う散歩仲間、子どもが通う学校のPTA、ママ友、パパ友、オンラインゲーム上でともに戦う仲間、“推し”のファンクラブ……挙げればきりがないでしょう。

「コミュニティ」とはいったい何なのか。その詳細な定義はここでは述べませんが（研究者の数だけその定義があるといわれるほどです）、いったん「ある共通点や共通の考えを持った人の集まりやそこでの人と人との関係性」としておきます。そのように捉えると、私たちが日々過ごす場所や関わる人によって、**複数の、多様なコミュニティという、つながりのなかで生活している**ことがわかります。今やパソコン、スマートフォンやタブレット端末などの機器を使い、インターネットを介せば、いつでもどこでも自由自在につながり、コミュニティに参加することもできます。にもかかわらず、コロナ禍を経験する私たちは、つながりが「分断」されたと感じ、何とか修復（または新たな方法で再構築）しなければとあくせくしています。

なぜ、私たちはこれほど「つながる」ことを意識してしまうのでしょうか。なぜこれほど、つながること、つながる方法を模索するのでしょうか。

誰にでも、起こりうる「孤立」

図1−1は、東京23区内における1人暮らしで65歳以上の人の自宅での死亡者数（いわゆる孤独死）を示したものです。「孤独死」が2000年代に入ってから深刻な社会問題として議論されているのは、皆さんもご存じでしょう。近年の動向を見ていくと、2017年に3,300人を超え、直近の2019（令和元）年は男女合わせると3,900人を超えています。2020年は、この数が増加している可能性が示唆されています。

高齢になると、身体機能が低下し物理的にも自宅周辺での暮らしが中心となります。地域内で知人と交流できる場や機会に自ら出向き、参加することは、単なる楽しみ以上に心身の健康にも好影響をもたらす[1]ことがわかっています。こうした目に見えない人と人の関わりを**「社会関係資本」といいます。社会関係資本が蓄積された地域では、住民が活発に活動し影響し合うことで、健康のみならず、防犯や防災、孤立などの側面でも良い効果がある**[2]こともわかっています。

全国の自治体では、高齢者を対象に「介護予防」を目的とした健康・体操教室やおしゃべりサロンなどが積極的に実施されてきました。地域によって

図1-1　東京23区内における65歳以上の単身世帯での死亡者数

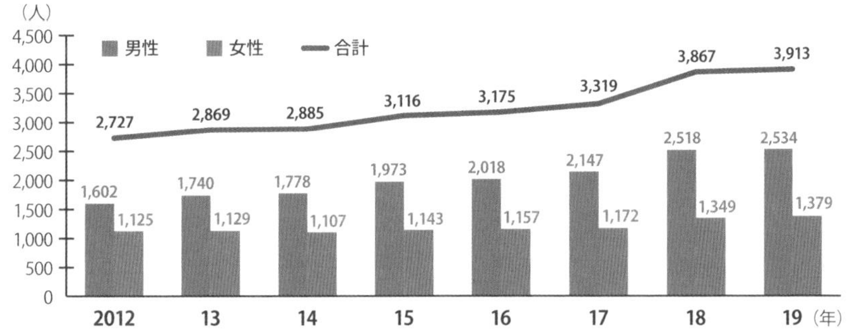

資料：東京都福祉保健局「東京都監察医務院で扱った自宅住居で亡くなった単身世帯の者の統計」より、65歳以上について2012～2019年の各年調査より作成

は、隣近所や民生委員の戸別訪問による日常的な見守り活動なども行われています。しかし、こうした日常的な習慣が途切れることや、途切れた状況が長期化することは、高齢者の健康状態の変化に気づくことができないことはもちろん、高齢者にとっては刺激がない日常が続くことによる認知機能低下のリスクも伴うのです。

（もちろん、あえて1人で生きることを選択した人もいるので、すべての単身生活者に当てはまるわけではありません）

高齢者だけではありません。警察庁と厚生労働省の調査では、自殺者数はリーマン・ショック後の2009年以来、11年ぶりに増加したことが報告されています。年代別では、40代が最も多く、50、60代が減少した他は増加し、特に20代の増加率が最も高い結果となっています[3)]。新型コロナウイルス感染拡大による生活上の問題（経済的な困窮、将来への不安）に加え、**人と会えないこと、人と関わりを持つことができないこと**がその問題の解決を困難にし、自殺者増加を後押しした可能性が示唆されます。

コロナ禍の子どもの暮らしとつながり

そして新型コロナウイルスの感染拡大は、子どもたちの過ごし方にも大きな影響を及ぼしました。自宅で過ごす時間が増えたことによって、外遊びや友達と会う機会も減少しました。身体の健康だけでなく、心への影響も少なくないでしょう。

図1−2左グラフは、小学生以下の子どもを持つ保護者に対して、子どもが参加した地域活動について必要かどうかを尋ねた結果です。95%を超える（「そう思う」と「ややそう思う」の合計）保護者は、日常的に参加していた地域での交流や体験機会を「必要なもの」と認識しています。しかし、図1−2右グラフの「実際の参加状況、感染拡大前と比べた頻度（回数や時間）の変化」を見ると、感染拡大以降、未だに参加できていない、または参加できたとしても頻度が減るなど、コロナ以前と同じような参加機会を獲得することができずにいることが浮き彫りになっています。

図1−2　自分の子どもが居住地域で行った下記1〜5の活動について

[1]お祭り、体育祭、文化祭などの地域イベントに参加すること
[2]年齢や世代の異なる人と交流すること
[3]公民館・コミュニティセンター、図書館、体育館などの公共施設の利用
[4]屋内・屋外問わず身体を動かす運動や遊び
[5]友だち同士で直接集まる遊びやコミュニケーション

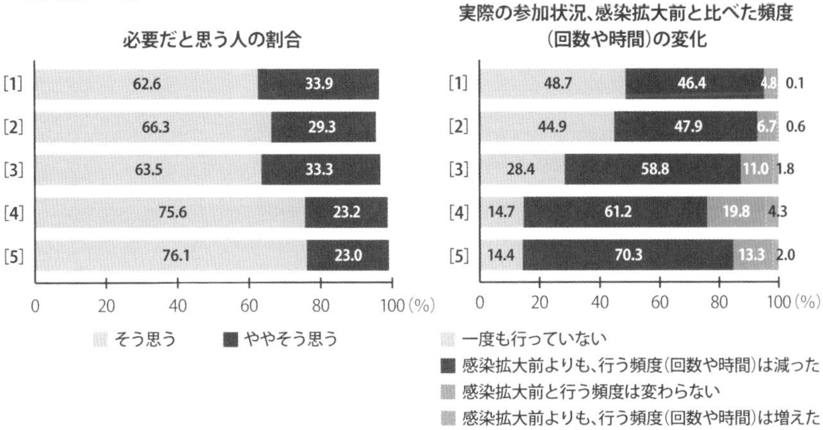

資料：第一生命経済研究所「第11回ライフデザインに関する調査」2021年1〜2月実施（詳細は巻末の「調査概要」参照）

子どもたちにとって地域は、主たる生活領域であり、地域に暮らす様々な人々との交流・体験を通じて、人格の形成やいわゆる「生きる力」が養われていきます。こうした機会が減ることは、子どもの成育に影響を及ぼすのはもちろんのこと、保護者が子育ての相談相手や気にかけてくれる地域の人と

のつながりを絶たれることも意味しています。

何が分断されたのか

冒頭で述べた通り、現代の社会ではインターネット上でいつでも、どこでも、誰とでも、容易につながることができます。文字、音声、画像、VRなどを使えば、より臨場感のあるコミュニケーションも可能です。では、結局のところ、感染拡大により「つながりが絶たれた」とは、どういうことなのでしょうか。

それは、日常の何気ない会話やおしゃべりといったやりとりや、直接会いに出向いたり、出先での出会いがあったり、そこで相手の気配を近くに感じ、姿（全身）を見ながら気持ちを読み取り、時間や場をともにすること、会話が始まる前後の余韻を楽しむこと……というような、**人と人とがじかに関わり合う行為や当たり前の習慣が、感染回避という名の下で、突然、かつ急激に喪失してしまった**、そのことに私たちは未だ強い衝撃を受けているということではないでしょうか。

こうした何気ない**「行為や習慣の喪失」**がもたらす影響は現代社会において予想以上に大きく、社会問題をより深刻なものにする要因になったのではないかと考えられます。

再び「つながる」ことはできるのか

「新しい生活様式」が私たちの暮らしのスタンダードになり、生活の一部となるならば、新たな習慣を取り入れながらも、それだけでなく**対面でのつながり方の見直しも必要です。**

感染拡大により、オンラインで物事を進めることが当たり前になりました。直接対面してやりとりする頻度はより少なく、手軽に、移動時間も少なくて済むため時間の節約という面からもこうしたコミュニケーションは常態化していくでしょう。

ただ、コロナ禍の収束に伴い徐々に対面で、人々が集い、交流することもできるようになった際に、この間に止まっていた地域の様々な活動、人が集う場づくり、地域の風習などをどう復活させていけるかが重要になるのではないでしょうか。そのためには各々単独の努力だけでなく、地域のあらゆる関係者、組織・団体、行政なども含めて考え、連携し実行していく必要があります。

社会は、人と人との関係性によりつくられ、また人は、社会のなかで人との関係性を学んでいきます。感染拡大により途切れてしまった「つながり」をAfterコロナの時代に合わせた形につくり直すことができるのかが、どの地域にも求められているのです。

（稲垣　円）

注）

1）「人と人」・「人と社会」のつながりが健康に与える影響については、近藤克則らが中心に行う日本老年学的評価研究（ Japan Gerontological Evaluation Study：JAGES）による調査が詳しい。健康に長生きする秘訣は積極的に人と会うことであるとし、「親戚や友人、近所の人など同居者以外の他者との交流が少ない人は、頻繁である人に比べ1.3～1.4倍要介護や認知症になりやすい」との結果や「自治会など地域組織に参加している人は、していない人と比べ3年後にうつ病になる可能性が5～6割少ない」「助け合いや情報交換が活発な地域に住む人は、そうでない地域に住む人に比べ要介護状態になりにくい」との調査結果も報告されている。

2）社会関係資本（Social Capital：ソーシャル・キャピタル…社会や地域における人々の相互関係や結び付きを資本として捉えたもの）によるもの。この概念を広く一般に普及させた米国の政治学者ロバート・パットナムは、「人々の協調行動を活発にすることによって、社会の効率性を高めることのできる『信頼』『規範』『ネットワーク』といった社会組織の特徴」と定義している。ソーシャル・キャピタルの蓄積によって自発的な協力が促され、子どもの教育成果の向上、近隣の治安の向上、経済発展、健康と幸福感の向上、民主主義の機能化・より良い政府の実現などにつながると指摘している。

3）厚生労働省自殺対策推進室、警察庁生活安全局生活安全企画課「令和2年中における自殺の状況」より。2020（令和2）年の自殺者数は21,081人、対前年比912人（4.5%）増。男女別では、男性は減少、女性は2年ぶりに増加。年代別では、40代が3,568人（前年比142人増）と最も多く、中高年層の割合が高かった。50、60代が減少した他は増加し、特に20代が404人増（19.1%増）の2,521人と最も増加率が高かった。

2　ニューノーマルとコミュニティ

Withコロナの日常生活

「コミュニティ」のなかでも、人と人の直接的な「つながり」が効果を発揮するものの1つに、町内会や自治会といった地域社会との関わりが深い組織が挙げられます。

町内会や自治会（または、それらの連合組織）は、町内の清掃活動や、子どもや高齢者の見守り、防災訓練、住民が交流するサークル活動の実施、お祭りや体育祭などのイベント開催など、地域の環境の整備・維持、住民の親睦・交流を行います。「町内会・自治会には参加していない」「地域活動のことを知らない」「関心がない」または「面倒くさい」という人もいるでしょう。しかし、お住まいの地域で、道端にゴミ1つ落ちていないこと、毎朝子どもたちの通学を見守る人がいること、夏祭りや秋祭りが開催されていること、図書館、公民館・コミュニティセンターなどを利用できているならば、それは**地域の誰かがその役割を担っている**ことに他なりません。

地域に住む住民のために、たくさんの活動が行われること、知り合いがいるなかで楽しみながら活動することは、地域の安全・安心はもちろん、活動するその人にとっても良い影響がありそうだと、想像することができるのではないでしょうか。

では、新型コロナウイルス感染拡大は地域コミュニティにどのような影響をもたらしたのか、地域活動を例に、地域の実態を見ていきましょう。

コロナ禍の地域活動

図2-1は、地域で行われる町内会・自治会をはじめとする様々な地域活動についての実施状況を示したものです。

新型コロナウイルス感染拡大以降、地域活動の多くが中止されることとなりました。

特にお祭り、体育祭、文化祭といった地域イベント、地域住民と一緒に身体を動かしたり、スポーツをする講習会、交流する場（サロン）といった「地域住民が集まって親睦を深める集合型の活動」については、中止や延期をしていると回答した人の割合が高い傾向にあります。

こうした活動は、不特定多数が集まり接触機会が増える可能性があること、またいわゆる「不要不急の活動」であることから、他の地域活動に比べても開催に慎重にならざるを得ない実態が表れています。

図2-1　感染拡大による地域活動の実施状況

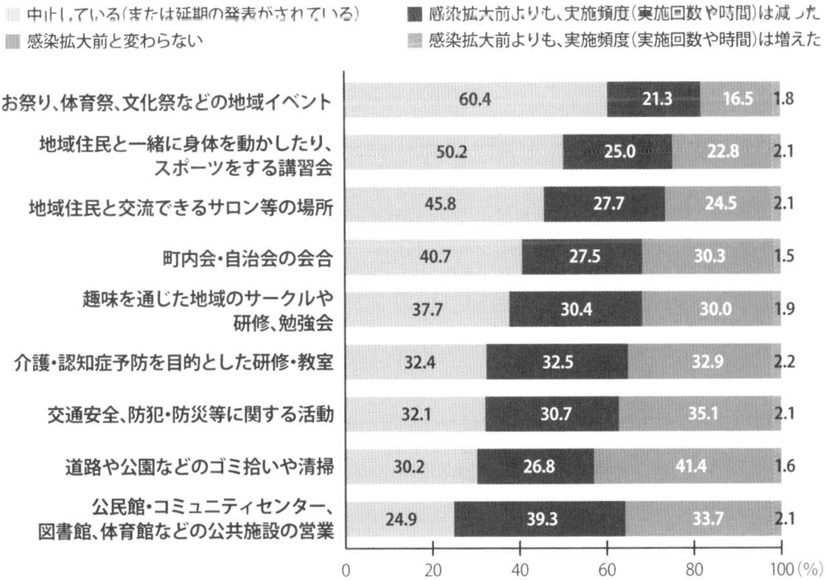

注：設問は活動への参加の有無は問わず、居住地域の実態を尋ねたもの。「地域にそのような活動や事業はない」「その他」と回答した人を除く

資料：第一生命経済研究所「第11回ライフデザインに関する調査」2021年1～2月実施（詳細は巻末の「調査概要」参照。以下、本節で紹介するデータは同じ）

さらに、図2-1で示した地域活動で実施している感染対策について尋ねたところ、どの活動においても1位、2位は「マスクやフェイスシールド着用の義務付け」「手指消毒」となりました。これらの感染対策は、人が集う場

所での基本的な感染対策のマナーとして広く認知・実施されていた状況を裏付けるものとなりました。3位と4位には、施設内で行われる活動は、「こまめな換気」、屋外で行われる活動は「参加人数の制限、複数会場での開催」や「参加者に対する検温や体調に関する確認」となっています。**場に応じて感染対策することも、日常化している**ことがうかがえます。

では、実施割合の低かった感染対策はというと、次のような項目が挙げられます。

「集合せず、SNSやビデオ会議システムを利用した開催になった」
「利用場所や道具の消毒」
「(感染者が出た場合に備えた)個人情報の取得」
「アクリル板やパーテーション、透明ビニールシート等の利用」
「(大声を出さないよう)マイクや拡声器等の利用」
「ペーパーレス化、タブレットやスマートフォンなどのIT機器の利用」

基本的な感染対策は徹底していた一方で、「利用場所や道具の消毒」といった、実施後の対策については後回しになりがちだったのかもしれません。

また、イベント等を開催する際、後日参加者の感染が判明した場合に濃厚接触者の情報を必要機関に提供するための参加者の個人情報取得も感染対策の1つですが、地域活動の場では行われていませんでした。アクリル板やパーテーションといった道具の設置や、IT機器などで開催方式そのものを変更するといったこともあまり行われていなかったようです(活動によっては必ずしもIT機器や道具が必要ない活動もあります)。道具や機器を揃え、管理するには費用がかかります。必要だとわかっていても機器を使いこなせないといった課題もあったでしょう。

人々はニューノーマルをどのように捉えているのか

「新しい生活習慣」は、私たちの暮らしの当たり前になりました。マスクや手指の消毒はもちろんのこと、人と会うときも、どこで会うのか、人数や部屋の大きさ、相手との間隔など「感染対策されているか」を事前に確認するという人もいるでしょう。

こうした行動はすでに「マナー」ともいえるかもしれませんが、人々はどのような思いで実行していたのでしょうか。

図2-2 感染回避の観点から4つの地域活動について、どのように思いますか

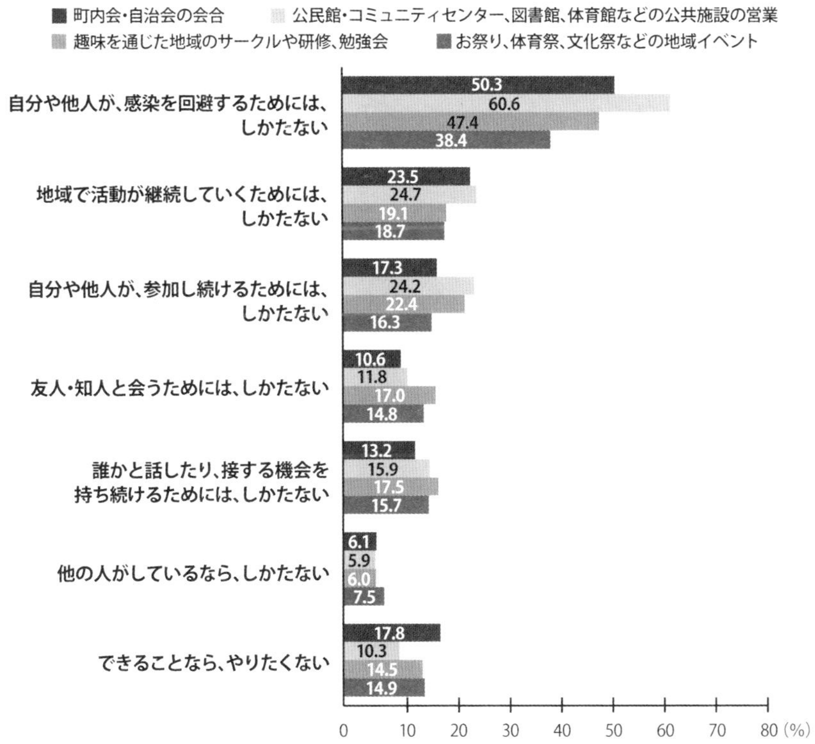

注1：複数回答
注2：図2-1の地域活動から凡例に挙げた4つの活動を取り上げた
注3：「(地域活動を) 中止している」「(感染対策を) 知らない」と回答した人を除く

図2-2は、図2-1の地域活動で行われている感染対策について、どのように思うかを尋ねた結果です（感染対策は、ふだんの習慣に追加して意識的に行わなければならないことから、選択肢はあえて「しかたない」というネガティブな表現を採用しました)。

どの活動においても、高い割合を示したのが「自分や他人が、感染を回避するためには、しかたない」との回答です。これに、地域活動ならではの回答ともいえる「地域で活動が継続していくためには、しかたない」「自分や他人が、参加し続けるためには、しかたない」が続きました。

大半の人にとって、**感染対策を行うことは、感染しない/させないために必要である**ことはもちろんのこと、地域活動を継続するためには、各々が対策を実行しなければならず、そうすることで地域活動を続けることができる、と認識していることがうかがえます。「新しい生活習慣」の考え方や社会での振る舞いが、ある程度浸透しているとみることができます。

一方で、約1割の人は「できることなら、やりたくない」と回答していることも見逃せません。**気を付けなければならないとはわかっていても、人は常に理性的に行動できるとは限りません。**1人でいるときは黙っていても、親しい人と一緒にいれば気持ちも高揚し、声が大きくなることもあるでしょうし、近寄りたくなります。うっかり手洗いや消毒を忘れてしまうこともないとはいえません。

理性的に振る舞うとは一人ひとりが「意識的」に行動することですが、それが時に負担（面倒くさい、煩わしい、やりたくない）にもなるのです。そして、これは一部の人に限った話ではなく、誰もがこうした人間の習性を持っていることを忘れてはなりません。

「当たり前」をつくり直す

では、私たちはこの相反する状況をどのように受け入れていけばよいのでしょうか。

感染拡大を経て、私たちの暮らしは多くのことが制限されるようになりました。その一方で、副産物としてオンラインで「代替」する術は大きく進展しました。仕事や学校だけでなく、リモート飲み会、オンライン帰郷、現地ガイドとのやりとりを楽しみながら疑似的な観光を楽しむオンラインツアー、オンラインフェス（音楽フェスティバル)、ウェビナー（オンライン上で動画・音声を配信するセミナー)、習い事などもオンラインの活用が進んでいます。今後ますます活用の幅が広がるであろうこうした方法を日々の暮らしや地域活動にうまく取り入れて、**社会が大きく変容するなかでも多様な**

方法で「つながる術」を身に付けていくことは有効です。併せて、道具や機器を揃えるコストに加え、希望すれば誰もが活用できるような、自治体やボランティア、プロボノ、民間企業・組織団体などによる積極的な支援も必要でしょう。

しかしながら、人間は元来社会的な生き物です。気心の知れた仲間と集い会話を楽しむことは、私たちの習性ともいえます。社会におけるつながりすべてをオンラインで補うことはできません。身近な地域社会で人々が集い、お互いを知り、楽しみ、また助け合うことが妨げられないよう、リアルとオンラインによる「**暮らしのアップデート**」がニューノーマルの社会には求められ、欠かせないものとなっているのです。

（稲垣　円）

3　私が暮らす「まち」を発見する

生活者の意識や価値観は変わったのか

感染拡大が長期化するなかで、移動距離を少なくし、生活圏内で過ごすことが日常化（定着）しました。同時に、それは地域が寝食の場としてだけでなく、働く場、学ぶ場、日用品を調達する場、近しい人と交流する場、さらに楽しみを見出す場として、これまで見過ごされてきた地域を再発見する機会でもありました。感染拡大を経て、自分が暮らす地域について生活者の意識変化はあったのでしょうか。調査結果から生活者の日常生活における意識や価値観の変化についてみていきます。

図3-1は、感染拡大を経て生活がどのように変化したのかを示したものです。以前の状態から「変化した」とする人が半数を超えたのは、「遠方へ外出するよりも、近場で過ごすようになった」（86.2%）と「自宅近くの店舗で生活日用品や食料を買うようになった」(64.2%）でした。続いて多いのが「自宅近くの飲食店を利用するようになった」（49.8%）、「自分の住む地域の感染

対策や医療提供体制について関心を持つようになった」（47.4％）です。感染拡大によって全国的に外出自粛や一斉休校、飲食店等の営業時間短縮などが実施された結果、多くの人は遠方への移動を控え、近場で用を足すようになったことがわかります。

一方で、居住地域での滞在時間が増えているにもかかわらず、「自分の住む地域の街並みや歴史などについて関心を持つようになった」「自分の住む

図3−1　感染拡大による日常生活の変化（「○○するようになった」か？）

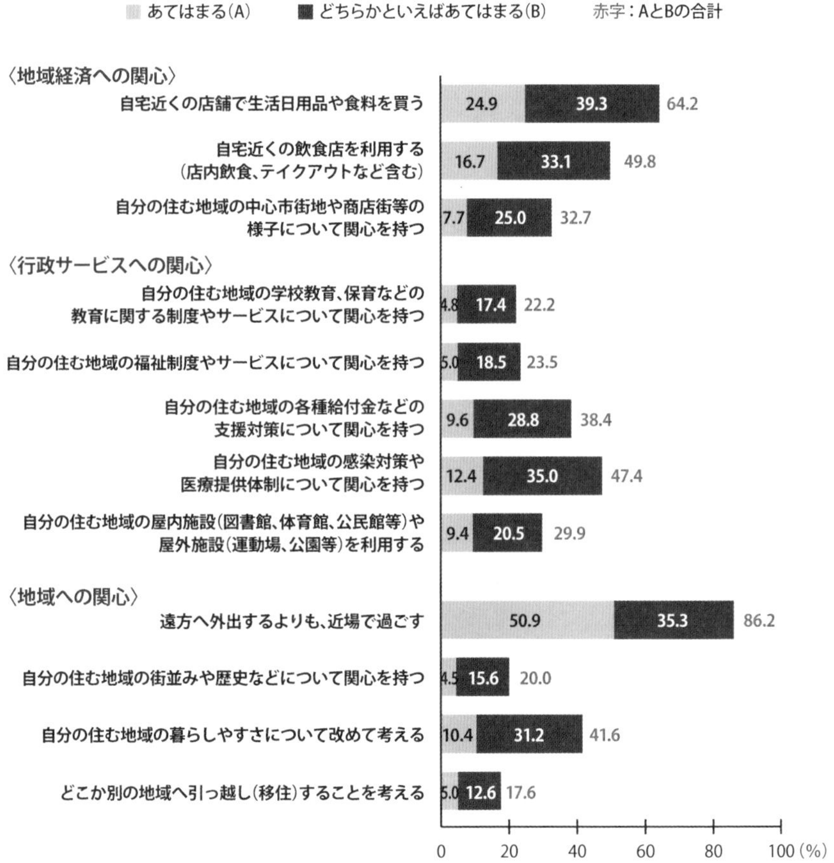

資料：第一生命経済研究所「第11回ライフデザインに関する調査」2021年1〜2月実施（詳細は巻末の「調査概要」参照。以下、本節で紹介するデータは同じ）

地域の屋内施設（図書館、体育館、公民館、美術館、博物館等）や屋外施設（運動場、公園等）を利用するようになった」との回答は少なく、地域の環境や施設の利用には結び付いていないことも見えてきました。また、感染が広がるにつれ、自治体の対応も話題になりましたが、かといって住民の間で行政サービスへの関心が高まったというわけでもなさそうです。実態としては、半数近くが医療提供体制への関心を持つようになったものの、給付金や教育・福祉サービスへの関心には結び付いていないことがわかりました。

さらに、約4割が「自分の住む地域の暮らしやすさについて改めて考えるようになった」と回答していますが、かといって「どこか別の地域へ引っ越し（移住）することを考えるようになった」とする人は少ないようです(17.6%)。感染拡大地域や人口集中地域で暮らすことへの懸念を持ちつつも、住まいを決めるには制約条件が多く、実際にコロナ禍で移住してまで住み替えようと考える人はそれほど多くはなかったことがわかります。

リモートワークの普及で場所を問わずに働くことができる人は増えましたが、住まいを変えるとなると、金銭面や生活利便性、地域社会でのつながり、子どもの教育環境など、現在の生活圏でのメリットと比較して簡単には踏み出せない事情もあるでしょう。

今いる地域で暮らしていく

では、そうした実情は今後、どのように変わっていくのでしょうか。

図3−2は、図3−1の項目を今後どのようにしていきたいのかを尋ねたものです。ほとんどの項目において図3−1で示した実態よりも今後関心を高めていきたいという意向のポイントが高い傾向がありました。

ただ唯一、「遠方へ外出するよりも、近場で過ごすこと」は、実態よりも今後の意向が若干低いという結果となりました。感染回避のため移動や人との接触に気を付けなければならないとは理解していても、人々の「遠くへ行きたい」という願望は容易には消せないということが表れているようです。

地域への関心の項目を見てみると、「自分の住む地域の暮らしやすさについて改めて考えること」は、今後の意向が約17ポイント以上高く、自宅近くで過ごすことについて、約6割の人が前向きな回答をしました。一方で、「ど

図3-2　感染拡大による日常生活の変化（するようになったか）および
今後の意向（したいと思うか）

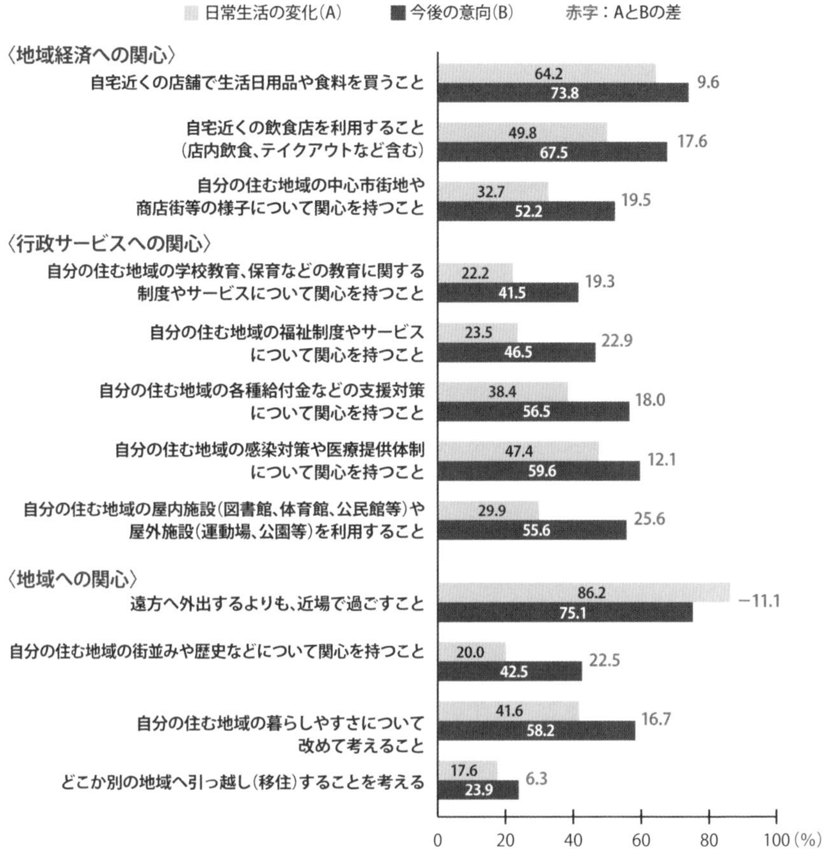

こか別の地域へ引っ越し（移住）することを考えている」人は、実際に「引っ越し（移住）する」という今後の意向も2割程度にとどまりました。大半の人は、**感染拡大が終息しても現在の生活圏内にとどまり、暮らし続けることを前提としている**ことがうかがえます。

地域（まち）を捉え直す

リモートワークや遠隔授業の推進の動きも加速し、ますます居住地は、寝食だけでなく仕事、学び、娯楽等が行われ、まさに「生活を営む場」になりつつあります。

図3−2でほとんどの項目において、変化した実情よりも今後の意向のポイントが高かったように、感染拡大を経て私たちは、足元の暮らしを見直しながら、新しい生活様式、新たな働き方、学び方、楽しみ方を習得しながら暮らしを再構築する時期にきているのです。**住まうだけの地域を「暮らす」地域として、捉え直していく必要がある**でしょう。

本来、地域は人々が集まって住み、集団の力で暮らしのなかで起こる共通の問題や個人の問題の解決に取り組み、生活環境を整えていく場所です。第1節〈P20〜25〉で見たように、好むと好まざるとにかかわらず、**つながりが絶たれ、孤立すれば生活そのものが成り立ちません。**

とはいうものの、これを読む皆さんは、地域社会の一員であることを実感しながら暮らしているでしょうか。生活上の困難や不安を抱えたとき、助けを求めたり寄り添ったりしてくれる仲間が地域にいるでしょうか。家族や隣近所に代表されるような、血縁や地縁といった強いつながりが縮小するなかで、つながりはもはや「当然あるもの」ではありません。そうした社会においては、**人とつながるためには自らつながりに行く（コミュニケーションを取りに行く）**、そして**お互いにコミュニケーションを取り続けることが欠かせない**のです。

コミュニケーションを取るという意味では、外出せずともインターネット上でコミュニケーションの幅は広げることができます。どこにいようとも、何時でも、参加者の規模も自在に、多様な属性の人が同じ画面上で一緒にやりとりができます。こうした技術の恩恵を受けながらも、同時に直接的な人との関わりを失わない方法を模索していくことも必要です。

図2−1で示したように、地域活動のなかでも住民が集まって交流し、地域文化として脈々と受け継がれてきた行事やイベントほど開催が難しい状況がありました。直接対面でやりとりすることは今なお躊躇されますが、人と関わる場面が減るほど、やがて地域の文化や風習が薄れ、人々の地域への愛

着・関心も薄くなっていきます。

「自分の住む地域の暮らしやすさを改めて考えること」への関心が高まっている今だからこそ、交流の機会を待つだけでなく、自ら地域にアクセスし、アクセスした先の人やモノ、コトへ関心を持って関わることに、ぜひチャレンジしてください。これまで見過ごされていた身近な「つながり」を再発見することで、自分や家族が生活を営む場としての地域の見え方は変わるでしょう。今居住する地域に暮らし続けるとしても、どこか別の地域へ移住するとしても、単に**「あるモノ」としての地域から、自ら「働きかけるモノ」へと地域**の役割を捉え直していくことが、Afterコロナ時代の暮らしには求められているのです。

（稲垣　円）

第2章 変化する、家族のあり方

人と人とが出会い、やがて家族になり、家庭を築いていく。新型コロナウイルスの感染拡大は、こうした人と人の「出会い」や「家族のあり方」「家族のつながり」にも影響を及ぼしました。そのとき、大きな役割を果たしたのがインターネット、そしてSNSです。

また、長い自粛生活は、家族の新たな側面に気づき、家事や子育ての認識を新たにする、そのような機会にもなりました。

本章では、コロナ禍を経て、家族形成や家族のあり方がどのように変化したのかに迫ります。

4 Withコロナ時代の幸せな家族づくり

広がる出会いの選択肢

新型コロナウイルス感染拡大は、家族形成にも影響を及ぼしました。外出自粛要請により人々が対面で接する機会が減少し、それが結婚につながる出会いにも影響したようで、2020年の婚姻件数は52万5,490組と、2019年より7万3,517組減少しました（厚生労働省「令和2年人口動態統計月報年計」2021年6月）。

また、感染リスクがあるために、結婚式を挙げることを躊躇せざるをえない状況は、結婚しようとしているカップルの結婚意欲を阻むのみならず、結婚をまだ先のことと考えている若者の結婚や出産意欲にも影響するといわれています。結婚式に参加すると、祝福されて幸せそうなカップルをみて、自分自身も結婚したい気持ちや、子どもを持ちたい気持ちになる人が多いそうです。結婚式は、当事者のみでなく、社会的にも結婚や出産意欲を高める効果があるようです。

実際、未婚者の考える結婚相手との理想的な「出会い方」は、「共通の趣味」や「会社・仕事を通じて」等、対面で交流することを前提としている人が多いです（図4−1）。特に、女性のほうが男性よりもその傾向が強いです。

外出自粛により在宅勤務も広がりました。出社することで、偶然の出会いが生まれることもありますが、在宅勤務ではそのような機会は少なくなります。コロナ前から出会いの機会がないために結婚が難しいという人が多くいましたが、コロナによる外出自粛がそれに拍車をかける結果となってしまいました。

また、出会いの機会が少なくなっただけでなく、交際相手がいる人のなかにも、外出自粛によって対面で会って話す機会が失われたので、関係をあたため、結婚に発展することが難しくなった人もいるようです。

他方、1割前後と少数派ではありますが、SNS（Twitter、Instagram、

図4−1　20〜30代未婚者が考える結婚相手との理想的な出会い方〈複数回答〉

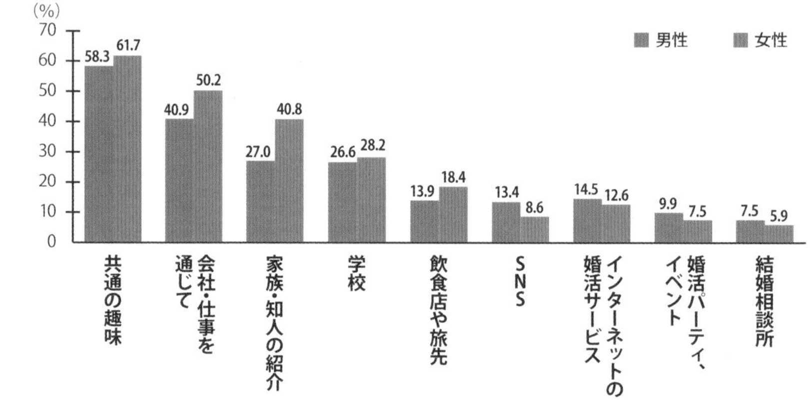

注：20〜30代の未婚者対象
資料：第一生命経済研究所「第11回 ライフデザインに関する調査」2021年1〜2月実施（詳細は巻末の「調査概要」参照。以下、本節で紹介するデータは同じ）

Facebook、LINE、オンラインゲームなど）やインターネットの婚活サービス（婚活アプリ、マッチングアプリ）を挙げている人もいます。コロナ前からSNSやインターネットの婚活アプリによって出会い、お互いを理解し、結婚をする人もいますが、コロナ禍でオンラインによりコミュニケーションする機会がこれまで以上に多くなったことで、結婚相手と出会う機会としてSNSを身近に感じるようになった人も少なくないのかもしれません。

ただし、SNSなどのオンラインでは多様性に富んだ多数の人と交流し、「相性が良さそうな人」を効率的に選んで出会うことが可能ですが、そのなかから信用できる人かどうかを判断することの難しさもあります。男女別の回答では、「会社・仕事を通じて」「家族・知人の紹介」等のリアルでの出会いとは対照的に、「SNS」や「インターネットの婚活サービス」は女性が男性に比べて少ないことから、女性はより、オンラインでの出会い方に慎重になっていることがうかがえます。

先行きが不透明な社会となり、将来不安が高まるなかで、「安心できる人と一緒にいたい」「ともに寄り添える家族が欲しい」と思い、結婚に対する意欲も高まっているとの見方もあります。今後、コロナ禍で急速に進んだデジタル化によりテクノロジーが進化し、**リアルでの出会いと同じようにオンラインでも安心して相互理解を築くことができれば、出会いの機会の減少を補うことも期待できる**と思われます。

夫婦の信頼関係の「見える化」

近年、共働きが増え、男女ともに自分の生き方や価値観、キャリアを大切にしながら結婚生活を続ける人が増えています。実際、同居して入籍しない事実婚や、入籍しても同居しない別居婚、共働きで子どものいないDINKs（Double Income No Kids）、熟年結婚、国際結婚など、結婚やパートナーシップのあり方も多様になっています。特に、一方がいずれかの戸籍に入籍する法律婚では「夫婦同姓」になりますが、最近では、姓を変えることに抵抗があり「夫婦別姓」を望み、平等な夫婦関係を維持したいとして、事実婚を選ぶ人も増えているようです。

また、結婚しても男女それぞれが自分の価値観を大切にし、対等な夫婦関係を維持するための1つの方策として、「結婚契約書」を作成しておくことの大切さも注目されています。「結婚契約書」（あるいは「婚前契約書」）とは、結婚前に、家事や育児、介護の分担や生活費の負担方法、財産管理、子どもの教育方針、離婚時の取り決め（慰謝料、親権、養育費、財産分与など）等々について、夫婦の合意事項を定めておくものです。こうした取り決めをする過程で、お互いの価値観を共有できるメリットもあります。

現在、「結婚契約書」は欧米に比べ、まだ日本ではあまり浸透していません。ただ、年代別にみると、若い人のほうが利用している割合が高くなっています（図4-2）。これから結婚する若い人から利用が進んでいけば、わが国でも**「結婚契約書」**を締結したうえでの結婚というスタイルが広がっていくことも予想されます。

また、共働きなどで仕事や子育てに忙しくて夫婦がお互いに向き合う時間が取れなくなってしまうことがあります。そのような場合でも、お互いに信頼し合える夫婦関係を維持するためのコミュニケーションツールとして、**「夫婦の対話・理解促進のための交換ノートやアプリ」**なども注目されています。自治体が主催して、**「夫婦の対話を促進させるイベント」**を開催するところもあります。現在、こうした夫婦の対話を促進させるツール（交換ノートやアプリ）を利用したり、イベントに参加したりする人は少数派ではありますが、若い人の間では広まりつつあるようです。

実際、夫婦関係に関する意識をみると、こうした夫婦が互いに理解を深め

図4-2　夫婦が互いに理解を深めるための取り組みを利用・参加している人の割合

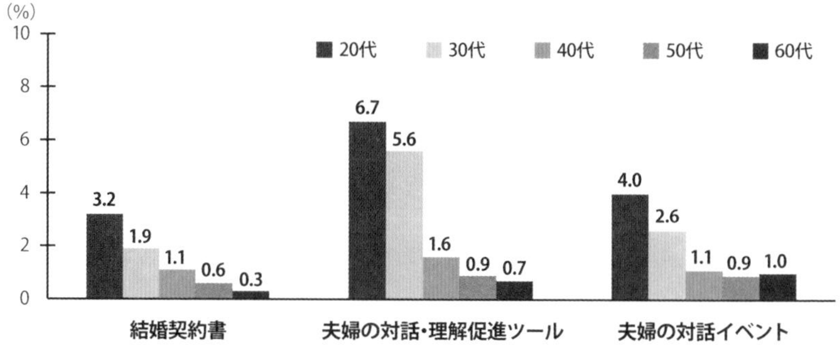

注：既婚者対象

るための取り組みをしている人では、「特に利用・参加していない」人に比べて、「夫婦関係に満足している」人が多いことがわかります（図4−3）。「自分たち夫婦は、お互いに信頼し、理解し合っている」人も、「夫婦で家事を分担している」人も、「結婚しても、自分の望むキャリア形成をしたい」という人も何らかの取り組みをしている人のほうが「特に利用・参加していない」人よりも多いです。

今後、共働きが増え、夫婦のあり方が多様化するなかで、**お互いに自分らしく生き、自律した夫婦関係を維持するために、こうしたサービスを利用することも1つの方法**です。ともに生活をしていれば、予期せぬ軋轢が生じることもあります。そのようなときには、お互いの価値観を尊重し合い寛容な心を持って、相手を思いやる気持ちを忘れないことも幸せな夫婦関係の構築のために重要です。

図4−3　夫婦関係に関する意識（取り組みの利用・参加の有無別）

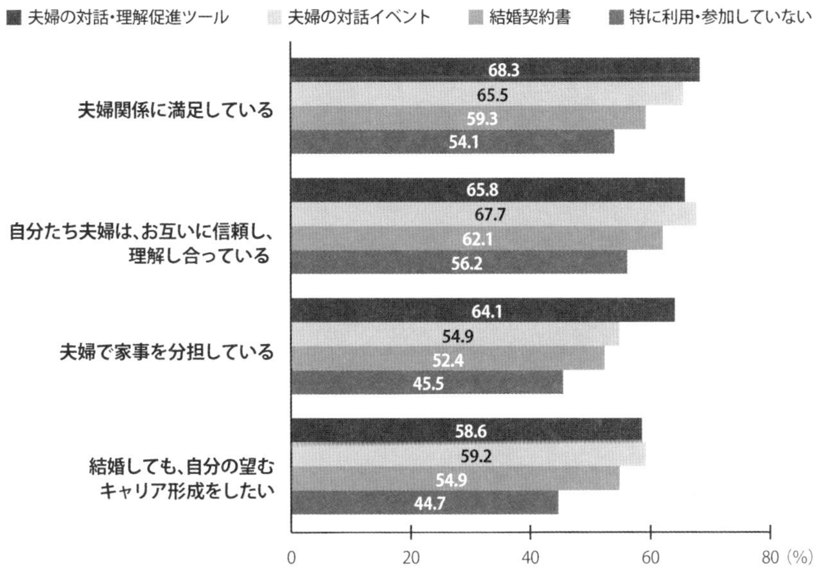

注：既婚者対象。数値は「あてはまる」と「どちらかといえばあてはまる」の合計

（的場康子）

5 コロナ禍の家族時間、ひとり時間

コロナが変えた家族の理解と共感

外出の自粛や在宅勤務等の広がりを背景に自宅で過ごす時間が増えたなかで、以前は目にする機会が少なかった家族の様子を改めて知る機会もあったことでしょう。

図5-1のように、「感染拡大以降、同居する家族の家事・子育ての負担について考えるようになった」人は、高校生以下の子どもと同居する男女の半数近くを占めています。注目されるのは、このような意識の変化が、幼い子どもがいる男性とともに、女性にも見られたことです。自身や家族が自宅で過ごす時間が増えたことは、**男性が妻を含む同居家族の家事・子育てや仕事への取り組みについて考える機会になっただけでなく、女性がそれらについて考える機会にもつながった**と考えられます。なお、家族の家事の負担に関してこのような意識の変化があったと答えた人は、家族と同居する独身の若い男女や、夫婦世帯の男性でも比較的高い割合で見られました。

共感が促した行動の変化

家事・子育てに関する同居家族の役割分担が改善したかどうかの設問では、「改善した」人が就学前の子どもがいる男性で4～5割弱と、他のグループに比べ高い割合を占めています。このような人の割合は、「同居する家族の家事・子育ての負担について考えるようになった」人を下回りますが、負担について考えるようになった人では「改善した」人の割合も高い傾向が見られます。このような変化は、家族と同居する独身の若い男女や、夫婦世帯の男性でも見られました。

なお、これらの役割分担の改善には、自分や家族がそれらに直接関わる時間を増やしたり、家族間の時間配分を見直したりすること以外にも多様な対

図5-1　感染拡大以降の家事・子育てと家族の役割分担

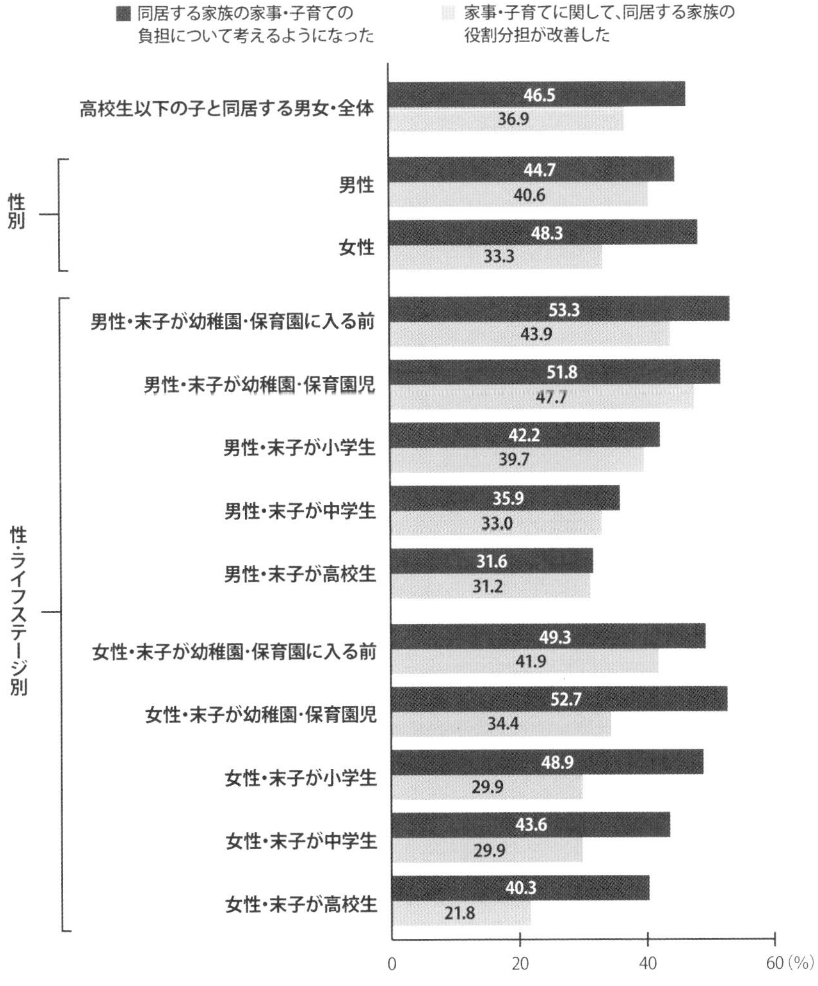

注：「あてはまる」「どちらかといえばあてはまる」と答えた人の割合
資料：第一生命経済研究所「第11回 ライフデザインに関する調査」2021年1～2月実施（詳細は巻末の「調査概要」参照。以下、本節で紹介するデータは同じ）

処が考えられます。外部サービスや家電機器等を活用して家事の総量を減らすこと、家事を増やさないライフスタイルを目指すこと、インターネットや情報通信機器を活用して家族の誰もが家事を担いやすくすること、といった

図5-2　感染拡大以降、家計の現状や将来について考えるようになった人の割合

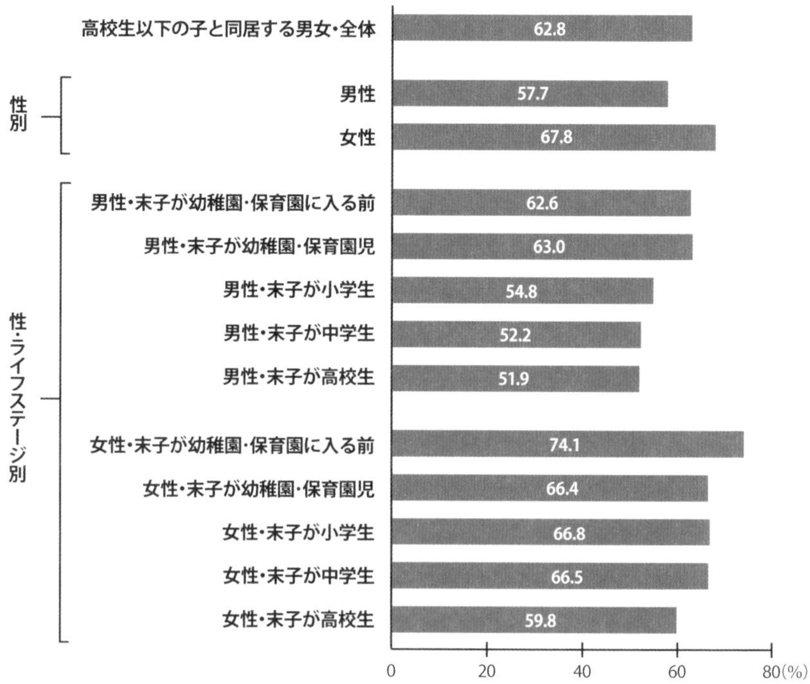

注：「あてはまる」「どちらかといえばあてはまる」と答えた人の割合

方法も含まれるでしょう。

実際に、「家事・子育ての役割分担が改善した」人の多い幼い子どものいる男女では、「家計の現状や将来について考えるようになった」人の割合も高くなっています（図5-2）。コロナ禍は、**幼い子どものいるカップルが、家事や子育てへの意識を変え、家計の現状や将来等を含めて、トータルな視点で今後のライフデザインを考えるきっかけになった**と考えられます。

ひとり時間の重視傾向には歯止めか

では、コロナ禍を経て、人々の生活時間に対する意識にはどのような変化が見られたのでしょうか。今後の生活で「誰と過ごす・話す時間」を重視し

図5-3 感染拡大前の生活、今後の生活で重視する時間は〈3つまでの複数回答〉

（単位：%）

誰と過ごす・話す時間を重視するか

		感染拡大前	今後の生活
	1人で過ごす時間	59.7	52.8
家族・親族と	夫婦で過ごす時間（直接対面して）	32.9	33.0
家族・親族と	子どもと過ごす時間（直接対面して）	30.1	29.0
家族・親族と	親と過ごす時間（直接対面して）	23.7	26.2
家族・親族と	兄弟姉妹と過ごす時間（直接対面して）	8.7	9.2
家族・親族と	上記以外の家族・親族と過ごす時間（直接対面して）	7.0	6.6
家族・親族と	家族・親族とオンラインで会話する時間	4.6	8.1
家族・親族以外と	家族・親族以外の人と過ごす時間（直接対面して）	14.8	11.6
家族・親族以外と	家族・親族以外の人とオンラインで会話する時間	3.4	5.1
	上記にあてはまるものはない	16.6	16.4

何をする時間を重視するか

		感染拡大前	今後の生活
自分の時間	自分の趣味・余暇の時間*	58.2	54.1
自分の時間	自分の健康づくりの時間*	33.6	37.8
自分の時間	自分の仕事や勉強・学習の時間*	32.3	31.0
家族・親族のサポート時間	同居する家族の生活を対面でサポートする時間	29.7	29.2
家族・親族のサポート時間	同居する家族の生活をオンラインでサポートする時間	3.1	3.6
家族・親族のサポート時間	別居する家族・親族の生活を対面でサポートする時間	14.2	14.2
家族・親族のサポート時間	別居する家族・親族の生活をオンラインでサポートする時間	5.5	8.1
家族・親族以外のサポート時間	家族・親族以外の人の仕事をサポートする時間*	3.1	3.1
家族・親族以外のサポート時間	家族・親族以外の人の心身の健康づくりをサポートする時間*	5.2	5.0

注：オンラインには、音声・ビデオ通話やメッセージ交換等を含む。*はオンラインで行うものを含む

ていきたいかを尋ねたところ、最多は「1人で過ごす時間」で、回答者全体の半数超に及んでいます（図5-3）。しかしながら、感染拡大前と比較すると、「1人で過ごす時間」を重視する人の割合は、すべてのライフステージで低下しています（図5-4）。また、「家族・親族以外の人と対面で過ごす時間」も低下しており、**家族・親族と対面で過ごす時間を重視する傾向が相対的に**

図5-4 「1人で過ごす時間」を重視すると答えた人の割合

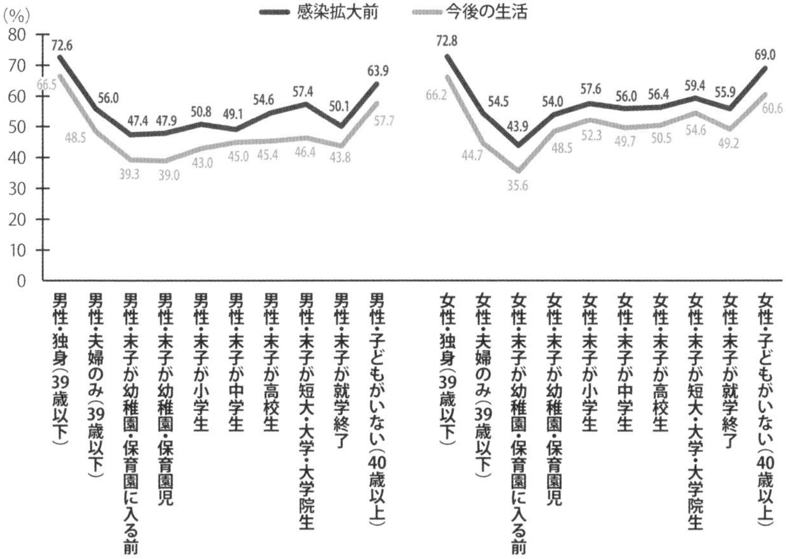

強まっていると考えられます。

若い世代では、年配世代に比べると「家族・親族以外の人と対面で」を志向する傾向が強いですが、その割合は「家族・親族と」に比べると低くなっています。コロナ禍という、家族や親族でさえも会いにくくなった社会状況が、家族・親族と対面で過ごす時間を重視する意向に向かわせている面もあるのかもしれません。

新たな生活時間志向

次に、今後の生活で何をする時間を重視していきたいのかを見ると、「自分の趣味・余暇の時間」(54.1%)が最も多くなっています(図5-3)。「自分の趣味・余暇の時間」を重視する人の割合は感染拡大前に比べると低下していますが、他の時間に比べ依然高い状況が続いています。また、これに次いで多いのは「自分の健康づくりの時間」であり、感染拡大前の33.6%から37.8%へと増加しています。このような傾向は女性に顕著ですが、注目されるのは、すべてのライフステージで割合が上昇していることです。

コロナ禍という経験を通じて、人々は生活時間に関し、**「1人で過ごす時間」や「自分の趣味・余暇の時間」を重視してきた傾向を少し見直して、より良い生活に向けた未来を目指そうとする意識を強めています**。家事・子育てをめぐる役割分担や家計の将来ビジョンをポジティブな形で見直すなど、ライフスタイルを工夫して家族をサポートする時間をつくり出そうとする動きも見られます。

コロナ禍は、人々がこれまで重視してきた「1人で過ごす時間」を見つめ直し、それらの時間をより良いものにするための行動とともに、家族を含めて、他者と直接対面して過ごす時間の価値を再考するきっかけになった面もあったのではないでしょうか。ライフスタイルに変化を経験した人だけでなく、以前と変わりない日々を送る人を含めて、これまでより多くの人が、自分の描くありたい未来や幸せの形がどんなもので、それらに向けてどのような行動を積み重ねていけるのかを問われた出来事だったといえるのかもしれません。

（北村安樹子）

6　コロナ禍と家族のつながり

インターネットの広がりとライフスタイルの進化

インターネットの広がりは、人々のライフスタイルを大きく変えようとしています。近年では、小学生以下の子どもたちから高齢者を含む幅広い世代にまでインターネットの利用が広がり、その利用方法も多様化しています。

1人で複数台のスマートフォンやパソコンを所有し、タブレット端末やゲーム機、スマートウォッチ等のデジタル機器を目的や用途に応じて使い分け、必要に応じて併用するという人もいれば、スマートフォンは自分専用だけれど、パソコンやタブレット端末は同居する家族と共用している、という人もいるでしょう。また、インターネットにつながる情報通信機器はスマートフォンだけ、という人や家庭もあると思います。

これらの機器を利用した家族間のコミュニケーションも多様化しています。従来から行われてきた個人間での通話やメッセージの送受信とともに、新たな形のコミュニケーションやサポートも行われています。これらの機器やアプリ等で画面を介して話したり、商品・サービスの手配やスケジュール調整をしたり、SNS（ソーシャルネットワーキングサービス）で様々な情報を探したことのある人も多いでしょう。

コロナ禍以降、私たちの日常には、こうした技術がいっそう深く浸透し、家族間のつながりにも、これまで以上に多様な役割を果たしています。

オンラインツールで変わる家族間コミュニケーション

ライフスタイルが多様化し、家族の各々が仕事や学校をはじめとする様々な場に身を置くなかで、必要な連絡を取り合ったりコミュニケーションの時間を確保したりするために、いろいろな工夫が必要になっています。オンラインツールの多様化により、**相手の都合やスキルに合わせた方法を選ぶことも可能に**なりました。家族と連絡する際にも、緊急性や目的、互いのライフスタイルやITスキル等に合わせて、電話を用いる場合もあればメールやチャットで効率的に情報を共有するという人も多いでしょう。直接会う機会を持ちにくい場合や、ゆっくり話す時間をとりたい場合などには、あらかじめタイミングを決めてから電話で話す時間やオンラインでつながる時間を持つようにしているという人もいます。

これらの情報通信機器やオンラインツールを活用できることは、家族がメリハリを持って各々の仕事や学習に集中したり、互いが見えないつながりを感じたりしながら日常を過ごす際の安心感を高めます。図6−1は、別居する親との会話の状況をリアル・オンラインの両面から尋ねた結果です。別居する母親とオンラインでよく会話をしている人は男性で約4割、女性では6割強を占め、このなかにはリアルでは会話をする機会がない人も含まれています。コロナ禍以降、別居する家族との対面機会が減った人も多いなかで、オンラインを介したコミュニケーションをうまく活用し、互いの安心感やサ

図6−1　別居する親とオンラインでよく会話をしている人の割合

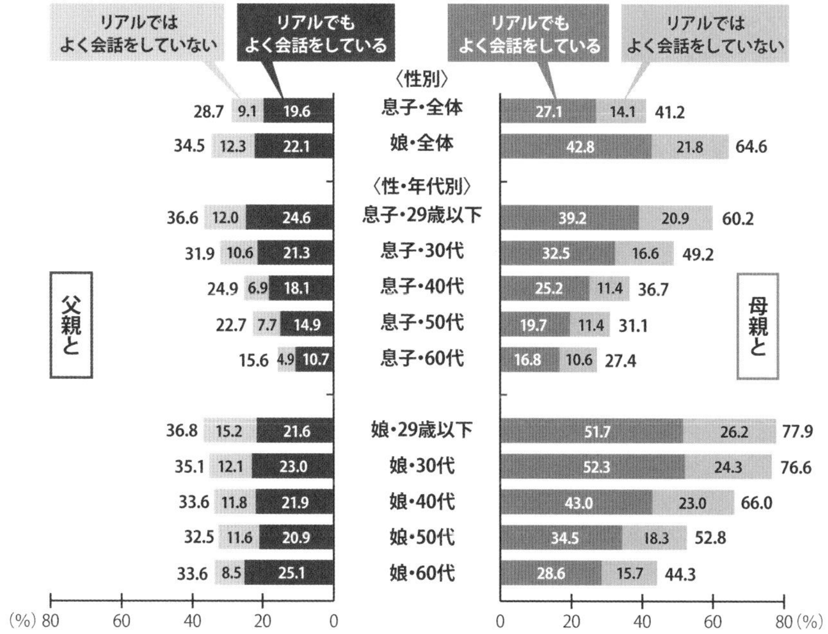

注：親と別居する子の回答。「リアルでもよく会話をしている」は「直接顔を合わせてよく会話をしている」「メールや電話、LINE等を通じてよく会話をしている」の双方に「あてはまる」「どちらかといえばあてはまる」と答えた人の割合。「リアルではよく会話をしていない」は、「メールや電話、LINE等を通じてよく会話をしている」に「あてはまる」「どちらかといえばあてはまる」と答え、「直接顔を合わせてよく会話をしている」に「どちらかといえばあてはまらない」「あてはまらない」と答えた人の割合

資料：第一生命経済研究所「第11回 ライフデザインに関する調査」2021年1〜2月実施（詳細は巻末の「調査概要」参照。以下、本節で紹介するデータは同じ）

ポートにつながったケースもあったことでしょう。

また、母―娘間は、従来から強い結び付きと活発なコミュニケーションで注目されてきましたが、**オンラインでは母―息子間や父―娘間にもやりとりがあり、特に若い世代では活発なコミュニケーションがある**こともわかりました。一般的に、子どもの成長や社会関係の広がりとともに、親と直接顔を合わせて行う会話は減る傾向にあり、図6−2でもリアルの会話については右肩下がりの傾向が確認されます。しかし、オンラインでは子どもが成長してもよく会話をする関係が続く場合が、母親だけでなく父親でも少なからず見られます。

図6-2　息子・娘とよく会話をしている人の割合

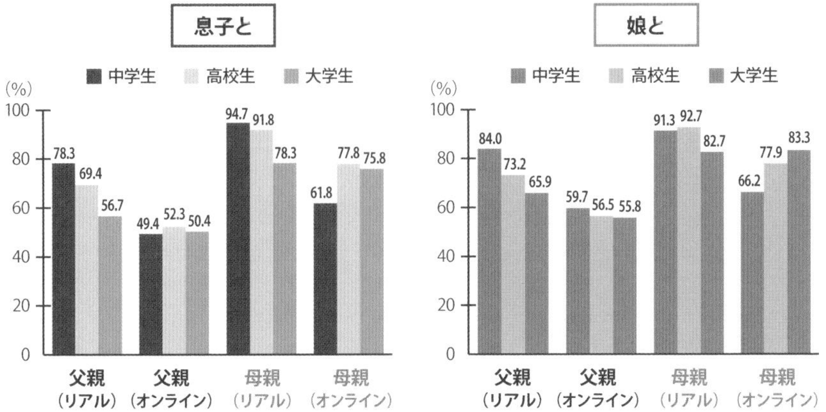

注：大学生以下の子がいる人の長子についての回答。リアルは「直接顔を合わせてよく会話をしている」に「あてはまる」「どちらかといえばあてはまる」と答えた人の割合。オンラインは「メールや電話、LINE等を通じてよく会話をしている」に「あてはまる」「どちらかといえばあてはまる」と答えた人の割合

これらの結果から、直接顔を合わせて行うコミュニケーションとは異なるものの、同じ家で暮らしながらも、様々な理由から会話が少なくなりがちな家族とのつながりを、オンラインコミュニケーションが補っているケースもあると考えられます。

また、**成人後に兄弟姉妹間でオンラインを通じて活発にやりとりする関係が続いているケースも若い世代ほど多く**、女性だけでなく男性にも見られます（図6–3)。親元を離れたり、家族を形成してライフスタイルが変わっても、オンラインで兄弟姉妹とのつながりが保たれ家族の交流が継続し、それまで以上に活性化したり、助け合いが行われるケースもあると考えられます。

「一緒にいても別世界」広がる家族の時空間

家族と同居する人には、現実世界（自宅）では家族と時空間を共有しながらも、様々なIT機器を介して別のことをして過ごすことがある、と答えた人が多くなっています（図6–4)。この割合は、女性や若い世代において高く、コロナ禍以降、自分や家族が自宅で仕事をする機会が増えた人でも高くなっ

図6-3　別居する兄弟姉妹とよく会話をしている人の割合

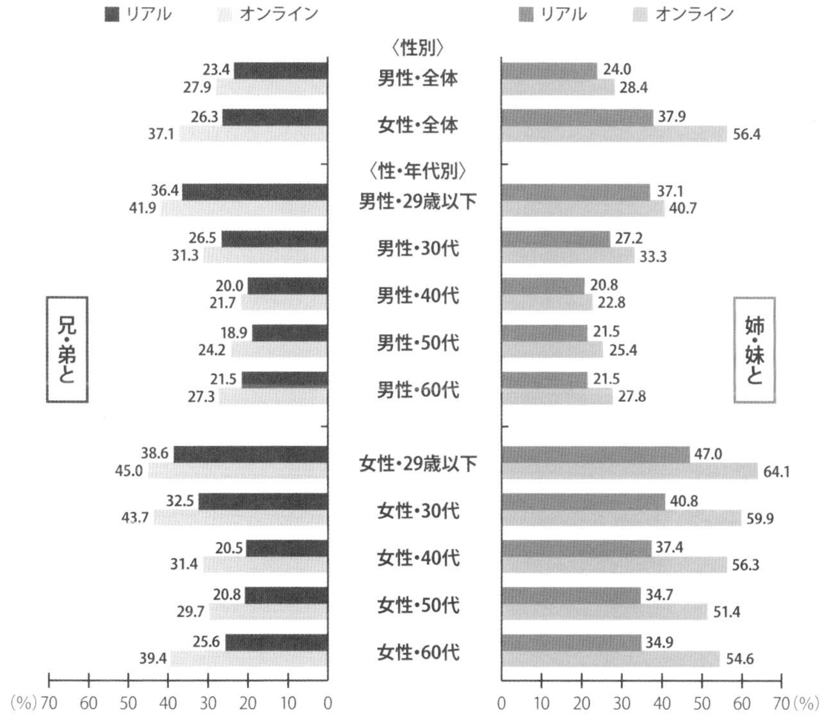

注：自分以外の最も年上の兄弟姉妹についての回答。リアルは「直接顔を合わせてよく会話をしている」、オンラインは「メールや電話、LINE等を通じてよく会話をしている」に「あてはまる」「どちらかといえばあてはまる」と答えた人の割合

ています。

デジタル化の進展は、**離れて住む家族やコミュニケーションをとりにくいライフスタイルを送る家族が、必要に応じてつながりを持てるメリットをもたらした**一方で、すぐそばにいる家族がオンラインの世界に各々集中し、家族間ではコミュニケーションが交わされない**“空白の時間”を増やしたケースもあった**のかもしれません（図6-5）。

インターネットは、多様な情報通信機器を介して自宅という限られたスペースをあらゆる世界につなげ、家族が場所や時間にとらわれることなく様々な活動を行うことを可能にします。このような生活において自宅は外部

図6-4　同居する家族が、同じ場所にいながらスマートフォンやタブレット、パソコン等で別のことをして過ごすことがあると答えた人の割合

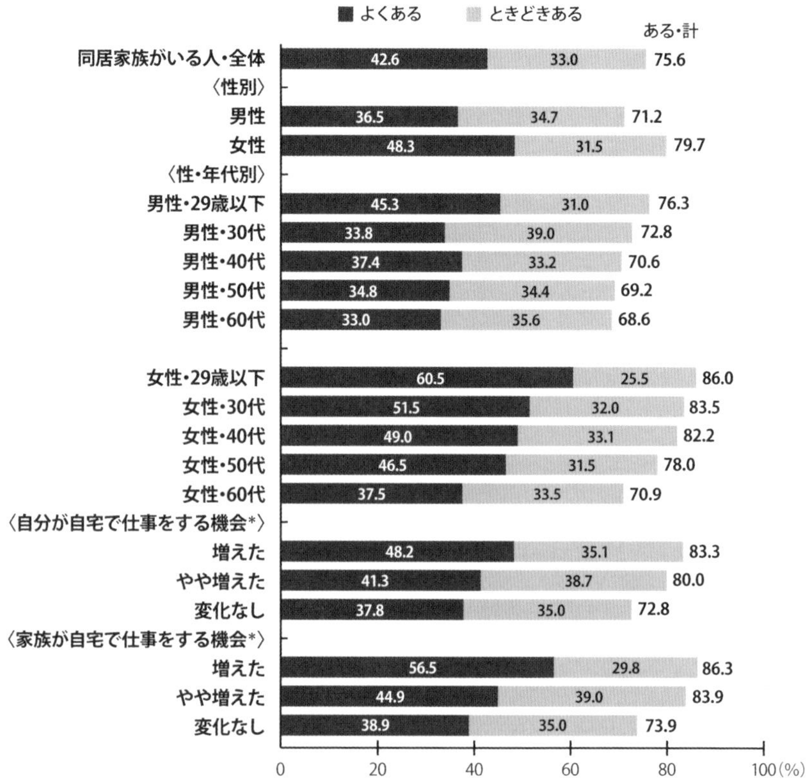

＊：「自宅で仕事をする機会」には、音声・ビデオ通話やメッセージ交換等で行う場合を含む

との物理的な境界にすぎず、それらの技術が可能にする**新たなライフスタイルやコミュニケーションをうまく生活に取り入れることができれば、家族は安心感や新たなサポート手段を得られる**でしょう。それらは直接顔を合わせる機会を持ちにくい家族とのつながりを支えたり、仕事を効率的に行うことで、家族が直接顔を合わせて接したり、一緒に過ごしたりする時間を増やせる場合もあるでしょう。

コロナ禍という経験を通じて、家族をサポートする時間を以前より増やす必要性を感じている人や、家族がどのような形でつながりを保ち、サポート

図6-5　スマートフォンやタブレット、パソコン等を通じた
家族間のコミュニケーションがもたらす自分・家族への影響〈複数回答〉

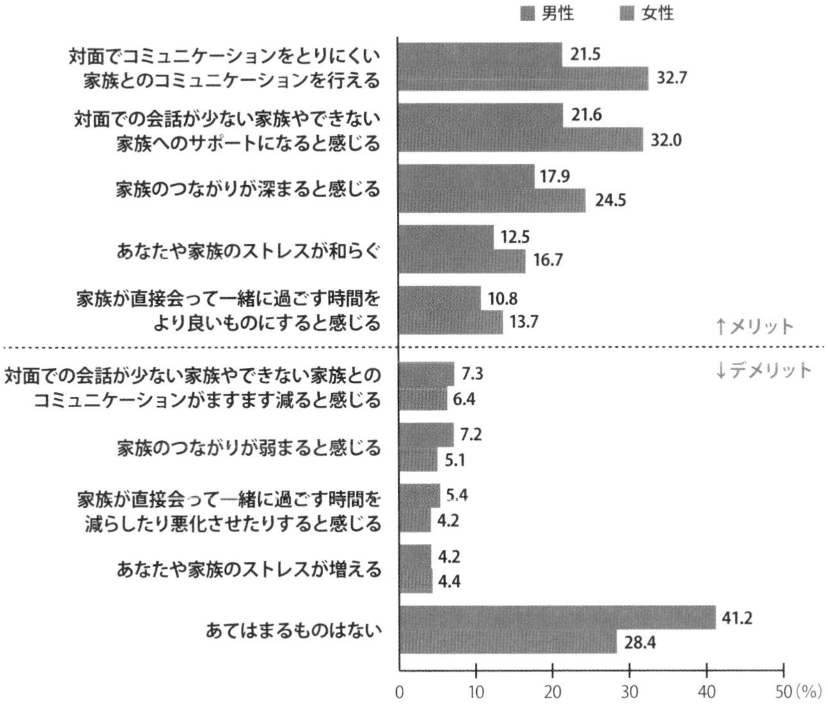

し合えるのかを改めて考えた人にとっては、デジタル技術をより良い暮らしに活かせる余地は大きいのではないでしょうか。

　また、インターネットに接する時間やそれらを介して行われるコミュニケーションやサポートが増えるほど、家族が単に同居することや同じ場で過ごす時間の意味は揺らぎ、**直接顔を合わせて行う緊密なコミュニケーションやサポートが持つ固有の価値が問われるようになるのかもしれません。**

（北村安樹子）

第3章　余暇・交流の新しい形

「人に会わない・接触しない」「3密（密閉、密集、密接）を避ける」「常にマスクを着用する」といった、従来ありえなかった日常を体験し、“STAY HOME”をベースに「不要不急の外出を控える」とのルールについて考えた私たちは、余暇や交流、芸術鑑賞やスポーツなどにおいて、様々な模索をしました。

消費の志向が「モノ」から「コト」に移動したなか、私たちは限られた状況下でどう「コト」を創出しようとしたのでしょうか。

7　「トキデザイン消費」が創る自分

コト消費＋つながり、その先は？

近年「モノ消費からコト消費へ」という動きが注目されてきました。文字どおり「手に入れる」ことができるモノ（物品）の購入が「モノ消費」だとすれば、「コト消費」とは、する・行う・行く・遊ぶ・楽しむといったアクション（行動や体験）の購入です。たとえば、映画やコンサートに出向くこと、人と外食したり集まって騒いだりしゃべったりすること、レジャー施設に行くことがあてはまります。

しかし、コロナ禍においては「コト」として捉えていた消費の実現、特に移動や人との接触を伴うコト消費が非常に難しくなりました。そこで人々は従来「コト」というイベントとして充足されてきた満足感に近い「トキ＝体感」の再現を創意工夫することで、コト消費を補完しています。ここでいう「トキ」とは、時間を示す「Time（タイム）」ではなく、今その瞬間という意味での「Moment（モメント）」のイメージです。様々な制約で何かをする「コト」を楽しめなくなったけれど、**どうしたら「今その瞬間を楽しく幸せに生きられるか」をデザインし、想像することを楽しむこと**を、本稿では「トキデザイン消費」としています。コト消費の一種ともいえますが、「〇〇する」という名称のついたコンテンツとしてのコト消費から、さらに「幸せ」を体感する瞬間の創造を目的とした消費と捉えています。そして、その「トキ」のデザインにおいて、その瞬間を共有する（つながる）という要素が多分に含まれていることも特徴です。

コロナ禍で生まれたゆとり時間と在宅時間の「非オフタイム」化

コロナ禍では、“STAY HOME（ステイ・ホーム）”を合言葉に、家で過ごす時間が増加しました。人々の時間的ゆとりの有無についての調査結果をみると、2019年から2021年にかけて、時間的ゆとりがある（「かなりゆとりがある」と「ある程度ゆとりがある」の合計）とする人が増加していることがわかります（図7–1）。特に、有職者ではこの2年で6.2ポイント増加しまし

図7–1　時間的ゆとり（2019年→2021年）

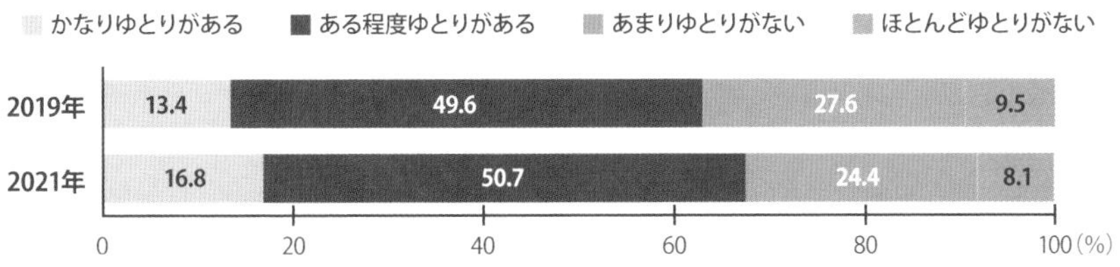

ゆとりあり	2019年		2021年
有職者	56.5	⇒	62.7
無職	78.5	⇒	79.0

資料：第一生命経済研究所「第11回 ライフデザインに関する調査」2021年1～2月実施（詳細は巻末の「調査概要」参照。以下、本節で紹介するデ　タは同じ）

た。在宅勤務やオンライン授業が増え、通勤・通学の時間がなくなったことなどが影響していると考えられます。

自宅外で働いたり学んだりしていた人たちにとっては、忙しければ忙しいほど、家は「休む場所」「寝る場所」でした。しかし在宅勤務やオンライン授業が増えたことによって、**家での時間は単なる「オフ」の時間ではなくなりました**。これにより、在宅環境を整えたり、在宅時間を充実させたりするための消費も活発化しました。

たとえば、2020年4月の最初の緊急事態宣言発令時にとりあえず急場しのぎでしつらえた在宅勤務環境を、改めて整え直した人。会社の椅子が意外に座り心地の良い椅子だったことに気づき、家の椅子を長時間座っても疲れない椅子に変えたとの声もありました。PCなどの情報通信環境をグレードアップした、家電や調理器具をいいものに買い替えた、これまで使っていなかったハイテク家電や家具を購入したという人もいます。遊びに行けないので、腰を据えてゲームや映画を楽しむ環境を整えるべく、大きなモニターやスクリーンを購入したり、音響設備を整えたりといったことに消費を振り向けた人もいました。

制限された「コト消費」の再現

とはいえ、在宅時間を充実させるだけで、余暇を満足させることはできません。在宅環境の充実のためにいろいろ整えた消費は、いわば「モノ」消費であり、限度があります。在宅自体が苦痛となる人も増え、多くの人が「コト」を求めるようになります。しかし“STAY HOME”で、移動を伴うコト消費のほとんどができなくなり、これまで「行く」「体験する」「集う」というリアルな形で行われてきた活動やアクションの多くが、延期されたり中止されたりしました。

こうしたなかで、新たな趣味や領域にチャレンジするなど、浮いた移動時間や体力を他に向け始めた人が増えただけでなく、これまでになかった形での余暇や遊び方も出てきました。たとえば、対面での飲み会ができないので、ネットを介した「リモート飲み会」のような交流にチャレンジした人は少なくありません（在宅勤務で使ったオンライン会議システムがきっかけとなった人が多いようです)。また、コンサートやライブにリモートで参加するという試みも活発化しています。このように、これまで「コト」として名称がついていなかった、**従来型のコト消費の再現の延長として、「楽しい時間」「有意義な瞬間」を創出しようとする消費**が行われたのです。

多くの人が、従来「コト」で得られていた満足が何だったのかを見直し、そこで得られていた「体験価値」を追求しました。それが、リモート飲み会やバーチャル旅行といった形で模索され、試みられたといえます。記憶にある「体験価値」再現といってもよいかもしれません。以前楽しかった飲み会や旅行の経験に似た感覚をつくり出し、最初はいわば「つもり」「ごっこ」の感覚でそれらを始めたといえます。

模索が生んだ新たな価値

コロナ禍が長期化するであろうという認識が浸透するにつれ、これらの動きの一部は、活動が制限されたなかでの**「一時的な代替コンテンツ」としてではなく、新しい価値を持つ「新規コンテンツ」として捉えられる**ようになってきました。その結果、これまで気づかなかった価値や新たな自分を発見した人は少なくありません。

図7-2は、時間や出来事の共有・共感に関するデータです。「テレビ・動画・ウェブサイトなどで今見ているものについて、SNS(たとえばツイッターやLINEなど)で誰かとやりとりする・誰かの書き込みを見ることがある」「面白いものやすばらしいものを見聞きしたときは、すぐに誰かにそれを伝えたい」、自分がインターネット上(SNSを含む)に発信した情報について「知人や友人など、つながりのある人から共感を得られるのは嬉しい」「自分の知らない人から共感を得られるのは嬉しい」について、それぞれ性・年代別にみたものです。

これによると、年代が低いほど、そして概ね男性より女性において、誰かと時間や出来事を共有したいと感じ、自分の発信に対して共感を得たいと考えていることがわかります。「テレビ・動画・ウェブサイトなどで今見ているものについて、SNSで誰かとやりとりする・誰かの書き込みを見ることがある」というのは、他の人はどう感じているのか、何と言っているのかを見たり、誰かとやりとりしたりしながら、動画やウェブサイトを閲覧する行動です。一見、自分ひとりでそれらを閲覧しているようで、実はバーチャルで他者と一緒に閲覧をしているという、インターネット時代ならではの時間・出来事の共有です。

その背景の1つが「面白いものやすばらしいものを見聞きしたときは、すぐに誰かにそれを伝えたい」という思いです。これは、60代の女性でも約半数、同男性も3割以上が肯定しています。発見や感動を誰かと分かち合いたい、つながりながらそれらを味わいたいという共感を求める心理は、特に若い世代で多いといえます。

さらに、自分がインターネット上（SNSを含む）に発信した情報について「知人や友人など、つながりのある人から共感を得られるのは嬉しい」また、「自分の知らない人から共感を得られるのは嬉しい」については、女性では、知らない人よりも知っている人から共感を得たいと考えていることがわかります。

こうした時間・出来事の共有・共感意識は、ネットを介して時間を共有したり、一緒に何かをしたりといった形で、コロナ禍でも実現されました。「誰かと一緒に体感し、思いを共有する」という楽しみを、テクノロジーで補完するスタイルについては、次節以降においてその事例を紹介しています。「ネット上であること（リアルでないこと）」と「ライブ（リアルタイムでの配信）であること」の意味を、これほどまでに考えたことが過去にあったでしょうか。

さらに、コロナ禍において模索されたこうした「トキデザイン消費」の方法は、これまで**身体的・経済的理由や物理的な条件（遠方である、会場やそこまでの移動がバリアフリー仕様になっていない）など、様々な理由でその場に行けなかった人に、新たな可能性**をもたらしました。「いつでも誰でも」というコンセプトが、コロナ禍での制約を逆手にとって展開され始めたといってもよいでしょう。ライブ感は味わいたいけれども、人込みには行きたくないという人が、両方のいい点だけを享受できるようにもなりました。加えて、実際にはライブに行ったことがなかった人がリモートでのライブ経験を通じて、実際にコンサート会場に足を運ぶようになったというケースもあります。移動が制限されたことで、私たちの余暇の実現において様々な迂回

図7−2　時間・出来事に対する共有・共感への希求（性・年代別）

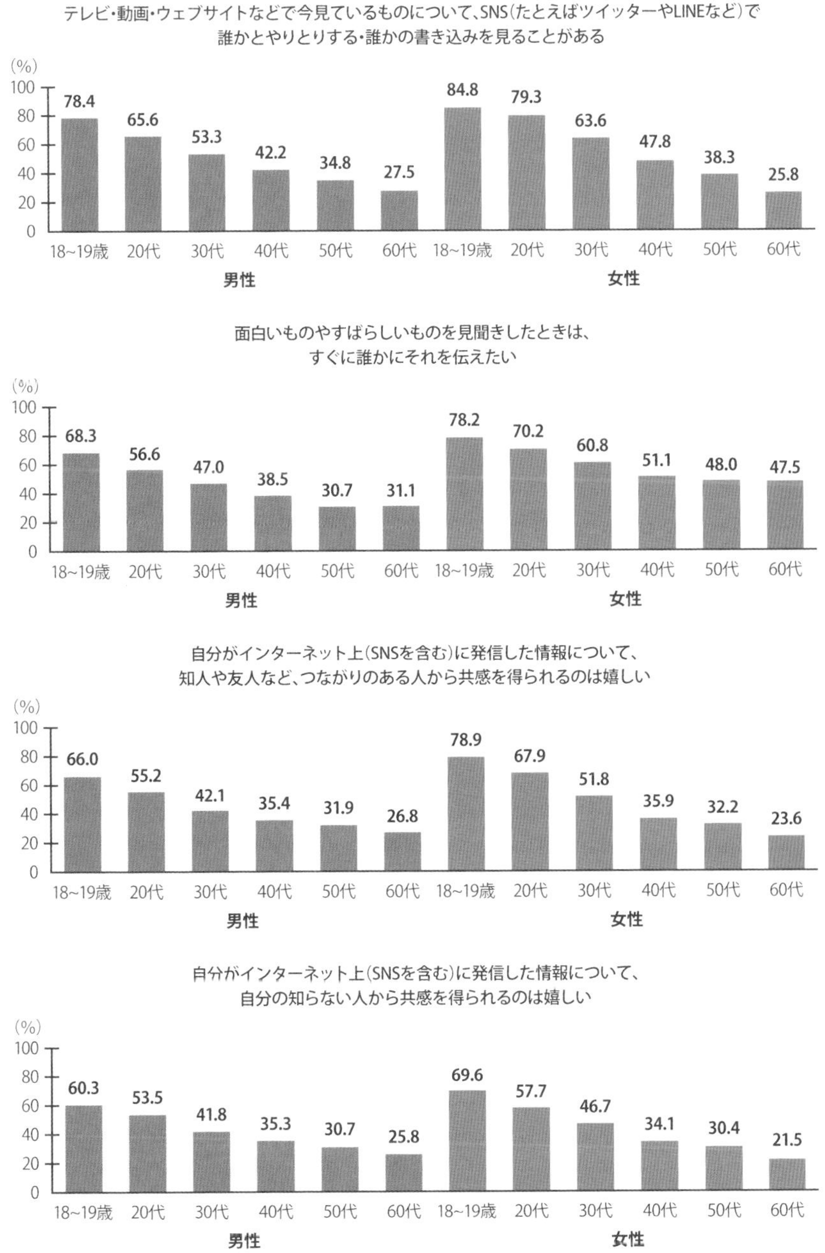

路がつくられ、新たな可能性が生み出されているのです。

ハピネス体感に向けた創意工夫がイノベーションを生む

このように、人々は従来「コト」というイベントとして充足されてきた満足感に近い「トキ＝体感」の再現を創意工夫することで、コト消費を補完してきました。

こうした想像や模索を、**単なるリアルの代替や補完としてではなく、そこに新たな価値を見出すことで、一時しのぎではない新しい日常（＝ニューノーマル）と捉える**人も増えてきたように思えます。コロナ禍の長期化に伴い、一見何かの代替に見えるサービスやコンテンツが、実は「新規コンテンツ」として新たな価値を持って受け入れられているようなのです。単にリアルの代替としてだけでなく、リモートだからこそできることを付加して新たな価値を見出したり、時間つぶしとして始めたことをきっかけに新たな興味を喚起されたことで生き方や暮らし方を一新するなど、限定的な条件下でどうしたら快適な時を創造できるかを想像し、創意工夫（デザイン）する人も増えました。この試行錯誤や創意工夫（デザインのプロセス）までをも楽しみ、そこに幸せを見出せる人は、まさに上級者ともいうべきトキデザイナーです。

こうした、**楽しいことを追い求め、制約下でもハピネスとつながりの創出についての試行錯誤と発見を積み重ねることは、私たち一人ひとりのQOLを保ちつつ、次世代のイノベーションにもつながります**。コロナ禍においても、私たちは想像力と創造力を駆使することで、従前にはなかった新しい楽しみやより良い日常を生み出してきたのです。

（宮木由貴子）

8 DXが実現する趣味のある生活空間

豊かな人生を生きるために不要不急の活動こそが必要

新型コロナウイルス感染拡大防止のため、国は「不要不急」の外出自粛を要請しました。緊急事態宣言下では、移動が制限されて旅行ができなくなり、美術館や博物館、図書館、劇場、動物園、映画館、スポーツ施設なども休業を余儀なくされました。これによって人々の生活は一変し、「不要不急」とは何か、改めて考えるようになった人も少なくないことでしょう。

多くの人々は、生命維持のために必要なことや、義務としての活動のみで日々の生活が成り立っているわけではなく、いわゆる「不要不急」とされ、活動を制限されたような、人との交流や、生活に潤いや楽しみをもたらす活動も大事な生活の一部であることを実感したのではないでしょうか。そのような活動に「趣味」や「ライフワーク」があります。多くの人が挙げた具体的な趣味・ライフワークの内容は、「旅行」「芸術・エンターテインメント」「読書」などです（図8−1）。

私たちの生活にとって、趣味・ライフワークとはどのようなものなのでしょうか。

最も多くの人が挙げたのは「自分が好きなもの」です。次いで、「自分の人生をより豊かにするもの」「時間が過ぎるのを忘れて夢中になれるもの」が続いています（図8−2）。「生きるために必要なもの」と答えた人もいます。

新型コロナウイルスの感染拡大によって、命に関わること以外が「不要不急」とされ、多くの人々が「趣味やライフワーク」を楽しむ生活を奪われました。しかし多くの人にとって、趣味・ライフワークが自分の人生を豊かにし、生きるために必要なものであるなら、それらを安易に「不要不急の活動」と位置付けることはできないと思います。

図8−1　あなたが実施している趣味・ライフワークの内容

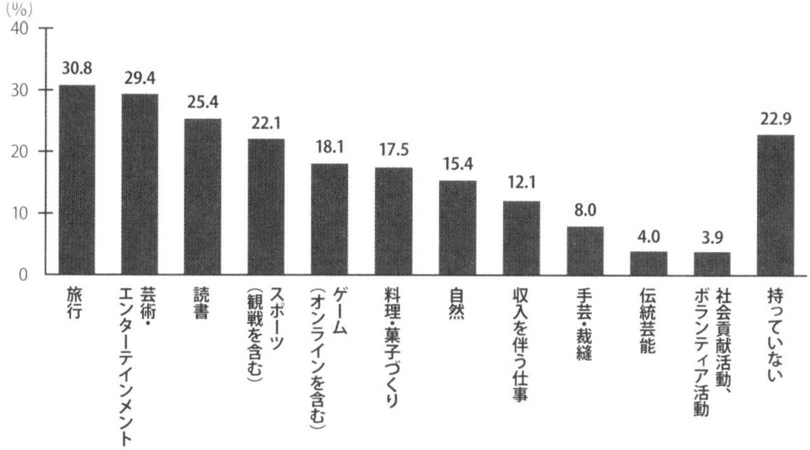

注：「芸術・エンターテインメント」は音楽、演劇、映画、美術、「自然」はガーデニング、畑仕事、キャンプ、釣りなど、「伝統芸能」は日本舞踊、歌舞伎・能などの演劇、落語などの演芸、雅楽などの音曲、和歌・俳諧、陶芸などの工芸、茶道などの芸道を示す

資料：第一生命経済研究所「第11回 ライフデザインに関する調査」2021年1〜2月実施（詳細は巻末の「調査概要」参照。以下、本節で紹介するデータは同じ）

図8−2　趣味・ライフワークとは何か

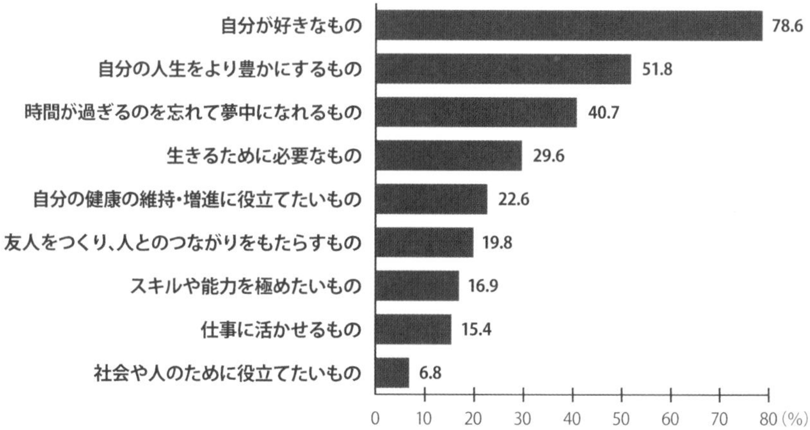

注：何らかの趣味がある人の回答

趣味・ライフワークがある人は幸せ

趣味・ライフワークの有無と幸福度との関係をみると、趣味・ライフワークを持っている人は持っていない人よりも幸福度得点が高く、幸せと感じている人が多いです（図8-3）。**趣味・ライフワークのある生活は、人々に幸せをもたらしている**ことがわかります。

何か自分が好きなことに没頭できれば、たとえ不安なことや心配事があってもそれらをうまく紛らわせたり軽減したりして、心を落ち着けて安定した時を過ごせます。それは心身の健康にもいい影響をもたらします。また、一緒に活動する仲間を得ることができれば、人とのつながりも広がりますし、趣味・ライフワークを通じて何かスキルを得ることができれば、それを活かして人のために貢献することもできます。人とのつながりを持ち、人の役に立つことができること自体も、その人に幸せをもたらします。

実際、趣味のある人のほうがつながりの満足度も健康の満足度も高く、それが幸福度得点にも関連していると思われます。**不要不急とされ、自粛を余儀なくされた活動こそが、実は精神的な健康を維持し、人とのつながりを持って豊かな人生を生きる力をもたらすもの**であることがわかります。

図8-3　趣味の有無別幸福度・満足度

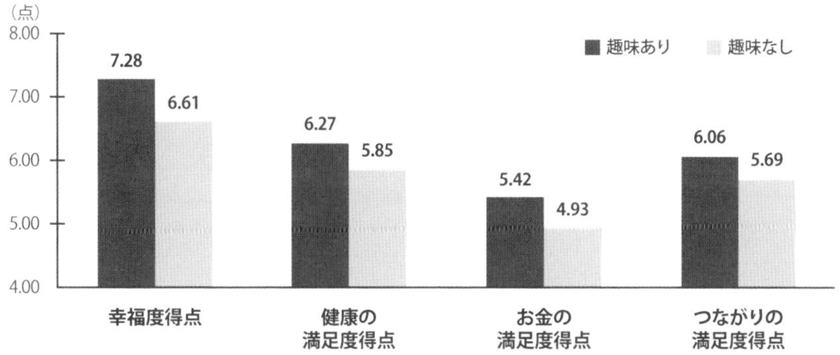

注：「趣味あり」は図8-1において、何らかの趣味・ライフワークがあると回答した人、「趣味なし」は「持っていない」と回答した人。幸福度得点、健康、お金、つながりの満足度得点は0点（とても不幸、まったく満足していない）から10点（とても幸せ、非常に満足している）までの回答の平均点

DXが趣味・ライフワークとの関わり方を変える

ただし、「趣味・ライフワーク」のある生活をしている人は年代によって差があるようです。「趣味・ライフワーク」を持っている人の割合を年代別にみると、男性は40代から50代、女性は30代から50代で低くなっています（図8-4)。ちょうど働き盛りの年代で低いということは、仕事や育児などで忙しくて、趣味を楽しむ時間的な余裕がないことを示しているのではないでしょうか。

こうしたなか、在宅勤務が急速に広がり、働き方の多様化が進みました。働き方の多様化は人々のライフスタイルを変えるきっかけをもたらしています。在宅勤務により通勤時間が削減されたことで、趣味を楽しむ余裕ができた人も少なくないようです。在宅勤務を実施した人の過半が「自分の好きな趣味・ライフワークの時間をもっと持てるようになった」や「趣味・ライフワークと仕事との両立ができるようになった」と答えています（図8-5)。

また、様々な領域でオンライン化が進みました。その流れは社会貢献活動の活動形態の多様化ももたらし、**「在宅ボランティア」**が注目されるようになりました。オンラインであれば、自宅にいながら、全国の支援団体が求める

図8-4　趣味・ライフワークがある人の割合

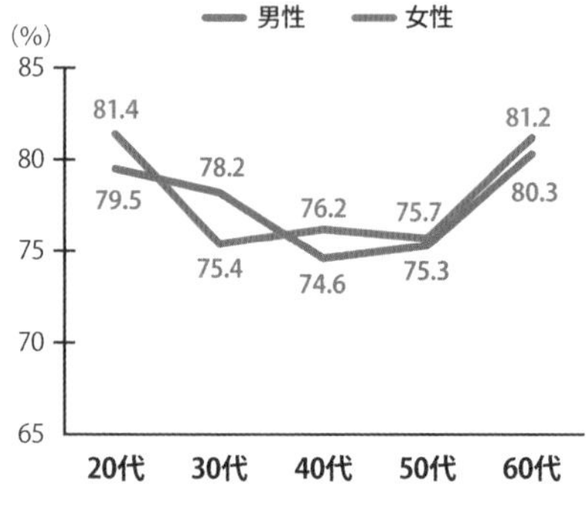

注：働いている人対象

図8-5　仕事と趣味・ライフワークとの両立意識（在宅勤務の有無別)

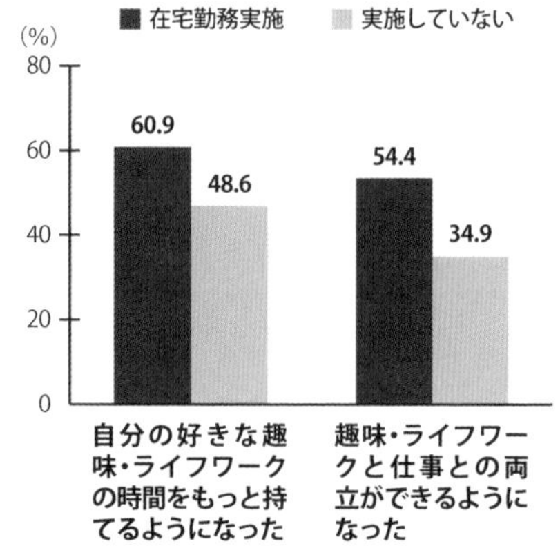

注：働いている人対象。数値は「あてはまる」と「どちらかといえばあてはまる」の合計

活動に参加できます。自らの専門性や得意分野を活かし、資料作成や子どもの学習支援などの様々な活動を行うことができます。こうした活動を通して、新たな人脈やスキルを得ることができれば、つながりの拡大による楽しみの他、本業の仕事に活かすなどの派生効果も期待できるでしょう。今回の調査では、趣味・ライフワークとして「社会貢献活動・ボランティア」を行っている人は少数でしたが、オンライン化と働き方の多様化が進めば、今後はさらに増えるかもしれません。

さらに、「在宅ボランティア」のみならず、様々な**趣味活動のオンライン化**も進んでいます。旅行（オンラインツアー）、芸術・エンターテインメント（オンライン鑑賞）、読書（電子書籍、電子図書館）、スポーツ（ライブ配信）、料理（オンラインレッスン）など、多くの趣味活動がオンラインによって展開されるようになりました。特に、中高年の男性の間で、オンライン料理教室への関心が高まっています。在宅勤務になったことで家事に目を向けるようになり、定年退職を待たずに習い始める男性が増えたようです。

仕事も趣味も自宅で行うことができるようになったことで、趣味・ライフワークのメニューも広げやすくなりました。今後は、仕事と趣味・ライフワークを両立した、自分らしいライフスタイルをデザインできる人も増えるのではないでしょうか。

（的場康子）

9 ライブ感がもたらす「一緒」の時間

芸術鑑賞の新たな楽しみ方は普及するか

新型コロナウイルス感染拡大によって、2020年4月に緊急事態宣言が発令された際には、コンサートやライブなど、劇場やライブ会場での舞台芸術活動がすべて公演中止や延期に追い込まれました。また、美術館も閉館を余儀なくされました。新しい生活様式のなかで、劇場・ライブ会場での生演奏を鑑賞する機会が限定され、インターネットでのオンライン配信（リアルタイム配信の他にアーカイブ配信などの収録配信もあり、以下まとめて「オンライン配信」とします）が人々の間に急速に広まりました。

美術の分野でも、オンラインで美術作品を鑑賞する楽しみ方が増えました。コロナ以前から、学芸員などの専門家が美術作品を解説するギャラリートークをオンラインで配信していた美術館はありましたが、新型コロナウイルス感染拡大を機に、多くの美術館に広がりました。また、美術作品をインターネット上で鑑賞するオンライン展覧会を企画している美術館も増えています。

新型コロナウイルス感染拡大後、このようなインターネットによって音楽や美術鑑賞を行うようになった人はどのくらいいるでしょうか。音楽と美術の愛好家それぞれについて尋ねたところ、音楽が特に好きな人は、劇場に足を運んだことがある割合が85.3%であるのに対して、オンラインでの鑑賞経験も72.7%あり、多くの人がオンライン鑑賞も経験しています（図9-1）。他方、美術が特に好きな人では、美術館に足を運んだことがある割合が85.7%であるのに対して、オンラインでの鑑賞経験は40.1%にとどまっています。**美術の分野では、オンライン鑑賞を普及させる余地がまだ残っているようです。**

図9-1　芸術鑑賞経験

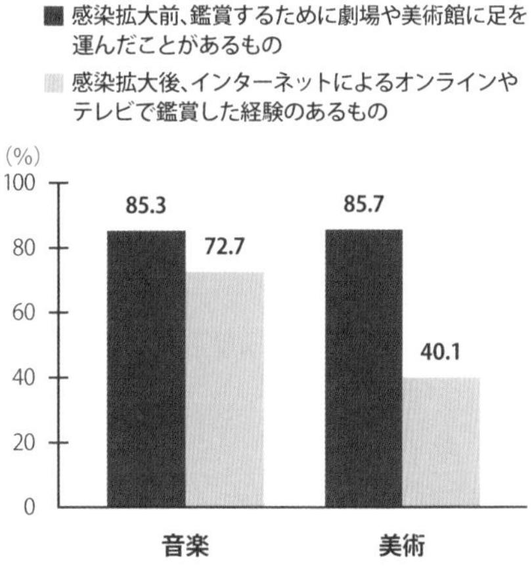

注：芸術・エンターテインメントが趣味である人のうち、特に音楽・美術が好きで身近に感じている人対象
資料：第一生命経済研究所「第11回ライフデザインに関する調査」2001年1～2月実施（詳細は巻末の「調査概要」参照。以下、本節で紹介するデータは同じ）

芸術がもたらすハピネスとDXの可能性

実際、音楽や美術が好きな人は、劇場で生演奏を聴いたり、美術館で作品を鑑賞したりするリアルでの鑑賞と、オンライン鑑賞と、どちらがより楽し

めると思っているでしょうか。

音楽が好きな人、美術が好きな人ともに、「劇場、美術館での鑑賞」（以下「リアルでの鑑賞」）のほうが楽しめると答えている人が圧倒的に多いです（図9–2）。ただし、その割合は美術が好きな人のほうが多くなっています。美術が好きな人は、やはり美術鑑賞は美術館で楽しみたいとこだわっている人が多いようです。

図9–2　リアルとオンラインの鑑賞〜楽しめるのはどっち？

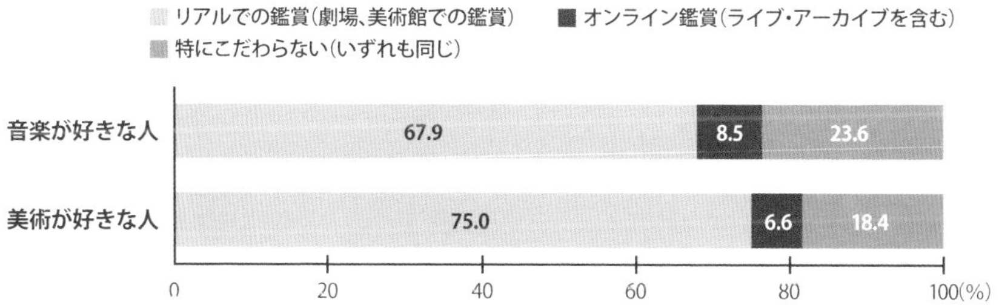

注：一番好きな芸術が音楽ないし美術であり、感染拡大前に劇場・美術館に足を運んだことがあり、感染拡大後にはオンラインで楽しんだことがある人のみ対象（図9-3〜5も同様）

他方、「生きる力を与えてくれる」ものとしては、音楽が好きな人も美術が好きな人も同じような回答傾向を示しており、「リアルでの鑑賞」が約6割、「特にこだわらない」が3割強となっています（図9–3）。

音楽が好きな人も、美術が好きな人も、鑑賞方法を問わず、音楽や美術が生きる力を与えてくれると思っている人が一定程度いることがわかります。

図9–3　リアルとオンラインの鑑賞〜生きる力を与えてくれるのはどっち？

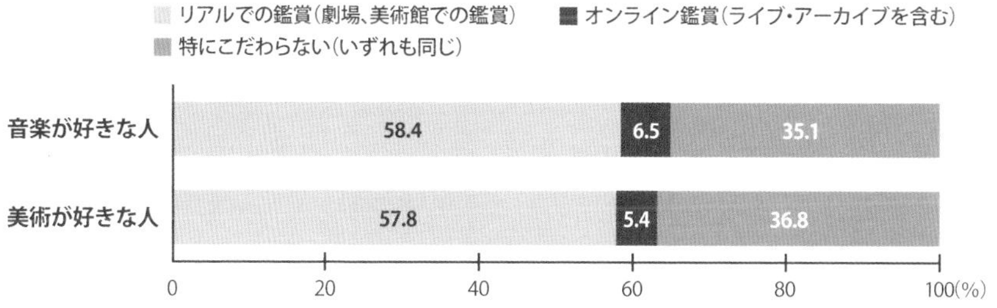

しかし、音楽と美術では、楽しみ方が異なるところもあります。

音楽が好きな人では、場所・空間、それに時間を共有している人との一体感を感じるのは、「リアルでの鑑賞」であると思っている人が圧倒的に多いです（図9−4）。「オンライン鑑賞」で一体感を感じる人は少数派です。

図9−4　音楽が好きな人の音楽の楽しみ方

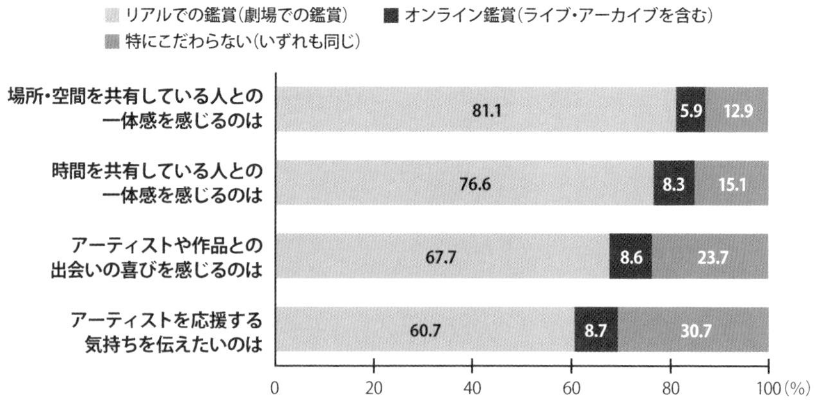

音楽の楽しみ方の1つは、場所や時間を共有している人との「一体感」だといわれています。劇場・会場という1つの空間に様々な人が集い、ステージからの演奏を同時に聴くことによって、観客同士、観客と演奏者、あるいは演奏者同士のコミュニケーションが広がり、音楽を通した「共感」が生まれます。コロナによってリアルでの生演奏を聴く機会が少なくなったことでかえって、こうした「一体感」をより味わえるのは「リアルでの鑑賞」であると改めて認識した人も多いのではないでしょうか。

他方、美術が好きな人では、「リアルでの鑑賞」にあたって場所・空間や時間を共有している人との一体感を感じている人は、音楽の場合ほど多くありません（図9−5）。美術館で一緒に鑑賞している人同士の一体感というよりむしろ、**アーティストや作品との出会いの喜びを「リアルでの鑑賞」に感じている**人が多く、「オンライン鑑賞」でその喜びを感じる人は少ないことが、美術が好きな人の特徴のようです。

美術館で、本物の作品を目の前にして鑑賞することで、新たな感性の扉が

図9-5　美術が好きな人の美術の楽しみ方

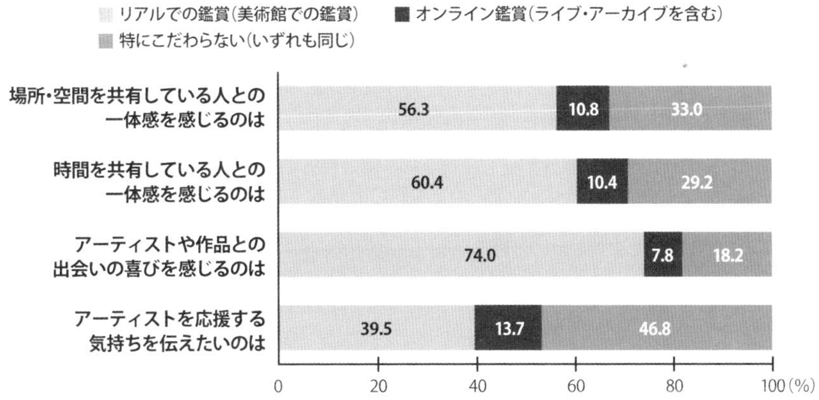

開き、作品を介してアーティストないし作品との目に見えない対話を楽しみ、作品を通した「共感」が生まれるのでしょう。コロナによって美術館が閉鎖され、足を運べなくなったことで、音楽の場合と同様に、こうした本物の作品との「出会い」を味わえるのは美術館での鑑賞であると気づいた人が多いのかもしれません。

テクノロジーがもたらす文化発展とQOL向上

音楽、美術ともにリアルでの鑑賞のほうが楽しめると思っている人が多いですが、それぞれ楽しみ方は異なり、音楽は「一体感」、美術は「出会いの喜び」をリアルでの鑑賞で特に感じる人が多いことがわかりました。今まで当たり前だと思っていたリアルでの鑑賞ですが、コロナ禍によって、改めてその価値に気づかされることとなりました。それは時間や空間を共有する人々や作品との一期一会の出会い、あるいは心揺さぶられる感動であり、さらに一瞬で儚く消えうるからこそ心の奥底に残る貴重な体験となるものです。このようなリアルでの鑑賞の価値は普遍的であり、オンライン鑑賞が広まっても、容易に失われることはないでしょう。

他方、**オンライン鑑賞でも「生きる力」をもらえることを実感している人は音楽・美術とも多く、それが今回のコロナ禍によって浮き彫りになった**

「オンライン鑑賞」の価値の1つであると思います。場所や時間を問わず、どこでもいつでも鑑賞できるというアクセスのしやすさによって、多くの人がアートを身近に感じて、「生きる力」をもらえる可能性を広げます。

また、**「オンライン鑑賞」のもう1つの価値は、アーティストを応援する気持ちを伝えられること**です。音楽でも美術でも、アーティストを応援する気持ちを伝えたいのは、リアル、オンラインを問わず「特にこだわらない」という人が相対的に多くなっています。アーティストの活動を守り、支援するというサステナブルな意識も併せて醸成されました。

今後ますますデジタルでの情報発信技術が進むと、音楽や美術などの芸術・エンターテインメントをオンラインで享受する機会が増えていくでしょう。アーティストを応援したいという多くの気持ちをオンラインでも伝えることができれば、文化の発展につながります。

また、私たちにとっても、日々の生活のなかで、何かを、誰かを応援することは幸せにつながります。人を助けたり、優しくしたりすることで幸せな気持ちをもたらす「オキシトシン」というホルモンが分泌されるといわれているからです。

テクノロジーの進化は芸術・エンターテインメントの楽しみ方を広げました。それは、制約はあってもその瞬間を楽しみ幸せを見出そうとする「トキデザイン消費」（第7節〈P54～60〉）にもつながります。一人ひとりが楽しみながら主体的に人生を創造しようとすることは、さらなる文化発展のみでなく、私たちに生きる力と幸せな生活への扉をひらくものとなるでしょう。

（的場康子）

10　eスポーツの発展と可能性

「eスポーツ」進化の理由

eスポーツ（e-Sports）が注目されています。

「eスポーツ（e-Sports）」とは、「エレクトロニック・スポーツ」の略で、コンピューターゲーム、ビデオゲームを使った対戦をスポーツ競技として捉える際の名称です[1]。スポンサー料や放映権等の日本の市場規模は、2020年に前年比109%の66.8億円となり、2024年には184.3億円に達すると推計されています[2]。

eスポーツの始まりは、1990年代に流行した格闘対戦ゲームといわれています。ゲームセンターや家庭用ゲーム機で楽しめる格闘対戦ゲームのユーザー数の増加に伴い、ゲームセンターや企業主催のゲーム大会が開催され、対戦プレイヤーと観客が集うコミュニティも存在していました。2000年代に入るとインターネット回線が高速になり、離れていてもつながることができる環境が整備されたため、1つの場所に集まらなくてもeスポーツを楽しめる時代を迎え、現在に至ります。

一般社団法人日本eスポーツ連合によると、eスポーツは、黎明期・成長期・成熟期の3段階を経て発展してきました[3]。黎明期では、個人プレイやゲーム内で仲良くなったプレイヤーが集まりコミュニティが形成されました。その後成長期に入ると、黎明期に形成されたコミュニティを中心に大会が開催され、それに紐付く集客力の高い放映権やスポンサーを通じてお金が市場に供給されました。この好循環がさらなる集客につながり、選手や開発者の育成、施設運営、メディア事業といった周辺ビジネスが拡大し、eスポーツ経済圏は拡大しました。そして成熟期には、eスポーツで培われた技術要素がヘルスケアや健康促進分野などの他分野へ技術転用されます。また、イベントや施設に人が集まることで消費されるキャラクターグッズなどの商品・サービスへと経済効果は波及していきます。

実際、海外におけるeスポーツは、既に成熟期を迎えています。たとえば、eスポーツの代表的なストラテジーゲーム（コンピューターゲームのジャンルの1つで、戦略や戦術を重視するゲーム）の公式世界大会（The International）の賞金額は、2019年には3,400万ドル（約37億円）と高額になっています[4]。

eスポーツで生まれる人とのつながり

近年発展を遂げているeスポーツですが、ここではeスポーツを人と人とのつながりを創り出す「場」であるという視点で考えてみます。現実に人が集まる「場」と、インターネット上の仮想空間に人が集まる「場」の双方の場を持つことがeスポーツの特徴ですが、どのようなつながりが生まれるのでしょうか。

まず、**現実に人が集まるeスポーツ施設では、eスポーツを趣味とする人たちが集まり、競技の合間にプレイヤー間のコミュニケーションが生まれ、同好の士として人間関係を築くことができます。**すでに大学やスポーツ界では、eスポーツの場を整備する動きが進んでおり、プレイヤー同士がつながるきっかけとなっています。

eスポーツ先進国であるアメリカの大学では、競技団体やリーグが多数存在しており、2019年時点で30以上の大学がeスポーツ奨励プログラムを提供しています。たとえば、カリフォルニア大学アーバイン校では、2016年からスポンサーの後援を受けてストラテジーゲームLeague of Legendsのeスポーツ奨励プログラムが開始されました。奨励プログラムには毎年10人の枠が用意され[5]、コミュニケーション能力や実績やトライアウトを通じて潜在能力の高い選手が選抜されます。

カリフォルニア大学アーバイン校のｅスポーツ施設

さらに学校には約325㎡のeスポーツ専用施設があり、学生は、72台の専用PCにてトレーニングできます[6]（P72写真）。このように、eスポーツを学べるコミュニティは他の大学にもあり、大学リーグや練習会を通じてプレイヤー同士がつながる環境をもたらしています。

プレイヤーの育成に加えて、eスポーツ施設の充実に向けた取り組みも進んでいます。テキサス州ダラスでは、NFLチームと連携したeスポーツの普及活動として、NFLのDallas Cowboys本部の複合施設の一部を練習施設として利用できます。eスポーツ用の練習施設は、大会のステージが再現できる仕様となっており、一般の人は、マジックミラー越しに練習風景を見ることができます[7]。練習施設に加えてダラスには、2018年11月に全米最大のeスポーツ施設がオープンしており、その規模は、最大2,500人の観客動員かつ総面積9,290㎡の規模を誇ります[8]（右写真）。このようなコミュニティは、選手同士のつながりのみならず、選手と観客のつながり、観客と観客のつながりを深める効果をもたらしているのです。

全米最大のｅスポーツ施設 eSports Stadium Arlington

一方、**インターネットの仮想空間の場においては、物理的な距離を意識することなく、世界各国のeスポーツを趣味とする人たちとつながることができます**。現実のスポーツは、学校や会社のクラブ活動、スポーツイベントなどで行われることが多く、同レベルの運動機能を有する人が集まり競技する傾向にあります。ところがeスポーツでは、身体機能に制限があり思うように動けない人が、いつでもどこでも参加できるため、様々な人とのつながりを持つことができるのです。今後、5Gなどの通信技術がさらに普及することで、いつでもどこでも高速につながるネット環境の整備が進むため、パソコンのみならず、スマートフォンで楽しめるeスポーツも拡大していくでしょう。

多様なつながりを生むeスポーツ

eスポーツは、一般のスポーツと比べて競技するうえで身体面のハードルが低いことから、高齢者や障害者でも参加する人が増えています。

たとえばスウェーデンでは、メンバーの平均年齢が70歳を超えるeスポーツチーム「Silver Snipers」が活躍しています。高齢者のチームであっても若者と同じレベルで競技できるeスポーツは、高齢者同士だけではなく、世代間の交流、つながりの創出に一役買っています[9)]。

また、障害者のeスポーツ参加の動きも起きています。アメリカの障害者団体AbleGamersには、関節障害のあるプロプレイヤーが所属しています[10)]。彼らのSNSサイトには実際にプレイしているゲームの動画が投稿されており、操作するキャラクターは切れのある俊敏な動きを見ることができます。現実のスポーツでは、障害者と障害のない人が同じ土俵で競技することは難しいですが、eスポーツにおいては、障害の有無という状況を超えて、ともに競技できる新しい「場」を提供し、つながりを生み出しています。

日本においても、高齢者や障害者のeスポーツへの参加は始まっています。筆者は2020年の冬に障害者eスポーツ団体「ePARA」が主催する視覚障害者による格闘ゲームの練習会に参加しました。視覚障害者による格闘ゲームでは、障害者と障害のない人がチームとなって、互いに助け合いながら競技します。障害のない人は目の役割を担い、視覚障害者がコントローラーを巧みに操り、パンチ、蹴り、必殺技などを繰り出してプレイします。格闘ゲームでは対戦相手のキャラクターの位置が画面上で右左に激しく入れ替わるため、その都度、障害のない人が「左」「右」と声かけすることにより、視覚障害者は自分自身が操作するキャラクターの位置を把握します。練習会が終わった後は、オンライン会議を通じて反省会が行われ、障害の有無にかかわらず、プレイヤー同士のつながりが創出されています。

物理的に移動が難しく参加できない状況にあったり、体力的に現実のスポーツを楽しんだりすることが難しい状況にあっても、eスポーツをプレイできる環境があれば、競技に参加し、他のプレイヤーとのつながりも持ちながら、楽しむことができます。

eスポーツは、年齢、性別、国境、障害の有無の壁を越えて、多くの人に

新しいつながりをもたらす可能性を秘めているのではないでしょうか。

（柏村　祐）

写真

「日本のeスポーツの発展に向けて～更なる市場成長、社会的意義の観点から～」（日本eスポーツ連合）

注

1）一般社団法人日本eスポーツ連合オフィシャルサイトHPより（https://jesu.or.jp/contents/about_esports/）

2）株式会社KADOKAWA Game Linkage「ファミ通」マーケティング速報「2020年日本eスポーツ市場規模は66.8億円を突破。」（2021年4月）

3）一般社団法人日本eスポーツ連合「日本のeスポーツの発展に向けて～更なる市場成長、社会的意義の観点から～」（2020年3月）

4）Dota2 Prize Pool Tracker HPより（https://dota2.prizetrac.kr/）

5）スカラーシップドットコムHPより（https://news.uci.edu/2016/03/30/uci-to-launch-first-of-its-kind-official-e-sports-initiative-in-the-fall/）

6）カリフォルニア大学アーバイン校HPより（https://esports.uci.edu/arena/）

7）NFL公式サイト日本語版HPより（https://nfljapan.com/column/41413）

8）eスポーツスタジアムHPより（https://www.esportsstadium.gg/book-with-us）

9）lenovo-silversnipers HPより（https://lenovo-silversnipers.com/）

10）AbleGamers HPより（https://ablegamers.org/stigmabreaker/）

第4章 多様な働き方と新しいつながり方

テレワークの広がりは、職場における「つながり」の大切さを浮き彫りにしました。コミュニケーション不足は社員のストレスやモチベーション低下に影響を及ぼすことが明確になるなか、本章では、その解決策を提案しています。

1つは「心理的安全性」を高めることです。組織の心理的安全性を測る具体的な指標とともに、その効果を発揮する仕組みの一例として「ピアボーナス」を紹介しています。

もう1つは「バーチャルオフィス」です。インターネット上に再現された仮想のオフィスによって、現実の職場空間に近い雰囲気でつながりを感じながら仕事ができることを紹介しています。

11 心理的安全性を高めるピアボーナス

社内のコミュニケーション減少で何が起こるか

コロナ禍を契機に、出勤せずに自宅やシェアオフィスなどのサテライトオフィスでテレワークをする人が増えています。国土交通省の発表によると、雇用されている就業者のうち、制度等に基づく雇用型テレワーカーの割合は2019年度の9.8%から2020年度には19.7%に倍増しました（図11–1）。

テレワークを実施する人が増えたことによって、テレワークにおけるコ

図11-1　制度等に基づく雇用型テレワーカーの割合（雇用型就業者全体）

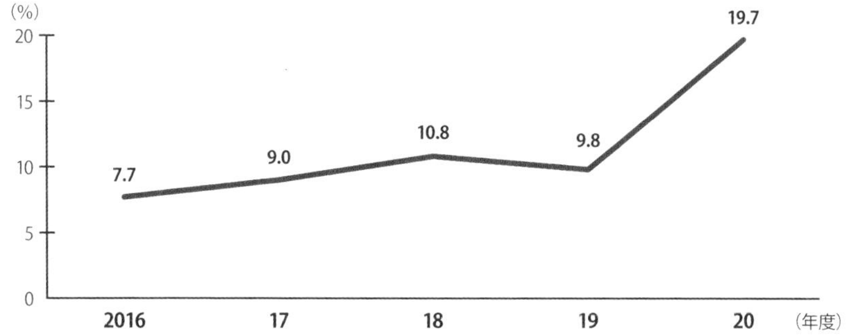

資料：国土交通省「テレワーク人口実態調査（令和2年度）」より作成

ミュニケーション不足が問題視されるようになりました。内閣府の調査によると、テレワークで不便に感じる点として「社内での気軽な相談・報告が困難」が38.4%で最も多くなりました（図11-2）。

出社して同じオフィスにいれば数秒で済むやりとりも、テレワーク中では相手が忙しいかどうかわからないため、「今、話をしては仕事の邪魔にならないか」といった不安から、気軽に話ができない人が多いようです。次いで「取引先とのやりとりが困難」(31.6%)、「画面を通じた情報のみによるコミュニケーション不足やストレス」（28.2%）といったコミュニケーションに関するものが続いており、テレワークをする人にとってコミュニケーションに関する課題は大きいということがうかがえます。最低限のインフラとして、チャットや電話などでこまめにコミュニケーションをとれる環境を整備することは必須ですが、それだけでは快適にテレワークを実施するのは難しく、チームの生産性を高めるには不十分であることがうかがえます。

「心理的安全性」を高めることがより重要

画面上のやりとりが中心で、お互いの仕事の進捗状況が見えにくいテレワーク時には、出社時よりも指示や意図が伝わらない可能性があります。また気軽に確認ができない状況では、誤った認識のまま仕事を進めてしまい、大きなミスにつながるといった可能性も増しているといえるでしょう。こう

図11-2　テレワークで不便な点と考えられるもの

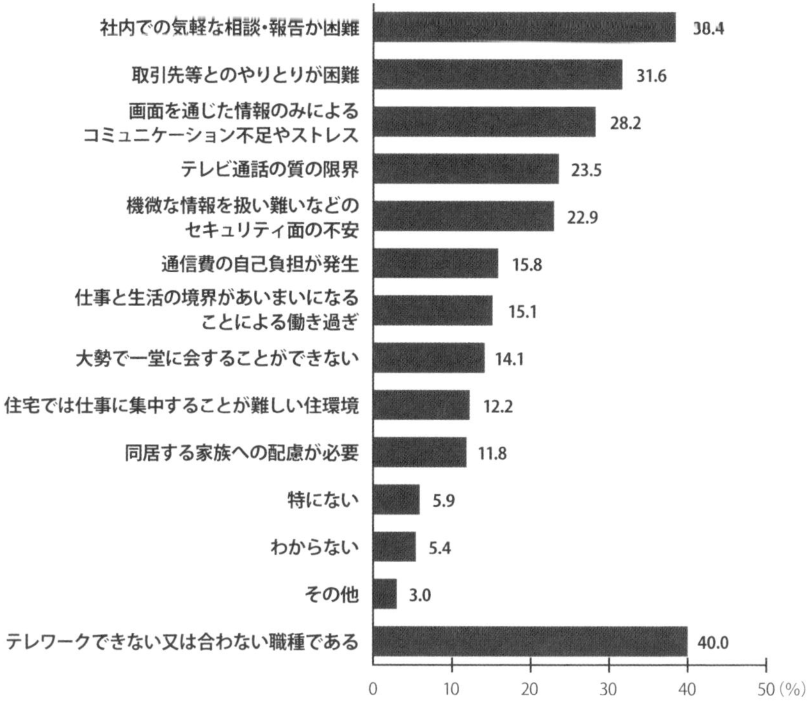

資料：内閣府「第2回　新型コロナウイルス感染症の影響下における生活意識・行動の変化に関する調査」（2020年）より作成

したすれ違いを未然に防ぐ意味でも、テレワーク時には気軽に確認や報告ができるような上司や同僚との関係性をつくり、**「心理的安全性」を高めることが重要**になってきます。

心理的安全性（Psychological Safety）[1]とは、チームメンバーに非難される不安を感じることなく、安心して自分の意見を発言できるような状況を指します。たとえば、「自分の言った意見が間違っていたとしても恐れずに発言できる」「わからないことがあるときには素直にわからないと発言ができる」といった状態です。

心理的安全性が高い状態では、単にみんなが仲良く、心地良い雰囲気になるだけではなく、目的を達成するためにチームのなかで率直に意見交換ができるようになります。このようなチームでは社内のコミュニケーションが活発になり、イノベーションの創出や問題の早期解決、働きがいの増加、人材の定着率向上など様々なメリットがあると考えられており、世界中で注目を集めています。

逆に、「こんなこともわからないのか」と言われるのが怖くてわからないことを質問できない、「また失敗したのか」と言われるのを恐れて自分のミスを報告できない、といった状態は心理的安全性の低い状態であるといえます。このような状態では、自己防衛的に仕事をするようになり、イノベーションが生まれにくく、仕事へのモチベーションも低下しやすいなど様々なデメリットがあると考えられます。

心理的安全性を測る質問としては、7つの質問が考案されています（図11–3）。具体的内容をみると、「失敗をすると、たいていは非難される」「メンバーは自分と異なっているという理由で他者を拒絶することがある」といった具体的でネガティブな質問から、「このメンバーで仕事をしているとき、自分の個性やスキルが尊重され、活用されている」といった概念的でポジティブな質問などが組み合わさっています。心理的安全性を高めるためには、こうしたポイントを踏まえたうえで、チームリーダーをはじめチーム員全員が「心理的安全性を高める」という方向感を持つことが大切です。

図11–3　組織の心理的安全性を測る7つの質問

組織の心理的安全性に関する７つの質問	
1	あなたがチーム内で失敗をすると、たいていは非難される
2	あなたのチームは課題や難しい問題についても指摘することができる
3	あなたのチームメンバーは自分と異なっているという理由で他者を拒絶することがある
4	あなたのチームはリスクのある行動をとっても、安全である
5	あなたがチームの他のメンバーに助けを求めることは難しい
6	あなたのチームには、意図的に自分の仕事を陥れるようなことをする人はいない
7	このメンバーで仕事をしているとき、自分の個性やスキルが尊重され、活用されている

資料：Amy Edmondson「 Psychological Safety and Learning Behavior in Work Teams, Administrative Science Quarterly」（1999年）より作成

また、心理的安全性の高いチームの特徴として、**①ポジティブな発言が多い、②日頃から成功だけでなくミスについても話している、③会話のなかで**

笑いやユーモアがある、などの特徴を挙げています。これらのポイントを意識してチーム員とコミュニケーションを取ることが心理的安全性を高める第一歩となるでしょう。

「ピアボーナス」と今後の経営課題

一方で、テレワークで心理的安全性を高めるには、個人個人が先述のような心がけをするだけでは不十分です。そもそもコミュニケーションを取ることが少ない状態では、ポジティブな発言をする機会も少なく、また笑いやユーモアも生じにくいでしょう。こうした問題を解決するには、**企業でポジティブなコミュニケーションを増やすような仕組みをつくることが大切**です。

企業側が従業員同士のコミュニケーションを増やす取り組みの事例として、「**ピアボーナス**」という仕組みがあります。ピアボーナスは、「peer（仲間）」と「bonus（報酬）」を合わせた造語で、日々の業務のなかの行動や結果を、従業員同士で賞賛・感謝することで、「報酬」を贈り合うことができる仕組みのことです。米Google社が社員を評価する仕組みの1つとして導入していることから知られるようになりました。日本国内においても、大手企業から中小ベンチャーまで様々な企業で導入が始まっています。

具体的には、自分が賞賛や感謝をしたい相手について、どのような点を賞賛・感謝をしているかという内容を投稿することで、相手にポイントを送るという仕組みが一般的です。上司が部下を評価する、という**一方的なやりとりではなく、従業員同士が相互に賞賛・感謝をし合う**ので、役職や部署を超えた双方向のコミュニケーションが生じやすい点に特徴があります。ピアボーナスのなかには、投稿はSNSのタイムラインのように他の従業員にも公開され、「イイネ！」といった評価までできるといったサービスを提供しているものもあります。

贈られたポイントの活用方法はサービスによって様々ですが、「報酬」として従業員に還元される点は共通しています。たとえば、ポイントがそのまま仮想通貨など金銭的なものに直接変換されるものもあれば、ポイントに応じて景品などと交換できるカタログギフトのような使い方ができるものもあります。

ピアボーナスを通じてお互いの行動を賞賛・感謝し合うことは、ポジティブな発言の増加につながり、心理的安全性を高める効果が期待されます。また、通常では見えにくい他部署の業務内容などもピアボーナスの投稿内容から見えるようになり、社員同士が部署や所属を超え、つながりやすくなるなど、新たなイノベーションの創出に発展する可能性もあります。

テレワークが今後も定着・進展していった場合、社員同士のコミュニケーションの場を増やすことへの重要性はますます高まっていくと考えられます。長期的な視点に立つと、人口減で人手不足が予想されるなか、生産性の向上や従業員の離職防止の観点から、従業員が働き続けたいと思える職場環境づくりは必須といえます。その意味で、**心理的安全性を高めて従業員が働きがいを持って働きやすくすることは、今後も企業にとって重要な経営課題**となるでしょう。ピアボーナスなどの社員同士のコミュニケーションを増やしポジティブな発言をする機会を提供するようなサービスは、今後さらに発展し、活用が広まっていくのではないでしょうか。

（神村玲緒奈）

注

1）1999年にハーバードビジネススクールのエイミー・C・エドモンドソンによって提唱された。

12　テレワークの先の未来

バーチャルオフィスの登場

コロナ禍で進んだテレワークの課題であるコミュニケーション不足を解消する対策の1つとして、「バーチャルオフィス」が注目されています。バーチャルオフィスとは、インターネット上に再現された仮想のオフィスのことで、従業員は「アバター」で出勤します。アバターとは、ネットの中で登場する自分自身の分身となるキャラクターのことで、**物理的に離れていても、アバターを使うことによって仮想オフィスで一緒に働いているという感覚を持つことができる点がバーチャルオフィスの特徴といえます。**

バーチャルオフィスには、2次元タイプと3次元タイプのものがあります。2次元タイプのバーチャルオフィスでは、「ビジュアルマップ」といわれる職場の地図がパソコン画面上に表示され、そのなかで同僚や上司のアバターの動きを確認したり、打ち合わせしたりするなどのコミュニケーションをとることができます。

また3次元タイプのバーチャルオフィスでは、Mixed Reality（目の前に見える世界にデジタルの情報を重ね合わせて表示する、複合現実と呼ばれるテクノロジー）によって、オフィスや従業員のアバターがパソコン上に立体的に表示されます。現実のオフィスに勤務する従業員と、遠隔から立体映像で参加する従業員が3D空間を共有し、まるで同じ空間にいるかのような感覚で会話をしたり、資料や製品を共有したりすることができるのです。

オフィス勤務とテレワークをつなぐ新ツール

筆者は、実際にアメリカのスタートアップ企業が提供している2次元タイプのバーチャルオフィスを体験してみました。ログインすると自分のアバターがビジュアルマップ上に出現します。自分のアバターの状況は「応対可能」「離席中」「取り込み中」「話し中」などに任意で変更できるため、アバターオフィスに出社した社員の状況は一目でわかります。

筆者が体験したアバターオフィスでは、ビジュアルマップに表示された会議室で4人の従業員アバターが打ち合わせをしていました。休憩室ではドアを閉めて3人が休憩中、執務室では3人が仕事をしていました。もし会議中に急遽参加してほしいメンバーがいた場合、招待リンクを送付すれば、途中から参加してもらうことができます。また、ドアが閉まっている休憩室のメンバーに急用があった場合、現実のオフィスでの行動と同じようにドアをノックし、中にいるメンバーが入室を許可すると入ることができるようになっています。

このようにバーチャルオフィスでは、実際にオフィスにいる人も、テレワークしている人も同じオフィスで仕事をしているような状況をインターネット上につくり出し、現実のオフィスにいるかのような感覚で会議や資料のやりとりを行うことができます。

さらに、2次元タイプのバーチャルオフィスの進化系として、3次元タイプのバーチャルオフィスの開発も進んでいます。これに参加するには、専用のウェアラブル眼鏡（眼鏡のように装着するコンピューター）が必要です。従来のウェアラブル眼鏡は重く、解像度が低いものが多かったのですが、最新のウェアラブル眼鏡は90g程度と軽量化され、解像度の高さが確保されるなど進化を遂げています。

遠隔コミュニケーションツールの現在の主流であるビデオ会議システムでは、パソコンの画面に映し出された2次元の顔画像、音声、ファイルを共有する機能を使いますが、**3次元タイプのバーチャルオフィスでは、立体的に人物、オフィスの椅子、机、資料などを感じることができるため、リアルなオフィスと同様の雰囲気をつくり出すことができます。**

筆者も実際に試してみた3次元タイプのバーチャルオフィスでは、自分の写真を用いてアバターを作成し、ウェアラブル眼鏡を装着すれば、バーチャルオフィスをすぐに体感することができます。3次元タイプは「同じ空間にいる」他者の存在を感じることができるため、現実空間に近い雰囲気を醸し出していました。アバターを利用すると、話したいときに相手のアバターに近づくだけで会話ができますし、自分のアバターに近い声は大きく聞こえ、遠い声は小さく聞こえるなど現実空間をオンライン上に再現しており、偶然聞こえてきた会話にも参加しやすい環境が整っています。

社内外とのつながりづくりに活用

バーチャルオフィスの活用方法は、現実のオフィスの再現に留まりません。たとえば、コロナ禍でリアルな懇親会や慰労会が困難となるなか、ホログラムで再現された懇親会場に社員が集合し、3D化されたグラスを持ちながら懇親することが可能となり、社員間のコミュニケーション活性化につながります。また、お客様への商品説明会をバーチャルオフィスで行う場合は、ホログラムで再現された試作品を顧客と一緒に見ながら説明することも可能です。もし顧客が修正を希望した場合には、その場で一緒に試作品を見ながら修正を加えていくことができ、今より優れた濃密なコミュニケーションが可能となるのです。

最近では、社外の人とつながる場として、異業種交流会や大規模な会議などにもバーチャルオフィスが活用されています。これにより、主催者にとっては物理的な会場の準備が不要となり、参加者にとっては、気軽に、いくつもの会に参加できるため、人と人とのつながりの拡大を図るツールとなっています。

バーチャルオフィスの可能性と課題

総務省「平成30年版情報通信白書」によると、テレワークにおけるコミュニケーション確保のための対策として、「ビデオ会議システムの導入」（49.0％）を挙げた企業が最も多く、次いで「チャットの導入」（39.6％）という結果となっています。

普及しつつあるビデオ会議システムに加え、ここでご紹介したようなバーチャルオフィスは、有効なコミュニケーションツールとして、その進化を牽引していくかもしれません。

バーチャルオフィスは、Afterコロナにおける在宅勤務プラットフォームとして、現実のオフィスと共存しつつ、皆がつながりを感じながら仕事ができる新しいオフィスとなる可能性を秘めています。

バーチャルオフィスの導入や活用を進めるにあたっては、当然ながら費用や利用スキルの習得などの課題もあります。

3次元タイプの場合は、ウェアラブル眼鏡の購入および安定した高速通信環境の整備が必要であり、普及にはまだ時間がかかるかもしれませんが、2次元の入門的なアバターオフィスであれば、パソコンと一般的な通信環境さえあれば比較的早く導入することができます。ただその場合でも、従業員からすれば、テレワークでの通信費用をどうするのかという課題は残ります。テレワークにおけるインフラ整備をどう進めるのかが普及の鍵となるでしょう。

さらに大きな課題といえるのが、利用者のITスキルの醸成です。ITテクノロジーが急速な進化を遂げていることもあり、人によってITスキルに差が生じています。ITスキルを高めるための様々なサポートが必要でしょうし、そのためのコストや仕組みづくりを考慮しなければなりません。働き手である私たちとしても、仕事に求められる基本的なスキルとして、ITスキルを高めることをさらに心がける必要がありそうです。

スマートフォンが普及し始めて10年ほどですが、今では老若男女多くの人が使いこなしています。**今回ご紹介したバーチャルオフィスも、特別なITスキルを要するものではありません。あまり難しく考えたり構えたりせずに、まずは皆で使ってみるとよいのではないでしょうか。**

（柏村　祐）

第2部

お金

第５章　「働きやすさ」から「働きがい」へ

第６章　「幸せ」視点から見た経済・家計

第5章 「働きやすさ」から「働きがい」へ

長期化する職業人生を見据え、幸せに働き続けるためのヒントの1つが「働きがい」です。「働きやすさ」とともに「働きがい」を追求することは、エンゲージメントを高め、企業と働き手の双方の成長を促します。

社会変化に対応し自らをアップデートすることも「働きがい」につながります。キャリアコンサルタントが「働きがい」を高め、自律的にキャリア形成するためのアドバイスもしています。テクノロジーの進化がもたらす働き方の多様化を、幸せなライフデザインにつなげていくために、「働く」ということを改めて考え直してみてはいかがでしょう。

13 企業と社員をwin-winの関係に導くには

「幸せに働き続ける」ことは経済成長にもつながる

私たちは何のために働いているのでしょうか。たとえば生活のため、家族のため、自己実現のため、夢のため、社会をより良くするためなど人によって答えは様々ですが、いずれも幸せのために働いているともいえます。幸せを実現するための3つの「人生資産」、つながり、お金、健康の「お金」を得るための最重要パーツの1つが「働くこと」です。「働くこと」を本書に通底する「幸せ」の視点で追求すれば**「幸せのために、幸せに稼ぎ続ける、働き続ける」**という状態が理想的です。

実はこの「幸せに働き続ける」ことが経済成長と密接に関係しています。まず経済成長の要因を分析する「成長会計」の視点をご紹介したいと思います。成長会計では経済成長を3つの要素①資本投入、②労働投入（量と質）、③全要素生産性（イノベーション）に分解します。日本は少子高齢化により人口が減少し始めています。つまり、②労働の「量」減少のなかで、「DX」といわれるデジタル・トランスフォーメーションに関連した資本投入（設備投資など、①）やイノベーション（③）が重要になりますし、**②労働の「量」の減少を補う労働の「質」が重要となります**（図13-1）。

図13-1　成長会計とDX・働き方改革等の成長キーワードとの対応

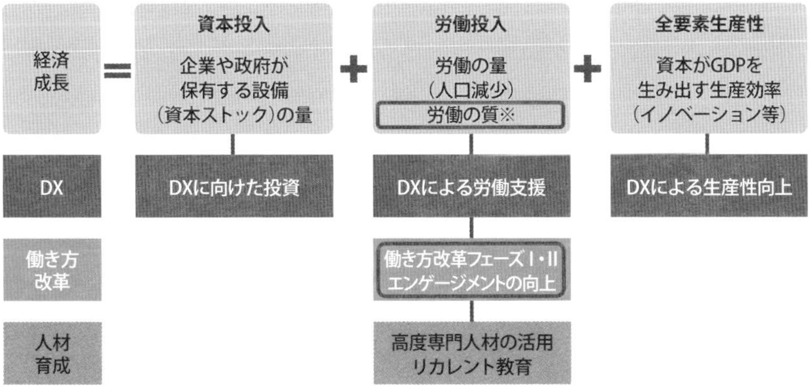

注：労働の質は全要素生産性に含める場合もある

多くの企業は労働の「質」が自社の成長のために欠かせないことに気づいています。そして、この労働の「質」向上のためには個々人が働きやすい職場で働きがいを持って幸せに働き続けることが重要です。叫ばれて久しい「働き方改革」はミクロの個々人の働きやすさ・働きがいとともに、マクロの経済成長にも効いてくるものなのです。

日本の労働生産性は主要７カ国で最下位

労働の「質」向上の必要性は、労働生産性を用いた解説もよくなされています。図13–2は公益財団法人日本生産性本部による労働生産性の定義で、同じ労働投入量であれば、より多くの付加価値を生み出すほうが労働生産性は高いということになります。企業経営者であれば利益を増やすために労働生産性の向上を目指すのは当然です。労働生産性は企業にとって重要な指標ですが、日本は主要7カ国で最下位です（図13–3）。これまで業務効率化を進めてきた日本は既に１人当たりの労働時間がOECD平均以下になっているため、**労働生産性を高めるためには分子の付加価値の拡大を目指す必要**があります。

図13–2　労働生産性とは何か

$$\text{労働生産性}＝\frac{\text{output（付加価値額または生産量など）}}{\text{input（労働投入量[労働者数または労働者数×労働時間]）}}$$

資料：日本生産性本部「日本の労働生産性の動向　2020年版」より作成

図13–3　主要国の就業者１人当たり労働生産性（米国との比較）

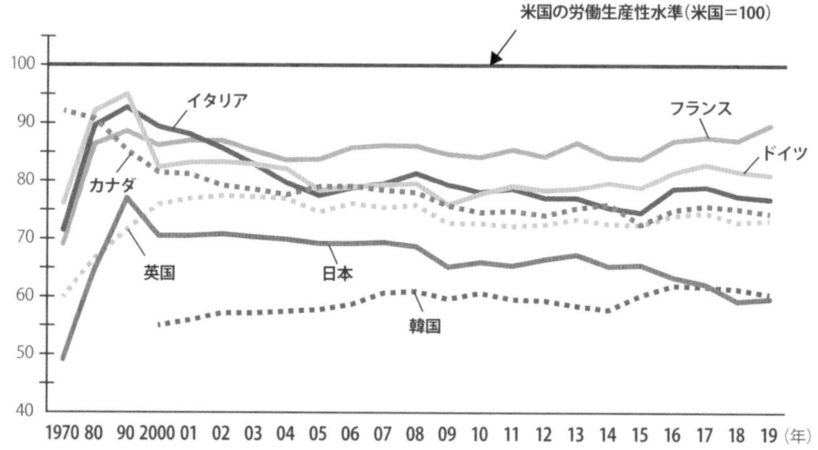

資料：日本生産性本部「労働生産性の国際比較　2020年版」より作成

エンゲージメント向上により企業の産み出す付加価値も増える

近年、「エンゲージメントの向上」「働き方改革フェーズⅡ」「ジョブ型雇用」といったキーワードが企業の側からよく聞かれます。「エンゲージメント」とは、元々英語で従事、あるいは没頭といった意味の言葉です。

日本を代表する経済団体の1つである一般社団法人日本経済団体連合会（経団連）は、毎年「経営労働政策特別委員会報告」を公表し、労使で取り組むべき働き方改革の方向性をまとめています。その2021年版で、エンゲージメントを「働き手にとって組織目標の達成と自らの成長の方向が一致し、『働きがい』や『働きやすさ』を感じる職場環境のなかで、組織や仕事に主体的に貢献する意欲や姿勢を表す概念」と定義しています。

経団連では、これまでの効率化による労働生産性の分母の縮小を中心とした「働き方改革フェーズⅠ」から、労働生産性の分子、すなわち付加価値の最大化を目指す「働き方改革フェーズⅡ」に重心を移しています。そして、**付加価値の最大化には働き手の「エンゲージメントの向上」がカギになる**としています。これを極めて単純化して言えば、社員がやる気を持って仕事に取り組めば仕事の成果が上がるということになります。

実際、エンゲージメントスコア（ES）が高いほど企業の利益率や労働生産性が高いとする研究事例もあります（図13−4）。

では、社員のエンゲージメントを向上させるためにはどうすればよいのでしょうか。一言でいえば、**「働きがい」**のある仕事に「働きやすい」環境で従事していると感じられるかどうか、がカギとなります。「働きがい」については、たとえば社員が自社の業務そのもの、存在意義、社会的責任といったことに誇りを持てるかどうかは重要な要素となるでしょう。経営者は自社のミッションやビジョンを語り、社員の共感を得なければなりません。

「働きやすさ」についてはたとえばコロナ禍で必要性が明らかとなった「時間と場所にとらわれない働き方」の推進が挙げられます。テレワークを体験して家事との両立などその働きやすさを実感した人も多いと思います。この他、テレワークになじまない最前線のエッセンシャルワーカーの方々が安心感を持って仕事に取り組める環境や、ダイバーシティへの取り組みなども働

図13-4-1　エンゲージメントスコアと当期の営業利益率との相関性

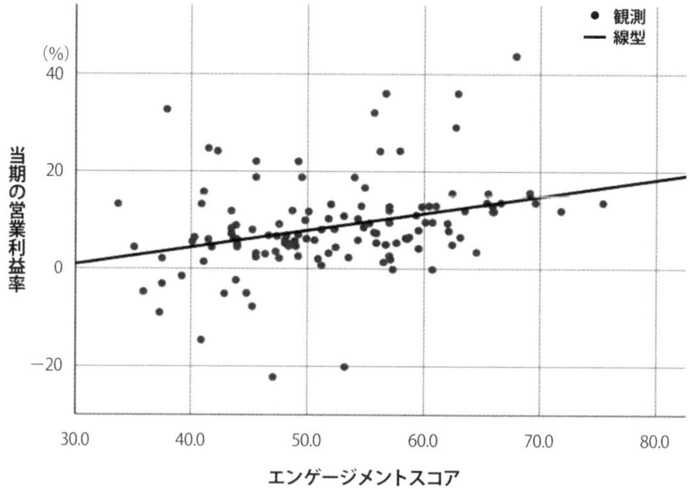

図13-4-2　エンゲージメントスコアと労働生産性との相関性

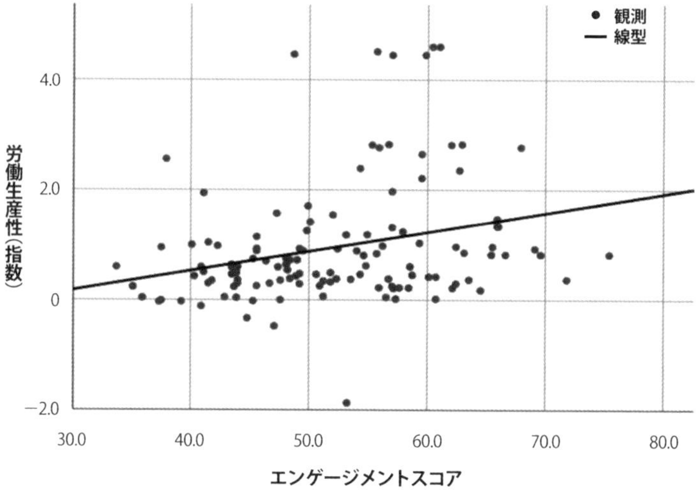

注：ここでは、労働生産性を「従業員に支払われる給与1円あたりの正常収益額（EBITDA）」と定義。
なお、正常収益額とは、営業利益算出の際の費用分から、減価償却費を差し引いて算出される金額。
調査対象は、株式会社リンクアンドモチベーションのエンプロイーエンゲージメントサーベイを実施した企業のうち、有価証券報告書が公開されている企業66社。研究期間は2018年5月〜7月

資料：経済産業省「持続的な企業価値の向上と人的資本に関する研究会報告書〜人材版伊藤レポート」（2020年9月）（原出所：株式会社リンクアンドモチベーションのプレスリリース2018年9月）より作成

きやすさの重要な要素となります。

企業による働きがい、働きやすさの追求が社員の幸せに直結することは言うまでもありません。そして、経営者から見れば社員のエンゲージメント、労働の「質」向上により企業の業績が向上します。企業業績の向上がさらに賃上げに波及する好循環が生まれれば、労使win-winの関係となります。

ジョブ型雇用、イメージの誤解を解く

昨今、雇用形態として「メンバーシップ型」・「ジョブ型」雇用という言葉をよく聞くようになりました。メンバーシップ型は年功序列・長期雇用、ジョブ型は成果主義・解雇されやすい、などとイメージされることもありますが、少なくとも後者は間違いです。「人」がベースで**「人に仕事を割り当てる」のがメンバーシップ型**、「仕事」がベースで**「仕事に人を割り当てる」のがジョブ型**となります。

インセンティブとして成果給が含まれる可能性はどちらの形態にもありえますが、ジョブ型の給与は従事する職務に応じた職務給が基本となり、成果インセンティブは必要条件ではありません。また、ジョブ型はその専門性の高さから転職しやすいということはあるかもしれませんが、日本の法制度や判例の下で解雇されやすいということはないはずです。

メンバーシップ型雇用とジョブ型雇用の特徴を図13-5にまとめています。メンバーシップ型雇用は高度成長期・ピラミッド型の労働人口構成にはマッチしていたものの、その後の時代の変化で課題が顕在化してきています。たとえば、大量一括採用は社員の画一化をもたらし、イノベーションを生みづらくしているとされます。また、**コロナ禍においてテレワークが浸透したことがジョブ型導入の機運を高めています**。テレワークは常に上司の目が行き届くものではなく、業務を明確化したうえで自律性を持って働くことが求められることから、ジョブ型雇用との親和性が高いとの印象を持たれているようです。

他方で、雇用形態は一企業の問題ではありません。純粋なジョブ型雇用が普及するためには、採用できるだけの人材が労働市場に十分に存在する必要があります。メンバーシップ型が主流の日本において、一足飛びに労働市場

図13-5　メンバーシップ型雇用とジョブ型雇用の特徴

	メンバーシップ型	ジョブ型
業務範囲	明確な範囲なし	ジョブディスクリプションの範囲内
転勤	あり	原則なし
給与	年功型 職能給の割合が多い	職務給
採用	新卒一括採用	随時
雇用	終身雇用が原則（定着率が高い）	転職も可能（定着率が低い）
管理	労働時間で管理	個人の裁量あり
組織	ピラミッド型、階層多	フラット型
教育	異動・OJT・研修を通じた職能向上	原則自己責任
適用企業	日本企業に多い	欧米企業に多い

資料：日本経済団体連合会「2021年版 経営労働政策特別委員会報告」および報道等より作成

全体がジョブ型に移行することは現実的ではありません。多くの企業では専門性の高いジョブ型雇用を徐々に増やしながら、当面はメンバーシップ型とジョブ型が社内で共存する状況を目指すことが予想されます。

企業がジョブ型雇用を志向する機運が高まっているなかで、社員個々人にはどのような影響があるのでしょうか。ジョブ型雇用は「仕事」に「人」を当てはめるので、一般論として専門性が高いほどポジションを得るのに有利になり得ます。また、同じ会社にメンバーシップ型雇用とジョブ型雇用が併存する場合、ジョブ型雇用に引っ張られる形で、メンバーシップ型雇用の社員にも専門性を高める機運が生まれる可能性があります。つまり、**メンバーシップ型、ジョブ型にかかわらず、「リカレント教育」が求められる時代になりつつある**ということです。個々人が自身の将来を見据えて自己啓発を継続するだけではなく、企業や政府の積極的な支援も不可欠です。リカレント教育で高めた専門性や能力を仕事に活かすことで、自己肯定感ややりがいを持って働き続ける姿も、これからの「幸せ」な働き方の1つのあり方といえるでしょう。

（石附賢実）

参考文献

濱口桂一郎（2013）『若者と労働』中公新書ラクレ

14 コロナ禍が後押しする社会人の学び直し

コロナ禍で増加する自分のスキルアップへの意欲

昨今の新型コロナウイルスの感染拡大は、働く人々のスキルアップのための学習意欲に大きく影響を与えました。感染拡大をきっかけに、**自分のスキルアップや能力向上に取り組みたいと思うようになった人は働いている人の39.4%**で、特に20代で50.2%、30代で55.2%と半数を超えました（図14-1）。さらに、実際にスキルアップや能力向上に取り組むようになった人は33.7%で、取り組みたいと思った人の多くが実際に行動にまで移していることがわかりました。

なぜ、働く人々はコロナ禍においてスキルアップに取り組みたいと思うようになったのでしょうか。考えられる背景としては、コロナ禍による会社の業績不振や仕事の減少等により、自身の仕事が今後なくなる不安感が高まったことなどが挙げられます。特に若手層ほど今の仕事を続けることへの不安

図14-1　自分のスキルアップ等に対する意識変化

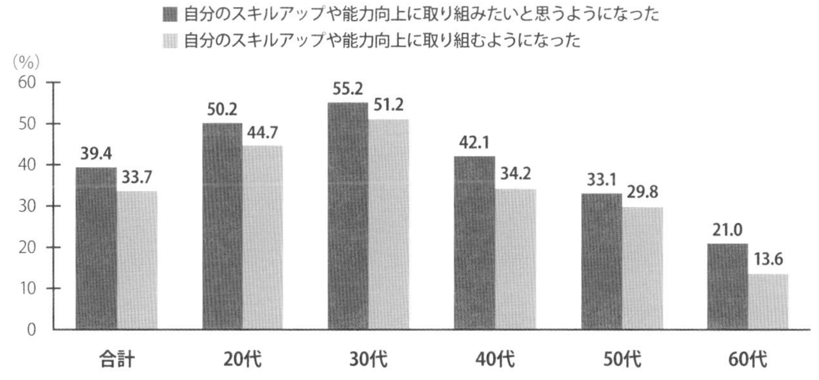

注：数値は「とてもあてはまる」と「まああてはまる」の合計
資料：第一生命経済研究所「『新型コロナウイルスと保険購買行動・意識』アンケート調査」(2020年7月実施)

感が高まっており、新たなスキルを身に付けてキャリアアップをする必要性を感じていることがうかがえます。

「リカレント教育」という選択肢

社会人のスキルアップは、現在の仕事に直接関連する能力を磨くだけでなく、新たな知識やスキルを身に付けることも大切です。テクノロジーの進歩とともに経済・社会・産業構造が大きく変化していくなかで、**過去の延長線上では今後も仕事がうまくいく見通しが立てにくくなっています**。こうした状況下では必要とされる知識や能力も多様化していき、今持っている知識やスキルだけでは対応できなくなることが考えられます。

また、人生100年時代となり、生涯現役で働き続ける可能性が高まるなか、過去に得た知識やスキルだけでは今後活躍し続けることは難しいことが予想されます。これからの時代は**年齢に関係なく、誰もが社会人となった後も学び続ける必要がある**といえるでしょう。

このような状況を背景として、近年**「リカレント教育」**という言葉が注目を集めています。リカレント（recurrent）は反復・循環といった意味があり、リカレント教育とは社会人として働いている人が再び大学等の高等教育を受け直すこと、学び直しを意味します。学び直しの仕方は人によって様々で、仕事を休職して大学等に入り直すだけでなく、仕事を続けながら夜間や週末などに大学等に通う人もいます。

内閣府によれば、リカレント教育の目的は①生活の糧を得るため、②さらなる社会参画のため、③知的満足（文化・教養）のための3つがあるとしています（図14−2）。そのなかでも、これからの社会変化を念頭に置くと、②の**社会参画のためのリカレント教育が重要**になってくるとされており、各省庁と連携して様々な施策を検討・実施する方針を示しています。

処遇に大きく反映する企業は少数派

政府が各省庁の総力を挙げてリカレント教育を推進するのは、日本のリカレント教育が国際的に見ると、まだあまり普及しているとはいえない状況に

図14-2　リカレント教育の目的と各省庁の取り組む領域

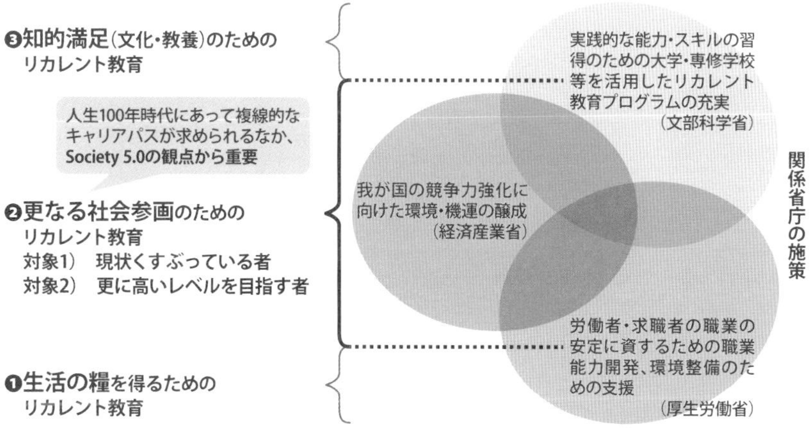

資料：内閣府「総合科学技術・イノベーション会議有識者議員との会合資料（2020年10月1日)」より作成

あるという背景があります。たとえば、25歳から64歳のうち、大学等の教育機関で教育を受けている人の割合をOECD諸国で比較すると、イギリスで16％、アメリカで14％、OECD平均で11％に対して、日本は2.4％と大きく下回っている状況です（図14-3)。日本と諸外国とでは、教育制度や雇用環境等の様々な違いがあるため一概に比較できない部分はありますが、少なくともグローバル化が進む労働環境において、国際水準から離れているということはいえるでしょう。

なぜ日本ではリカレント教育があまり普及していないのでしょうか。要因の1つには、日本企業では**リカレント教育が評価されにくい**ということが挙げられます。日本の多くの企業では、メンバーシップ型と呼ばれる働き方が採用されており、仕事に必要な知識やスキルをOJT（On-the-Job Training）として、会社に入ってから実際に働きながら身に付けていくことが一般的です。こうした仕組みのなかでは、大学での学びが業務に直結しない場合も多くなります。

内閣府によると、自己啓発（学び直し）を実施したことが処遇に反映される企業はおよそ6割であり、残り4割はあまり反映されないという結果になっています（図14-4)。反映される企業もその多くは「ある程度（反映さ

図14-3　大学等の教育機関で教育を受ける人（25～64歳）の割合の国際比較

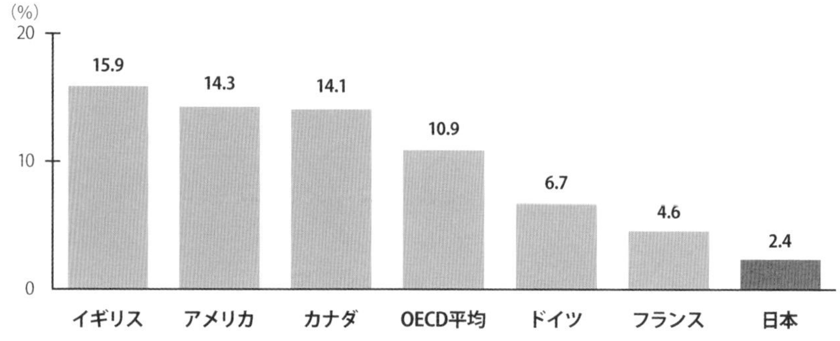

注：データはOECD “Survey of Adult Skills（PIAAC）”（調査年は2012年または2015年）。原則として25～64歳のうち大学など学校教育体系に含まれる教育機関でフルタイムの教育を受けている人の割合を集計している
資料：OECD “Education at a Glance 2017”より作成

れる）」との回答にとどまっており、「大きく反映される」とする割合はわずか5.7%です。会社が学び直しをあまり評価してくれない状況では、学び直しをしようというインセンティブも湧かないことは想像に難くありません。会社員がリカレント教育を受けるには、企業側の理解や行動変容も重要だといえるでしょう。

リカレント教育を推進するうえでは、働いている人をサポートすることも必要です。厚生労働省の調査によれば、リカレント教育を受けられない理由として「仕事が忙しくて余裕がない」とする割合が55%と最も多く、次いで「費用がかかりすぎる」（30.9%）と続きました（図14-5）。

これらの課題を解決するため、大学側には**忙しい社会人でも受講しやすいような単位制度などの仕組みづくり、安価で受講しやすいコースの開設**などが求められます。その他にも、自分に適切なコース等の情報が得にくいといった課題もありますが、いずれも大学側と企業側がリカレント教育の必要性を理解したうえで、政府と一体となって推進していくことが、リカレント教育の普及のカギを握るといえるでしょう。

コロナ禍で生まれた時間を活かす

リカレント教育はコロナ禍をきっかけに大きく進展する可能性がありま

図14−4　学び直しが適切に評価されない企業も多い

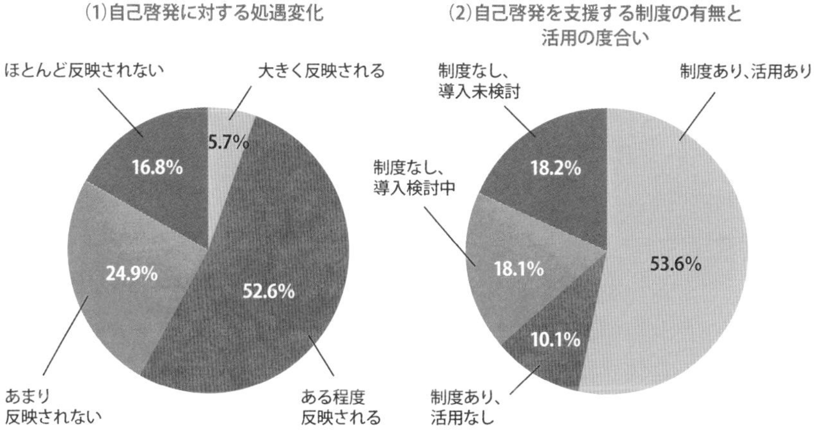

資料：内閣府「年次経済財政報告（平成30年度）」より作成

図14−5　リカレント教育を受けられない理由（自己啓発をするうえでの問題点）

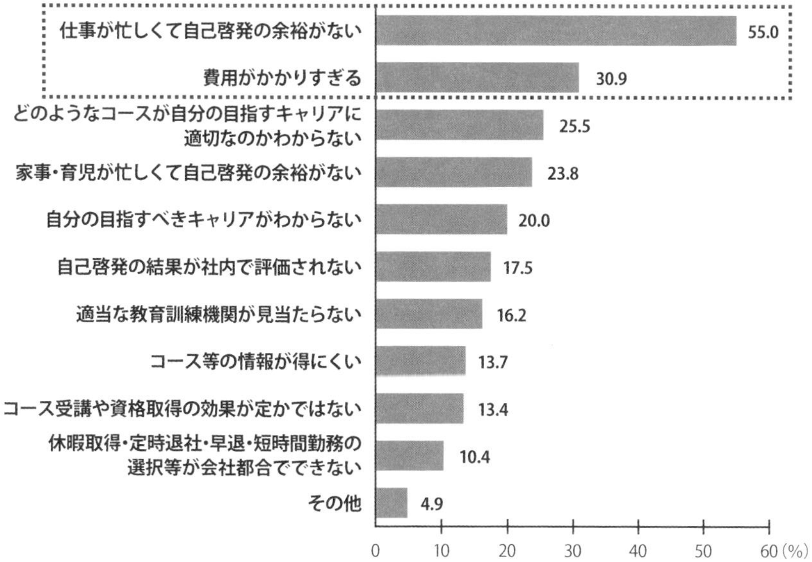

注：正社員対象
資料：厚生労働省「能力開発基本調査（令和元年度）」より作成

す。本節冒頭にご紹介したように、コロナ禍で自分自身のスキルアップや能力向上に取り組む人が増えているなか、大学や企業においてオンライン化が急速に進みました。多くの大学ではオンラインによる授業が一般化し、学生が大学に行かなくても自宅から授業に参加することができるようになりました。

一方で、テレワークが進み、通勤時間が短縮されたことで自由時間が生まれたという人も増えていると考えられます。特に都心部でこの傾向は強いと考えられ、たとえば内閣府の調査によれば東京都23区の就業者のうち、通勤時間が減少した者は50%以上にもなります（図14-6）。こうした状況の変化によって、社会人にとって大きな障害となっていた**学習・通学時間の確保という課題が軽減され、スキルアップに意欲的な人々がリカレント教育という選択をしやすい状況になっている**といえるでしょう。

日本の雇用環境も徐々に変わりつつあり、今後はジョブ型雇用制度等も増

図14-6　テレワークによる通勤時間の短縮

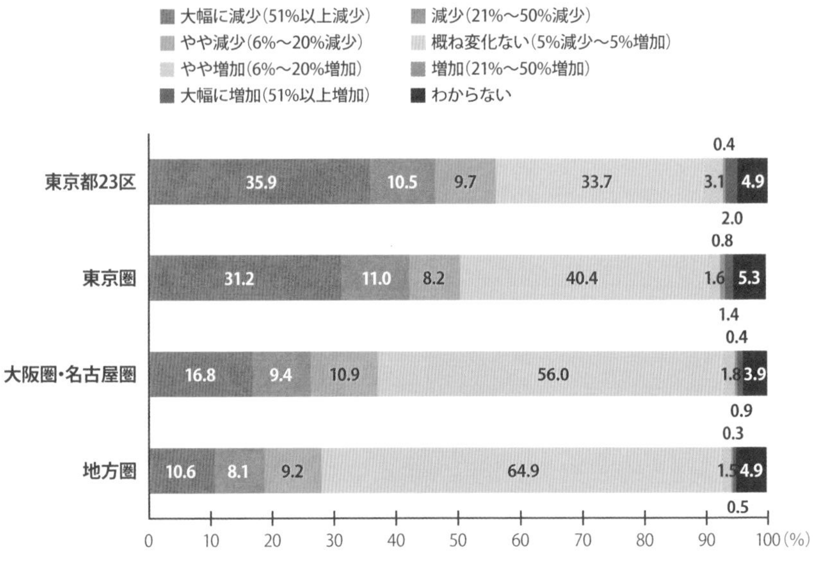

注：「大幅に」は51%以上、「やや」は6%～20%の増減、「増加」「減少」のみは21%～50%、「概ね変化ない」は5%減少～5%増加

資料：内閣府「新型コロナウイルス感染症の影響下における生活意識・行動の変化に関する調査」（2020年6月）より作成

えてくることが予想されます。会社からの研修などに任せきりにするのではなく、主体的に自身のキャリアを考えて自ら学び直しをしていく必要性は高まってきています。言い換えれば、Society5.0の時代を生き抜くために、**変化に対応し、積極的に社会とつながり続ける力が必要**になっているのです。そうした能力を伸ばすためにも、大学等の高等教育機関でリベラルアーツや最新の技術などを学び直すことは非常に意義があるといえるでしょう。ご自身の将来を考えてみる際には、リカレント教育という選択肢を検討してみてはいかがでしょうか。

（神村玲緒奈）

参考文献

採用と大学教育の未来に関する産学協議会「2020年度報告書『ポスト・コロナを見据えた新たな大学教育と産学連携の推進』」(2021)

金子元久「リカレント教育の新局面」IDE大学協会『IDE現代の高等教育』2021年5月号

濱口桂一郎「メンバーシップ型社会のねじれたリカレント教育」IDE大学協会『IDE現代の高等教育』2021年5月号

15 働き手に幸せをもたらす自律的キャリア

働く環境の変化をポジティブに考える

私たちの働く環境は最近、急速に変化しています。コロナ禍を契機に在宅勤務やオンライン会議・研修が急速に普及しましたが、これ以外にも、社会環境や企業の経営戦略の変化に伴い、「70歳就労」「ジョブ型雇用・採用」「副業解禁」「早期退職勧奨」「新卒年収1,000万円」などがメディアの見出しに連日掲げられています。こうした見出しに触れるにつれ、私たちの多くは漠然とした不安を感じつつも、足下に迫った仕事に日々没頭し、むしろ変化から身を遠ざけ、そしてどこか他人事のように振る舞っているのかもしれません。

キャリアコンサルタントとして、筆者はこれまで多くの方のキャリア開発の支援に携わってきましたが、その背景には、未だに日本的経営の三種の神器（「終身雇用」「年功制」「企業内労働組合」）を信仰し、他律的に仕事をこなすことで無難な職業人生を送れるという淡い期待を抱く、いわばライフデザイン1.0時代のキャリアの考え方が残っているのかもしれません。

新しい時代のキャリアの考え方

しかしライフデザイン3.0時代においては、**将来の「ありたい自分」を自ら描き、その実現に向けて自らのキャリアをデザインし行動していくことが、幸せな職業人生につながります**。その基礎になるものが「**自律的なキャリア**」です。自律とは、岩波書店の『広辞苑』によると「自分の行為を主体的に規制すること。外部からの支配や制御から脱して、自身の立てた規範に従って行動すること」とあります。ライフデザイン1.0時代のように企業や組織に自らのキャリアを委ねることなく、キャリアを主体的に意思決定し、行動していくことがライフデザイン3.0時代のキャリアの考え方といえます。

自らのキャリアを主体的に意思決定し、行動することは、本書のテーマである幸せ・well-beingをもたらします。Deci & Ryan（1985）による「自己決定理論」は、仕事への内発的な動機付けについて、人が有する3つの欲求が重要であると述べ、「自分の能力とその証明に対する欲求（有能さ）」「周囲との関係に対する欲求（関係性）」「自己の行動を自分自身で決めることに対する欲求（自律性）」を挙げていますが、なかでも3つ目の自律性が最も重要だとしています。そしてこれら3つの欲求が満たされることで自らの働く動機が高まり、仕事のパフォーマンスや働く喜びが向上していくとしています。また西村、八木（2018）は幸福感の決定要因として、自己決定、健康、人間関係の3項目は、所得や学歴よりも大きいと述べています。

冒頭に述べたような「70歳就労」「副業解禁」といった働く環境の急速な変化に対し不安を抱きながら傍観するのではなく、むしろキャリアの選択肢が多くなり、それを主体的に意思決定し行動する機会が増えたとポジティブに捉え、実践していくことが幸せ・well-beingにつながるというマインドセットがまずは重要だと思われます。

働くうえでのあなたの信念・価値観は？

広辞苑の「自律」の定義のなかに「規範」という言葉がありました。規範という言葉は、やや堅苦しさや窮屈さを感じてしまいますので、キャリアを考えるうえでは、「信念・価値観」と置換して考えるとよいでしょう。信念・価値観は、自身にとって本質的に重要、もしくは望ましいと感じる原則、資質、あり方で、まさにキャリアを考えるうえで基軸となるものです。

さて、あなたが働くうえで大切にしている信念や価値観は何でしょうか。この問いに即座に回答できる人は多くないでしょうし、そもそも足下に迫った仕事に日々没頭しているなかでは、自らの信念や価値観を意識することはないでしょう。しかし、**自律的なキャリアへの第1歩は、自らの信念や価値観を認識することです**。そしてこの信念や価値観を基軸にして、働くうえでの自身の能力や行動、環境を考えていくことになります。

では、自らの信念や価値観をどのように見出せばよいのでしょうか。まずは日頃の喧騒から離れて、1人で静かに考えられる場所と時間を確保してみてください。そして筆記用具と紙を準備し、記憶を呼び覚ましながらできる限り詳細にこれまでの自分史を書いてみてください。そこには事実や現象のみでなく、その時々の自身の感情や思い、周囲の方々との関係など、あたかも自身を主人公にした映画の脚本を書くような感覚で描いてみましょう。

完成した自分史を改めて眺めていきます。このとき自分自身を第三者に見立てて「彼は」「彼女は」と客観的に眺めながら考えていくと、信念や価値観がぼんやりと見えてくると思います。多くの人の自分史は「山あり谷あり」だったと思います。寝食忘れて没頭したこと、成功や失敗、挫折の経験、こうした所にフォーカスしていくと、より自身の信念や価値観が明瞭になっていくことでしょう。そして自身の信念・価値観を言葉にして書き出してください。どうしても妥当な言葉が思い浮かばない人は、次の図15−1を参考にして1つでも2つでも選んでみてください。これであなたの働くうえでの信念・価値観の完成です。

図15-1　信念・価値観をつくるヒントワード

健康	権力	利益	お金	成長
挑戦	楽	調和	競争	勝利
努力	自律	影響力	名声	家族
自由	時間	多様性	美	スキル・資格
評価	公共性	安全	秩序	協調性
冒険	個性	貢献	学習	経験
決断	一流	根性	起業	服従
希望	奉仕	変化	確信	友情
迅速	愛情	準備	楽しさ	達成感
好奇心	趣味	やりがい	昇進	専門性

自分のメンタルマップをつくる

あなたの信念・価値観はどのようなものでしたでしょうか。図15-1に並んだ言葉もやや概念的で漠然としており、ここから具体的なキャリアを考えるには一工夫が必要です。そこで、図15-2にあるようなメンタルマップを用いて、具体的に考えていきましょう。

メンタルマップは、**自分史を通じて見出した自身の信念・価値観に様々な意義付けをする**ことで、キャリアを具体的に考える有益なツールとなります。まずは図15-2の中心にある四角囲みの中に、自身の信念・価値観を書き落としてください。そしてまず、上部の「①定義」に、信念・価値観の定義付けを行ってください。働くうえでの自身の信念・価値観を確固たるものにするために、自身のなかに詳細な定義をつくり出す必要があります。

次に、自身の信念・価値観にもとづいて働けているかどうかを判断する基準や証拠を下部の「②証拠」に記述します。たとえば、信念・価値観に同じ「成功」と掲げても、ある人は「収入水準・職位」となるかもしれませんし、ある人は「『ありがとう』と言われた回数」となるかもしれません。いずれにしても働くなかで自身の信念・価値観を体感、認識できるものを掲げておくことが大切です。

最後に、左右にある「③原因」と「④結果」を考えます。そもそも自身の信念・価値観を引き起こした原因とそれらを基軸にして、働くことによってもたらされる結果を明確にしていきます。原因と結果を明確にすることで、

図15-2　メンタルマップの例

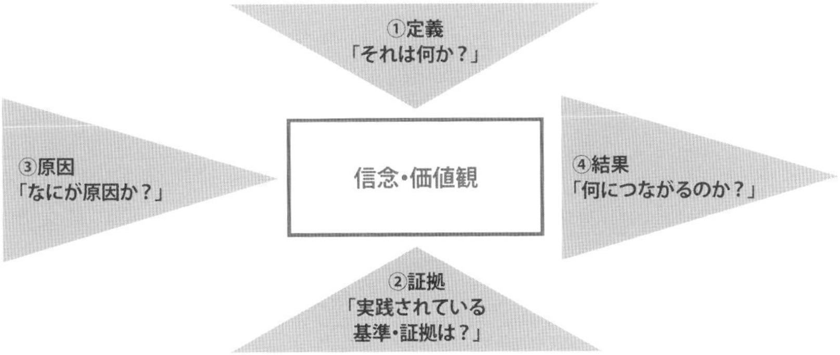

資料：ロバート・ディルツ（2020）『NLPコーチング』GENIUS PUBLISHINGより作成

自身の信念・価値観が真に強固なものかを改めて確認することもできます。たとえば、自身の信念・価値観が「お金」である人が、「④結果」に「安定的な生活」と書き落とし、改めてメンタルマップを眺めて考えると、自身の信念・価値観は「お金」ではなく「安定」であり、「お金」は「②証拠」の1つに過ぎないと気づくこともあります。

働くうえでの自身の「信念・価値観」は「リソース」「働く環境」と並んでキャリアを考え、意思決定、行動していく重要な3つの要素のうちの1つです（図15-3参照）。まずはこれに対して揺るぎない確信を持ち、他の2つの要素を見ていくこととしましょう。

自身のリソースと働く環境を考える

2つのうちの「リソース」とは、働くうえでの自身の強みと考えてください。強みというと、視認化されたスキルを連想しがちですが、これ以外にもコミュニケーション力、リーダーシップ力等のいわゆるコンピテンシーや、人や組織等とのつながり、すなわちネットワークなども対象です。また強みを見出すにあたっては、比較対象をどのように設定するかも重要です。人は往々にして自身を過大評価する傾向にあります。比較対象を社内の人にして強みとなるリソースも、一般社会では普通レベルとなることもありますし、逆も然りです。ここでも自身を客観視することが大切です。

もう1つの「働く環境」ですが、ここではマクロ環境とミクロ環境に二分して考えてみることにします。マクロの働く環境とは、たとえば、就労人口の減少、AIによる仕事の代替等、社会全体に起因する働く環境で、日々変容していくものです。こうしたマクロの働く環境は自身でコントロールすることが不可能なので、幸せな職業人生を送るためにはこれらに適応していくことが欠かせません。こうしたマクロの働く環境の変化に対して、自身をどのように適応させていくか、自己成長を図っていくかということも自律的なキャリアを考え、実践するためにはとても重要です。

ミクロの働く環境とは、勤務先企業、職場、地域社会、家族など日頃私たちが接する組織やコミュニティ、人々です。マクロの働く環境と同様、こちらも変容を遂げていくものですが、ここでは、日頃接している組織やコミュニティ、人々から、自分自身が現在そして今後、どのような役割を期待されているかということを中心に考えてください。

自身のリソース、働く環境とも、前項で描いた自分史を参照しながら、「これまで（過去）」「現在」「これから（将来）」の順番で考え、同様に書き落として、言語化していくことで、うまく整理できると思われます。これで自律的なキャリアを考えるうえで必要な要素はすべて出揃ったことになります。

「ありたい自分」を創造する

まず、これまでに整理した3つの要素、信念・価値観、リソース、働く環境を並べてみましょう（図15-3の左側参照）。そして、これら3つの要素をベン図のように重ね（図15-3の右側参照）、その中心にある3つの要素の重なり合った部分、つまり共通項を見出していきましょう。共通項がなかなか見出せない場合は、3つの要素から緊密に関連する項目を抽出して1つにまとめてみましょう。こうしてできあがったものこそ「ありたい自分」です。

「ありたい自分」を具体的にイメージアップできるように、いつ（までに）、どこで（働く環境）、誰と（仲間等）、誰に（お客さま等）、どのように（リソースなど）、何を、と箇条書きの文章にしてください。文章を読み返して、

図15-3　キャリアデザインに必要な3要素の整理

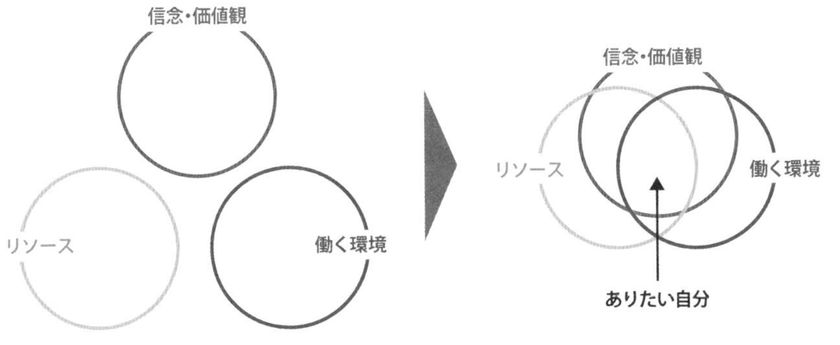

自分が幸せそうに働いている情景を頭のなかに描くことができれば完璧です。

仮に、ベン図の3つの重なりの部分が小さく、3つの共通項がほとんど見出せなくても心配無用です。自身の信念・価値観は強固で変え難く、また働く環境を自ら自由にコントロールすることも困難です。しかしリソースは無限に拡大することが可能です。1点でも「ありたい自分」を見出せたのであれば、それに向けて自身のリソースを拡大、強化していくことで3つの共通項を拡大することが可能となります。

行動計画を策定し、実践する

最後は具体的な行動計画を策定して、実践することです。キャリアの行動計画の策定は特段難しいことはありません。大学受験の計画、資格取得に向けた計画、事業計画、経営計画等、これまでにこうした計画を策定、実践された経験がある人も多いと思います。キャリアの行動計画や実践もこれらとまったく一緒であり、最終的なゴール、つまりありたい自分と現時点の自分との差異、ギャップを解消していく計画を策定し、それを実践していくことです。

策定にあたってのポイントは、5W1Hを明確にするということと、可能な限り詳細な行動レベルに落とし込むことです。たとえば「資格試験に合格する」という1つの日標を掲げたのであれば、「今週末に本屋さんで関連書籍を購入する」というのが詳細な行動レベルということになります。詳細な行動レベルにまで落とし込むことで、実践した際に、自らの行動が変容しているということを認識し、最終ゴールに向けて自らが進んでいることを実感できるようになり、これが継続性を生むこととなります。

自らの行動を変容させ継続していくことは、時には様々な困難や障害が生じます。そんなときにそっと支えてくれるのは、家族、友達、仲間などの周囲の信頼できる人々です。 したがって、自律的なキャリアに向けた行動計画は、自身1人で抱え込むことなく、周囲の信頼できる人々にも共有するという方法が良いかもしれません。また、信頼できる仲間同士で各々がありたい自分に向けて計画を策定、実践し、そのプロセスを仲間全員で共有し、互いに変容を認め合いながら進めていくというのも一考です。いずれにしても周囲の信頼できる人と共有しながら、そして楽しみながら実践していくことが継続の秘訣です。

また、キャリアを考える重要な3要素のうち、**リソースや働く環境は常に変貌していますし、昇進・昇格、異動、転職等、自身のキャリアにも時折大きな転機が生じます。ですから、時には振り返り、内省を行い、軌道修正していくことも必要となります。** 定期的に健康診断や人間ドックを受診し、結果に応じて必要な処置を講じるのと同じです。たとえば年度末に必ず年に1回、振り返りや内省を実施するというのも一案でしょう。

「人生100年時代」という言葉が日本社会に浸透して久しくなりますが、これに比例するように、より長期にわたり就労を希望する人も増えています。働くことが苦ではなく、豊かで幸せなものになるためにも、自律的なキャリアは必要不可欠なものと考えられます。

（榎並重人）

参考文献

西村和雄、八木匡（2018）「幸福感と自己決定―日本における実証研究」RIETI Discussion Paper Series 18-J-026

ロバート・ディルツ（2020）『NLPコーチング』GENIUS PUBLISHING

Deci, E. L., & Ryan, R. M. (1985). *Intrinsic motivation and self-determination in human behavior*. New York: Plenum Press.

16 DXが変えるこれからの働き方

自律的に働けるようになった一方で…

コロナ禍で広がった在宅勤務や週休3日制、ローテーション勤務（就労日や時間帯を複数に分けた勤務）、時差出勤、オンライン会議など仕事の新しいスタイルは、人々の働き方や意識に大きな影響を与えました。

特に在宅勤務については、緊急事態宣言下での外出自粛要請により、多くの人が経験することとなりましたが、在宅勤務で働く人々の意識はどのようなものでしょうか。

在宅勤務をしている人は、していない人に比べて「今の仕事にやりがいを感じている」「現在の仕事、働き方に満足している」「自律的に働けるようになった」と思っている人が多いです（図16−1）。特に**「自律的に働けるようになった」**は在宅勤務の有無によって大きく差が開いており、在宅勤務の働き方の1つの効果であることがわかります。

また、もう1つ、**「仕事とプライベートの切り替えがしづらくなった」**への回答も、在宅勤務の有無による差が目立っています。会社に出勤している場合は出社したら業務開始、会社を出たら業務終了となりますが、在宅勤務の場合は、自分で業務開始と終了の区切りをつけなければなりません。人によっては業務終了後もメール対応をしたりして、結果的に長時間労働になってしまうこともあるようです。自律的に働けるようになったという人のなかにも、仕事とプライベートの切り替えが難しいという人も少なからずおり、在宅勤務における時間管理の難しさが浮き彫りになりました。

ワークライフバランスから
ワークライフインテグレーションへ

こうしたなか、仕事とプライベートとの切り替えが難しいという在宅勤務

図16-1　在宅勤務の実施状況と働く意識

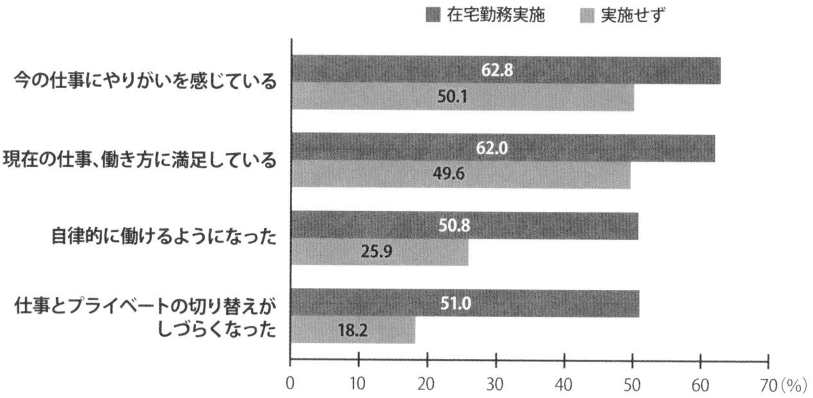

注1：「在宅勤務実施」は新型コロナウイルス感染拡大前を含めて、在宅勤務を実施したことがある人、「実施せず」は在宅勤務を実施したことがない人
注2：数値は「あてはまる」と「どちらかといえばあてはまる」の合計
資料：第一生命経済研究所「第11回 ライフデザインに関する調査」2021年1～2月実施（詳細は巻末の「調査概要」参照。以下、本節で紹介するデータは同じ）

の特徴を前提に、むしろ、この勤務形態に合わせて、仕事とプライベートの線引きをせずに、一体化させながら人生の充実を目指す、**「ワークライフインテグレーション（WLI）」**という考え方が注目されています。

仕事とプライベートを調和させるという意味で「ワークライフバランス」と似ています。しかしワークライフバランスは、仕事と生活のバランスを調整するという考え方ですので、たとえば「子どもの世話のために仕事を減らす」といった偏りが余儀なくされます。育児や介護のために仕事を時短勤務にしたり、仕事に力を入れるためにプライベートの時間を調整したりするなど、どちらか一方のために何かを犠牲にしてバランスをとるのでは生活全体の充実につながりません。

これに対してワークライフインテグレーションは、仕事と家庭を一体として捉える考え方であり、どちらか一方を犠牲にするものではありません。「家庭生活が充実すると、仕事のモチベーションも高まる」というように、**家庭生活と仕事との間に垣根を設けずに、それぞれが相互作用し合って充実した人生を送ることを目指す**ものです。

在宅勤務や週休3日制、時短勤務など、柔軟な働き方を選択できることで、育児や介護、スキルアップのための勉強、趣味・ライフワークなど、人生の要素として重要な時間を持てるようになります。仕事とプライベートの活動双方から得た経験を総合的にライフデザインに活かすことができれば、より充実した幸せな人生を送ることができるようになることでしょう。

このように、これからは仕事のオン・オフを無理に切り替えることのみでなく、あえて融合させる新たな働き方・生き方を模索する道を考えていくことも必要なのではないでしょうか。

“スラッシャー”として働く

今後ますます、情報通信やロボットなどのテクノロジーが進化していきますが、人々はこれによる働き方の変化をどのように予測しているのでしょうか。

多くの人は、自分が望む時間や場所で働くことができるようになると思っています（図16-2）。こうした意識は若い人ほど敏感に感じているようです。「自分らしく働くことができるようになる」「自分がやりたい仕事を選べるようになる」と思っている人も若い人ほど多くなっています。

最近では、若者の間で複数の仕事を兼務する**「スラッシャー」**としての働き方が注目されています。これは職業の肩書に入る「/（スラッシュ）」から由来した言葉で、**複数の肩書を持って働く人**を意味します。たとえば、「コンサルタント/通訳/カメラマン」というように、複数の仕事や活動を掛け持ちして、生き方の幅を広げ、多様性のあるキャリアを築く人生を目指す人です。**一見バラバラで関連性のない仕事やスキルでも、自分の好きなことを追求し、それらを掛け合わせることで、自分らしいオリジナルなキャリアを形成していくことができれば、それは自分の強みになります。**社会変化のスピードが激しく、先の見通しが読みにくい時代に社会人になった若者にとっては、雇用リスクを回避するための有力な手段であると認識している人も多いことでしょう。

他方、テクノロジーの進化による影響はプラス面だけでないと感じている人も少なくありません。20代の若者の間でも「人とのコミュニケーションが希薄になり、孤独感が高まる」と感じている人が多くなっています。

図16−2　テクノロジーの進化による働き方・働く意識の変化

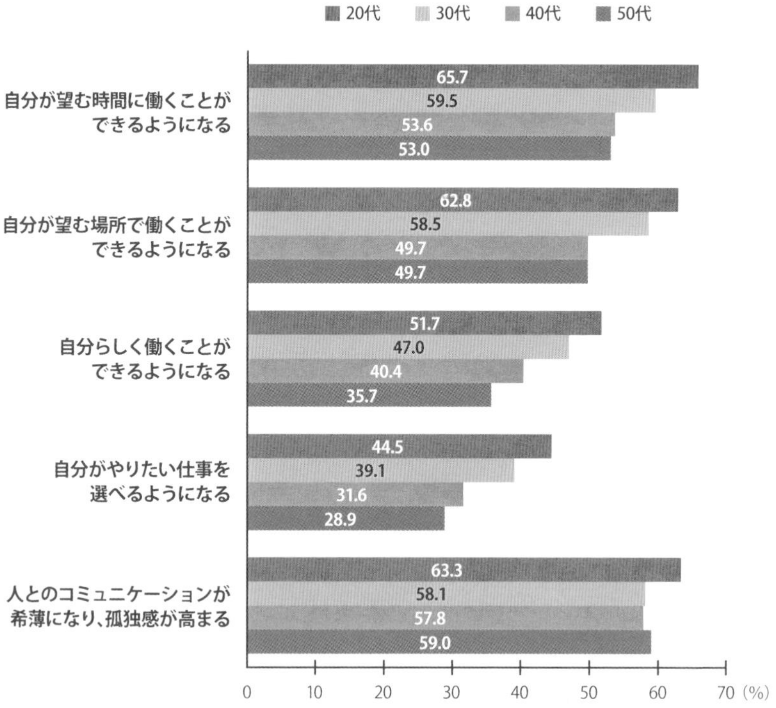

注：働いている人対象。数値は「あてはまる」と「どちらかといえばあてはまる」の合計

多様なつながりがもたらす幸せな働き方

人とのコミュニケーションの希薄化・孤独感の高まりを止めるための方策の1つは、とにかく意識を外に向けて、多様なつながりを持とうとすることです。

働きながら、趣味・ライフワーク、職業能力を高めるための学習、社会貢献活動・ボランティア活動をしている人は、そのような活動をしていない人に比べて幸福度もつながり満足度も高いことが確認されています（図16−3）。このように仕事以外の活動も積極的に行っていることの背景には、コミュニケーションの希薄化、孤独感の高まりに危機意識を感じていることもあるのではないでしょうか。実際、働きながら、趣味・ライフワークや職業能力を高めるための学習、社会貢献活動・ボランティア活動を実施している人のほうが、していない人よりも、「人とのコミュニケーションが希薄になり、孤独感が高まる」と認識している人が多くなっています（図16−4）。

コミュニケーション面での危機感を自覚しているからこそ、自発的に外に目を向け、多様なつながりを持とうとしている人が多く、そのようにして豊かなつながりのなかで働くことが幸福度を高めることがわかります。

図16−3　仕事以外の活動の有無による幸福度・つながり満足度

（単位：点）

		幸福度	つながり満足度
趣味・ライフワーク	実施している	7.32	6.15
	行うつもりはない	6.77	5.90
職業能力を高めるための学習	実施している	7.37	6.12
	行うつもりはない	6.96	6.00
社会貢献活動・ボランティア活動	実施している	7.61	6.64
	行うつもりはない	6.96	5.94

注：働いている人対象。幸福度、つながり満足度は0点（とても不幸、まったく満足していない）から10点（とても幸せ、非常に満足している）までの回答の平均点

図16−4　テクノロジーが進化するなかで「人とのコミュニケーションが希薄になり、孤独感が高まる」と思っている人の割合（仕事以外の活動の有無別）

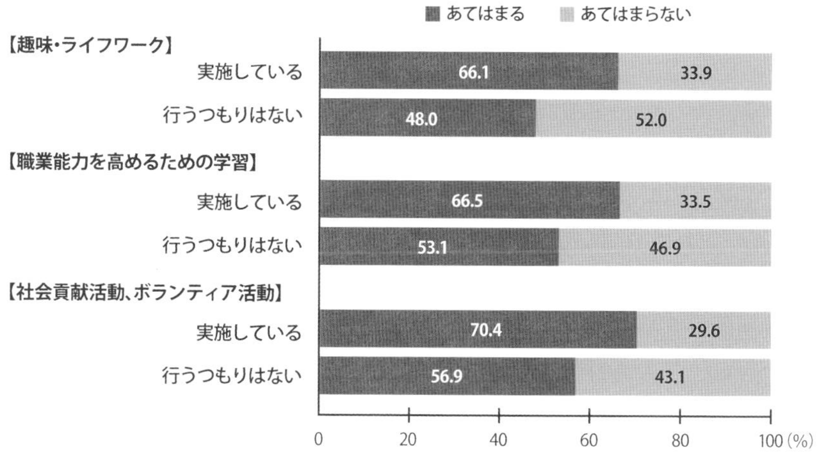

注：働いている人対象。「あてはまる」は「あてはまる」と「どちらかといえばあてはまる」の合計、「あてはまらない」は「あてはまらない」と「どちらかといえばあてはまらない」の合計

コロナ禍は働き方の多様化を促進しました。これからは生き方、働き方の多様性が受け入れられる時代です。若い時から自分の好きなことを見つけ、それを仕事と両立させて継続し、スキルを磨いておくこともキャリア形成の1つのあり方です。また、自分が好きなことを仕事にする生き方もあります。仕事とプライベートを融合させるワークライフインテグレーションの考え方にも通じる働き方です。**自分が好きなこと、やりたいことをあきらめない。**そのような自分らしい働き方がノーマルな時代になりつつあります。

（的場康子）

17 自分らしい働き方はどう創る？

改めて「仕事の報酬って何？」

私たちは何のために働いているのでしょうか。もちろん、生きるために「お金」が必要ですので、「お金」を稼ぐために働いています。しかし、働くのは「お金」を得るためだけでしょうか。働いている人に、仕事や働くことから得られる報酬として、何を重視しているかを尋ねてみました。

やはり「お金」を重視している人が最も多いですが、次いで「楽しさ、喜び」や「人とのつながり」も目立っています（図17−1）。

報酬には「金銭的報酬」と「非金銭的報酬」があるという考え方があります。「金銭的報酬」は「お金」のみならず、「役職、地位、他人からの評価」も賃金の上昇につながるためこれに含まれます。一方、「非金銭的報酬」は「楽しさ、喜び」や「人とのつながり」「知識、技術」「信頼」「人間としての成長」「他者貢献」など、仕事を通して得られる充実感を「報酬」としてみなすものです。「働く時間や場所の柔軟性」といった働きやすい環境が用意されていることも、就労支援として非金銭的報酬に含まれます。**多くの人は仕事の報酬として「お金」を重視していますが、それだけではなく、「仕事の楽しさ」や「人とのつながり」などの非金銭的な報酬から得られる充実感**

図17-1　仕事の報酬として重視しているもの（3つまでの複数回答）

（%）

	お金	楽しさ、喜び	人とのつながり	知識、技術	信頼	人間としての成長	他者貢献	働く時間の柔軟性	成長につながる仕事経験	働く場所の柔軟性	役職、地位、他人からの評価	仕事を通じて自分を知ること
全体	90.8	46.1	32.8	23.1	19.6	18.8	13.8	12.7	10.2	6.2	6.0	4.5
20代	92.1	45.7	30.9	25.3	17.6	20.7	10.7	12.6	11.6	6.2	9.4	3.7
30代	91.7	42.9	30.4	23.9	17.6	20.5	13.2	14.8	10.9	8.4	6.9	3.6
40代	91.7	44.5	32.0	23.7	19.8	18.4	13.6	11.6	11.5	5.7	6.6	4.6
50代	91.3	47.9	33.2	22.0	21.0	17.3	13.9	11.4	9.3	5.4	4.8	4.8
60代	86.7	51.2	38.7	20.6	21.9	17.4	17.9	13.0	7.3	4.6	2.6	5.5

注：働いている人対象
資料：第一生命経済研究所「第11回 ライフデザインに関する調査」2021年1～2月実施（詳細は巻末の「調査概要」参照。以下、本節で紹介するデータは同じ）

も重視して働いていることがわかります。

「働きがい」も報酬のうち？

何を仕事の報酬として重視するかは、年齢によっても異なるようです。

若い人は「お金」や「役職、地位、他人からの評価」といった金銭的な報酬を重視する人が多いですが、「知識、技術」「人間としての成長」などの非金銭的な報酬にも注目しています。経済的基盤を確立するとともに、安定的な職業生活を築くため、スキルを得て自らの付加価値を高めることを重視して働いているようです。

年齢が上がるにつれて、「楽しさ、喜び」「人とのつながり」「信頼」「他者貢献」などを仕事の報酬として重視する傾向が見られます。これまでの経験を活かしてとにかく楽しく仕事ができればいい、また、仕事を通して、人とのつながりを持ちたいという人もいます。あるいは、年齢とともに人から信頼され、人のために役に立つ仕事がしたい、それがこれまでの労力の報いと考える人もいるようです。

働く人の性別、年齢、ライフスタイル、価値観の多様化が進み、育児や介護との両立や、自分が好きな仕事をあきらめない働き方をする人が増えていることも、**報酬の多様化**につながっています。たとえば、育児や介護をしながら働いている人のなかには、就労支援として「働く時間や場所の柔軟性」を望む人もいます。また、自分が好きなことを仕事にしている人は、そうでない人に比べて、仕事の報酬として「お金」を重視している割合は少なく、仕事の「楽しさ、喜び」「知識、技術」「信頼」「他者貢献」を重視している割合が高い傾向を示しています（図17-2）。**自分の好きな仕事を追求している人は、報酬として「働きがい」を望んでいる**ようです。

今後、さらに働く人の価値観に合わせて多様な働き方が進めば、報酬のあり方も「お金」だけではなく、魅力ある仕事、働きやすい職場環境、能力・キャリア開発のしやすさなど、ますます多様化が進むと思われます。

図17-2　好きな仕事をしているかで報酬として重視するものは変わるか

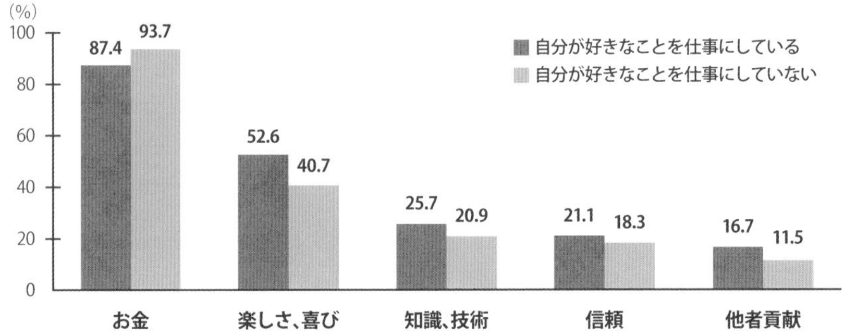

注：働いている人対象

在宅勤務で男性も両立のしやすさを実感？

新型コロナウイルス感染拡大は、日本の少子化を促進させています。先の見通しが立たず、経済的な不安から結婚、出産を先送りする人が増えていることが背景にあるようです。少子化対策はコロナ禍前から行われていましたが、今後もさらに育児世代に対する経済的支援や育児支援策の強化が求められています。

育児支援策には保育所整備の他、働きやすい環境整備も含まれます。特に、コロナ禍で休業や減給が余儀なくされて、経済的に打撃を受けた家庭が多くなっています。これまで以上に多くの人が共働きによって家計を支える必要性も高まっており、男女ともに育児をしながら働けるよう両立支援の重要性も浮き彫りになりました。

一方、在宅勤務の広がりなど多様な働き方も進みました。このような働き方の変化は、男女ともに家事・育児と仕事との両立を後押しするものになるのでしょうか。

在宅勤務に注目すると、男女ともに、在宅勤務を実施した人のほうが「両立がしやすくなる」と思っている人が多い傾向にあります。在宅勤務をした女性は、していない人よりも「女性にとって両立がしやすくなる」と思っていますし、男性も同様に、在宅勤務をした男性は、していない人よりも「男性にとって両立がしやすくなる」と思っています（図17−3）。

しかもその割合は、在宅勤務をした20代、30代の若い男性では8割前後と特に高くなっています。男性のなかには、実際に在宅勤務をすることで、家事・育児と仕事との両立のしやすさを実感した人が少なくないようです。**これからの働き方の変化が「男性の両立生活」を後押しする**と多くの人が思っていることがわかります。

他方、女性の場合は少し見方が違うようです。在宅勤務をしている20代、30代の育児期の女性をみると、「女性にとって両立がしやすくなる」との回答割合が、在宅勤務をしている同年代の男性に比べて低くなっています。「女性にとって両立がしやすくなる」かどうかは、一概には言えず、夫の家事・育児の協力の程度によって変わりますので、慎重な見方をしているようです。実際、コロナ禍で在宅勤務が広がり、家事や育児に協力的な男性が増えた一方で、相変わらず家事や育児の負担が女性に偏っていたという家庭も多かったようです。社会的に働き方が変わったとしても、長年の習慣を変えることの難しさを実感し、**男性自身の仕事や家庭に向き合う意識が変わらなければ両立のしやすさにも変化がないと思っている女性も少なからずいる**ということでしょう。

図17-3　働き方の変化は家事や育児と仕事との両立をしやすくするか

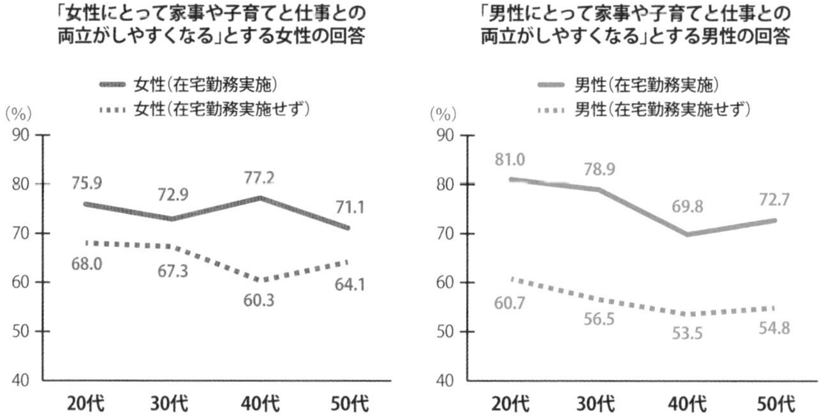

注：働いている人のうち子どもありの人対象。数値は「あてはまる」と「どちらかといえばあてはまる」の合計

働き方の多様化がもたらす幸せな家庭生活

在宅勤務などの働き方の多様化は、女性のみならず、男性にとっても家事や育児と仕事との両立がしやすい社会へと変えるきっかけとなることが期待できます。**コロナ禍で家事に目を向けるようになった男性のなかには、家事の大変さに気づき、妻を思いやる気持ちが生まれ、夫婦間の理解がこれまで以上に深まった**という人も多いようです。

家事の大変さを共有することで、お互いに家事の負担を減らすために、家電の活用などを推進する家庭もありました。時間的にも精神的にもゆとりが生まれ、生活の充実につながります。コロナ禍では特に「ロボット掃除機」「食器洗い乾燥機」「洗濯乾燥機」「電気調理鍋」など、時短家電のニーズが高まったようです。在宅勤務などの働き方の多様化に加え、**家電の進化も、男女にとって両立しやすい生活を後押し**しています。

また、在宅勤務では、子どもたちが、親の働く姿を身近に見られるようになりました。子どもは親の背中を見ています。親が協力して家事や育児をしながら働いている姿は、子どもたちにもきっと受け継がれることでしょう。こうした**家庭生活のなかでの次世代への「教育」が、男女の役割分担にまつ**

わる長年の習慣を少しずつ変える力になることも期待できます。

コロナ禍をきっかけに働き方の多様化が進みましたが、これを機に、自分の理想の働き方を追求し、男女ともに希望どおり家事や育児をしながら、お互いに思いやりを持って幸せに働くことができるような社会になれば、少子化に歯止めをかけることもできると思われます。

（的場康子）

第6章 「幸せ」視点から見た経済・家計

人生100年時代において、経済的な備えは私たちの大きな関心事の1つです。でも、お金を貯めれば貯めるほど幸せになれるとは限りません。私たちは、自分を取り巻く経済環境において、幸せをどのようにデザインし、どのような姿勢で経済的な備えを行えばよいのでしょうか。また、これからの「買い方」「消費」において、幸せにつながるヒントはあるのでしょうか。本章では、いい貯め方・いい買い方について考えます。

18 お金は幸せな人生を歩むための武器？

家計にも「収入源の複線化」が求められるように

本書では、幸せに生きるための3つの柱として、「つながり」「お金」「健康」の3つを挙げ、お金の章では働き方の変化や社会人の学び直し、投資・資産形成の重要性などについて解説をしています。この節では、なぜ今これらのテーマが重要になっているのかという点について、ふだんマクロ経済を分析しているエコノミストの立場で、経済情勢の視点から読み解いていきたいと思います。

「お金」の章で重要なキーワードは、「家計収入の複線化」です。過去の日本では、家計の収入源は働き手（主に夫）の勤労収入による「単線構造」でした。すなわち、就職活動を経て企業に入れば、定年まで生活が保証されました。結婚・出産を経て妻は専業主婦となり、老後は夫婦で公的年金を受け取ります。現役時代の収入源は夫の収入一本、老後は公的年金収入一本、といった環境でしたが、それで生活に困ることはありませんでした。

しかし、時代は変わりました。夫婦共働きが一般的になり、総務省「労働力調査」等による2020年の夫婦共働き世帯は1,240万世帯と、専業主婦世帯の571万世帯を大きく上回るようになりました。政府はNISA（少額投資非課税制度）やiDeCo（個人型確定拠出年金）をはじめとした税制優遇制度を設け、老後に向けた公的年金に頼らない資産形成を促すようになりました。今では副業も推進しており、本業以外で稼ぐことを促しています。序章で述べた「ライフデザイン1.0から2.0、3.0への移行」です。これら一連の動きは、従来単線構造だった家計収入の複線化と捉えると、大きな流れを理解しやすくなります。

なぜ、家計に収入複線化が求められるようになっているのでしょうか。大きな理由は、労働から得られる収入が減少していることに加え、単線収入の世界を成立させてきた終身雇用が制度疲労を起こしているためです。背景には、産業構造の変化や高齢化などが挙げられます。ここ数年で見ても、スマートフォンの普及やリモートワークの広がりなど、経済・社会構造の変化が非常に速いスピードで進むようになりました。産業構造が短い時間で移り変わるなかでは、1つの産業に属する1つの企業が入社から定年まで雇用を守り続けるという仕組みを維持することは難しくなります。

また、人口動態の変化とともに企業で中高年社員が増加し、人件費が高騰していることもまた、従来の終身雇用制度の維持が難しくなっている要因です。終身雇用が成り立たない世界では、家計が収入源を1つに絞ることは大きなリスクになるでしょう。収入が減る、またはなくなった際に備えたリスク分散の観点からも、収入の複線化は重要になっているといえます。

労働分配率低下の背景にある技術革新

テクノロジーの発達によって、労働の価値そのものが低下している、という側面も指摘できます。図18-1は日本・アメリカ・イギリスの労働分配率を示しています。労働分配率とは、一国の生み出した付加価値のうち、どれほどの割合が労働者に賃金・雇用として還元されているかを示します。いずれの国でも労働分配率は低下する傾向にあり、労働者への還元率が下がっていることがわかります。この理由については、経済学者のなかでも様々な議論がありますが、テクノロジーの発展による労働そのものの価値低下は有力な仮説だと考えられます。決まった作業を行うルーティンの事務仕事は、一度プログラムを書けばあとはすべて自動でできてしまいます。

さらにAI・機械学習技術の発展によって、コンピューターは「状況に応じた判断」という１歩上の仕事ができるようになっています。これまで人間が働くことによってしか提供できなかった価値が、テクノロジーに代替されるようになり、従来の労働の価値が低下しています。

企業からすれば、賃金や雇用にお金をかけるよりも、テクノロジーにお金をかけたほうが利益を高めることができる、そんな構図が労働分配率の低下の要因になっていると考えられます。

図18-1　日米英の労働分配率の推移

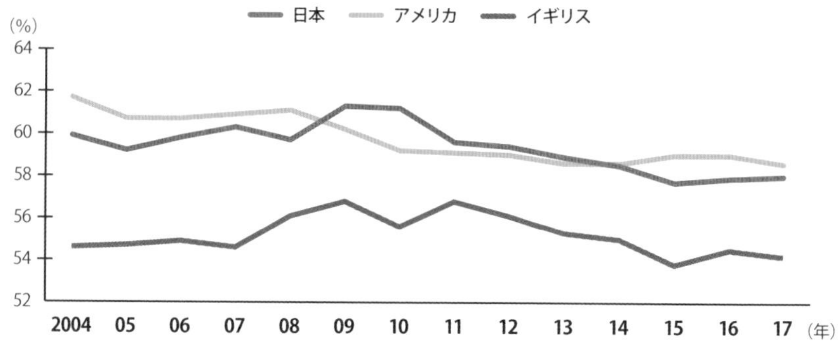

資料：ILOSTAT "Statistics on labour income and inequality" より作成

「労働」以外の収入を得る手段とは

お金の章では資産運用の重要性も説いています。従来の単線収入の世界では、特に資産運用をする必要もありませんでした。会社からの勤労収入と公的年金で十分な暮らしができたからです。高齢化の進展とともに公的年金の支給水準の低下が見込まれるなかで、資産運用によって老後資金を準備することが求められるようになっています。

ここで、家計を離れ大きな経済全体の視点からなぜ資産運用が重要なのかを整理します。

資産運用は、「勤め先企業から労働を対価として得る収入」以外の収入源を確保することに他なりません。私たちが勤務先から得る収入は、当然のことながら勤務先企業の業績などに左右されることになります。しかし、他の企業の株を買い配当金をもらうことを通じて、私たちは勤務先以外の企業の成長の恩恵を受けることができます。

しかも、そこに国境はありません。世界を見渡せば、日本よりもはるかに高い成長を続けている国、企業がたくさんあります。資産運用はこうした国や企業の成長の恩恵を得る手段をつくることであり、収入複線化の1つといえるでしょう。

2014年に発行された『21世紀の資本』(トマ・ピケティ著)は、「資本収益率(r)＞経済成長率(g)」の不等式を実証し、世界的なベストセラーとなりました。r(資本収益率)は株式などの資産から得られる収益率、g(経済成長率)は労働収入やそれを得た家計による消費など実体経済の成長率を指します。

つまり、資産から得られる収益の伸びが、実体経済≒労働から得られる収益の伸びよりも高い、ということを世界中のデータを用いて示したのです。

『21世紀の資本』の趣旨は、格差拡大に対して警鐘を鳴らすことでした。「r＞g」の世界では、すでにお金を持っている資本家が資本収益率の恩恵を強く受けることでさらに富を蓄え、お金のない労働者は低い経済成長率に甘んじることになるからです。

しかし見方を変えれば、「r＞g」は、資本家になれば豊かになれる、という点を示しているともいえます。私たちは証券口座を持ち、株式を買うことで世界中の企業の共同オーナーになることができます。**私たちは生活をすべて資本からの収入でまかなうような完全な資本家にはなれなくても、資産運用を通じて資本収益率の恩恵を受けることはできるのです。**

「r＞g」が示すように、資本主義経済は資本家がまず恩恵を受け、その恩恵が労働者に少しずつ流れるようにできています。この点は、昨今の新型コロナウイルスの感染拡大の状況をみてもわかるでしょう。感染拡大に伴う行動制限などによって実体経済が未曽有の落ち込みを経験する一方で、株価はいち早く上昇局面に入り、コロナ前の水準を超えました。各国が経済の落ち込みを抑えるため、様々な政策を講じたことが背景にありますが、こうした政策の恩恵が実体経済よりも資本市場に強く及ぶことを示しています。

日本も例外ではありません。先に述べた労働の価値および労働分配率の低下傾向の一方で、株主への利益の分け前に当たる配当金は、利益に対する割合が上昇傾向にあります。日本でも株主を重視した経営、企業価値の向上が重視されるようになり、株主への還元度合いは高まっているのです。

図18-2　日本企業の配当金額と経常利益に占める比率

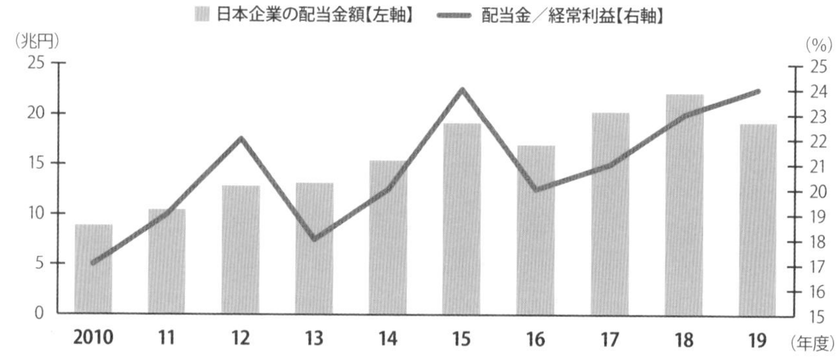

資料：財務省財務総合政策研究所「法人企業統計年報」より作成

お金は自己決定できる人生を歩むための武器

少々古い資料になりますが、グローバルにビジネス用途のSNSサービスを提供しているリンクトインが2014年に発行したレポートによれば、日本で仕事に満足感を得ている人の割合は調査対象の26カ国中25番目でした（図18-3）。ここには様々な背景があるでしょうが、筆者は1つの理由が日本企業の雇用慣行にあるのではないかと考えています。

日本の雇用慣行の本質は「会社が定年まで面倒を見る代わりに」「仕事や勤務地を決める権利を会社が握る」仕組みです。もちろん従業員側の希望等も考慮されますが、人事異動や転勤があり、その最終的な決定権は会社側にあります。昔の日本では、「働く夫」は会社の指示が不服でも従わざるをえませんでした。収入源が単線構造の世帯にとって、夫の収入がなくなれば生活ができなくなってしまいます。文字通り「一家の大黒柱」であり、失うわけにはいかないからです。仕事は人生のうち大きなウェイトを占めるものですが、多くの人にとって自分の働き方は自分で選ぶものではありませんでした。

人生の幸福度を決めるのは「自己決定」である、という趣旨の研究があります。たとえば、西村・八木（2018）は、日本人2万人のデータを用いて、自己決定が幸福度を高めるということ、そしてその影響は学歴や世帯年収額が与える影響よりも大きいことを示しています。「自分の人生を自分で決めること」が人生の幸福感に影響を与えるのです。腹に落ちる部分はあるのではないでしょうか。

お金があれば幸せ、というわけではないでしょう。**しかし、お金は自己決定できる人生を歩むための武器になります。**会社で不本意な指示があっても、向こう数年の暮らしを維持できる蓄えがあったり、他にお金を稼ぐ手段

図18-3　国別にみた仕事に満足感を得ている人の割合

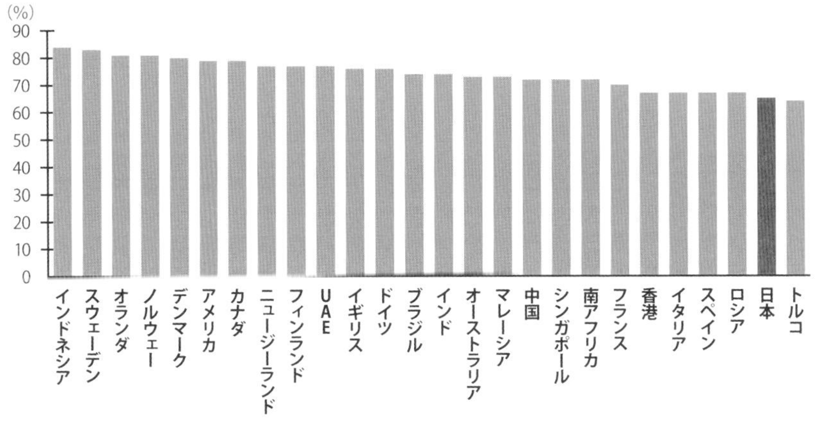

注：“現在の仕事の役割にどの程度満足していますか？”に対し、“とても満足している”、“多少満足している”と回答した割合の合計。各国の正社員を対象に、求職活動、仕事の満足度、キャリア評価に対する意識を調査したもの
資料：Linkedin “Talent Trends 2014” より作成

があったりすれば、多少は会社にわがままを言う勇気がわくかもしれません。もし、周りとの関係がこじれて会社にいられなくなったとしても、お金やそれを稼ぐ手段を持っていれば生活することはできるからです。「学び直し」はその武器を磨くための手段ともいえるでしょう。

筆者は今30代で、人口ピラミッドでは若い部類に入ります。周りの年配の方からは、終身雇用が終わりを告げつつあり、前代未聞の高齢社会のど真ん中で生きることになる私たちに対して、「君たちの世代は厳しいね！」といった趣旨の言葉をいただくことがあります。ところが、個人的にはあまりそうは思っていません。人生の選択肢は現在のほうが広がっていると考えているからです。昔の日本では選択肢にもなかった仕事と育児の両立という生き方を選ぶことも、社会的に認められるようになりました。足元では転職や副業が少しずつ一般的なものになるなど、生き方、働き方、稼ぎ方は多様化しています。

確かに、単線構造の収入の世界は、「周りと同じように働いていれば大丈夫」だという点で安定した時代でした。しかし、人生の選択肢は今ほど多くはなかったのではないでしょうか。**今の時代を「自分で選ばなければいけなくなってしまった時代」と考えるか、「自分で選ぶことができるようになった時代」と考えるか**。ここを前向きに考えることができれば、人生はきっとより良いものになると思うのです。

（星野卓也）

参考文献

Piketty, Thomas (2014) *Capital in the Twenty-First Century*（邦訳：トマ・ピケティ(2014)『21世紀の資本』みすず書房）

Srinivasan, Leela et al. (2014) “Linkedin Talent Trends 2014”

西村和雄、八木匡（2018）「幸福感と自己決定―日本における実証研究」RIETI Discussion Paper Series 18-J-026

19 「幸せ」になる マネーデザインとは

資産形成に取り組むともっと幸せになれる

「人生100年時代」を見据えて**マネーデザインを行い、資産形成を行っていくことは、ありたい未来を自分で描き、「幸せ」な人生を追求していく戦略において重要な要素の1つです。**

家計の金融資産額と幸福度得点の分布を見ると、金融資産がない人の5.6点から、3,000～5,000万円の人の6.9点まで、金融資産額が増えると幸福度は上昇します（図19‒1）。ただし、その増え方は正比例ではなく頭打ちとなっています。今回の調査では金融資産500～700万円あたりが大きな屈曲点になっているようです。

金融資産というものは、たくさん貯めれば貯めるほどその分幸福度が上昇するわけではなく、上昇幅はだんだん縮んでしまうのです。つまり、同じ100万円だけ資産が増えても、金融資産300万円の人に比べて、3,000万円の人では少ししか「幸せ」を実感できない、ということになります。こうした

図19‒1　家計の金融資産と幸福度得点

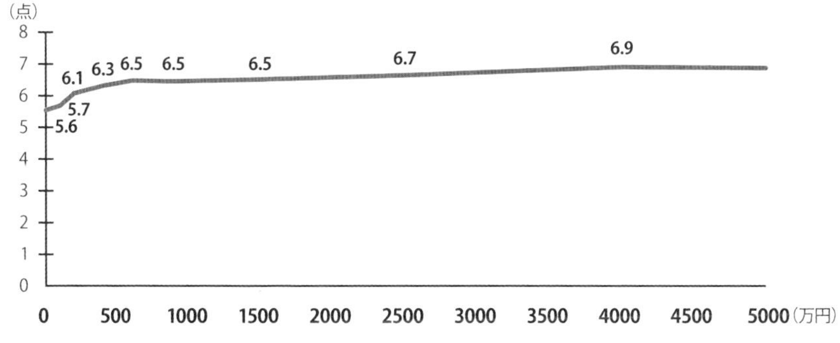

注：幸福度得点は0点（とても不幸）から10点（とても幸せ）までの回答の平均点
資料：第一生命経済研究所「第11回 ライフデザインに関する調査」2021年1～2月実施（詳細は巻末の「調査概要」参照。以下、本節で紹介するデータは同じ）

傾向は「限界効用逓減の法則」と呼ばれます。

お金の絶対額以上に幸せをもたらすものは

「お金」の多寡と「幸せ」との関係には、今見たように限界効用逓減の法則が働きます。一方で、世の中には同じ金額の「お金」を持っていても、十分足りていると感じる人もいれば、まだまだ足りないと感じる人もいます。そうした感じ方の違いが「幸せ」にどのように影響しているのでしょうか。

今回調査では「ふだん生活をしていて、好きなことをしたり、欲しいものを買ったりする経済的なゆとりがありますか」という主観的な「ゆとり感」を聞き、幸福度得点との関係を見てみました（図19−2)。

そうすると、「ほとんどゆとりがない」という人の4.5点から、「かなりゆとりがある」という人の7.6点まで、金融資産よりも幸福度得点の上昇幅は大きくなっています。

図19−2 「経済的なゆとり」の状況と幸福度得点

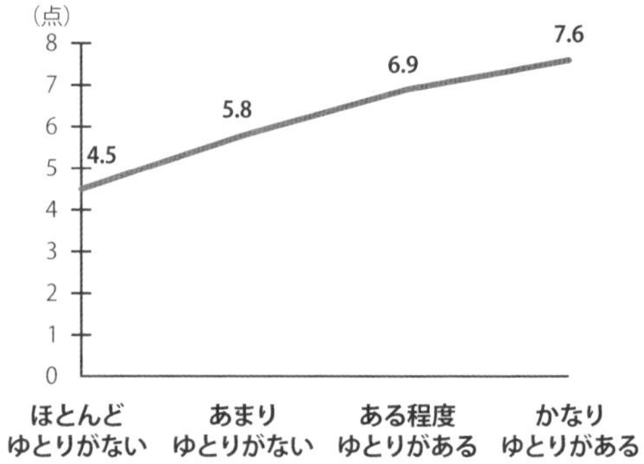

注：幸福度得点は0点（とても不幸）から10点（とても幸せ）までの回答の平均点

人生をデザインすることで生まれるゆとり

では、こうした経済的なゆとりを感じるには、どのようにしたらよいのでしょうか。

1つの方法は、第20節でみるようなマネーデザインを行うことです。

今回当研究所が行ったアンケート調査では、マネーデザインに関連して、仕事や学業、家庭生活、余暇生活、老後の生活等すべての面を含んだ、幅広い「自分のライフデザイン」を聞いています。ここでは、このライフデザインと経済的なゆとりを感じる人の割合の関係を見てみます（図19−3)。

すると、自分自身のライフデザインについて深く考えている人ほど、経済的なゆとり感が強いことがわかります。

つまり、マネーデザインを含むライフデザインを行うことは、経済的なゆとりを感じることに役立つことがわかります。後で述べるとおり、こうした傾向は若い人などまだお金の面で余裕がない人にも当てはまります。

図19−3　ライフデザインの状況と「経済的なゆとり感」(経済的なゆとりを感じる人の割合)

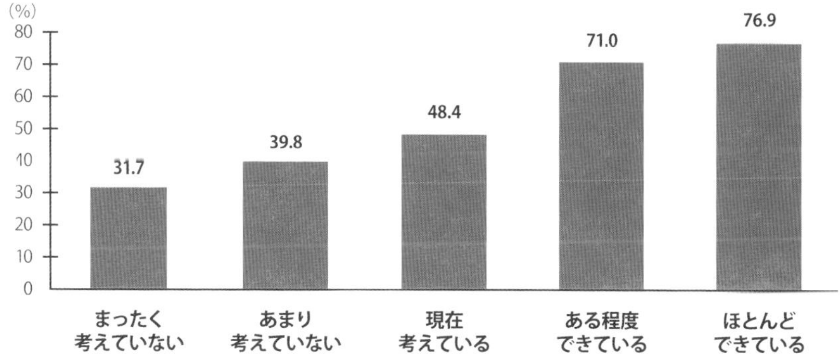

注：各ライフデザインの状況にあるという人のうち、経済的なゆとりを感じる人の割合

ライフデザインが「経済的なゆとり感」に及ぼす影響は、家計の金融資産の水準が違うとどうなるのでしょうか。図19−4を見てみてください。

ライフデザインが「できている」層についてみると、金融資産が少なくても、経済的なゆとりを感じる割合が高い水準にあります。ライフデザインを「現在考えている」や「できていない」人で金融資産が1,000万〜2,000万円の人に比べても遜色ありません。

金融資産を積み上げていくには、通常長い時間がかかります。それでも、**自分自身が目指したいライフデザインを考えていくことで、目標に向かって進んでいく具体的な道のりがイメージできるようになり、実際のお金が貯まるより先に主観的な自己認識である「経済的なゆとり感」を実感しやすくなると考えられます。**

図19-4　ライフデザインの状況と「経済的なゆとり感」（家計の金融資産別）

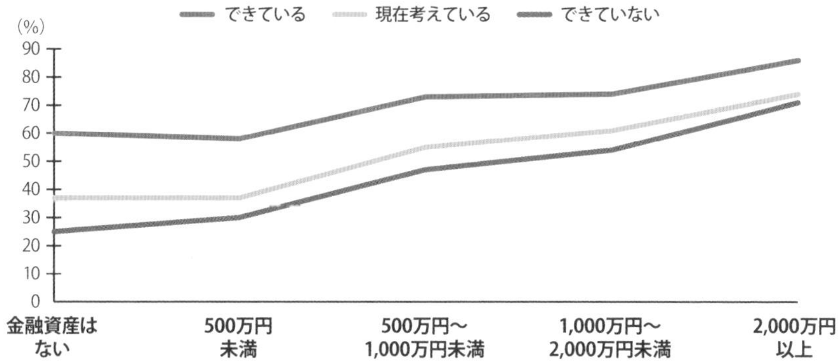

注：ライフデザインの状況について、サンプル数の関係で「まったく考えていない」「あまり考えていない」を「できていない」、「ある程度できている」「ほとんどできている」を「できている」に括り直して集計

ライフデザインができている人はまだ少ない

問題は、ライフデザインができている人の割合がまだまだ少ないということにあります（図19-5）。「ほとんどできている」「ある程度できている」を「できている」とした場合、全体では24%、4分の1程度の人しかライフデザインをできていません。金融資産が増えるとできている人の割合は増えていきますが、2,000万円以上の世帯でも半数の人ができていません。

金融資産の水準にかかわらず、現在ライフデザインについて考えている（しかしできていない）人が3割前後存在しますので、ライフデザインを行いたいニーズは広く存在するようです。ただ、過去の調査をみても、ライフデザインができている人の割合は、増加してきているわけではありませんので、**自分ひとりで未来のことを想像し、夢や目標を設定してライフデザインしていくというのは、なかなか難しいようです。時には外部の専門家の力を借りることを考えてもよいかもしれません。**

どのような専門家に手を借りるのがよいのでしょうか。それを考えるうえでは、ライフデザインができているという人に、ライフデザインに実際どのような効果があったのかを聞いた結果が参考になると思われます（図19-6）。回答を見ると、様々な効果があったということですが、大きく「具体的なラ

図19-5　金融資産とライフデザインができている人の割合

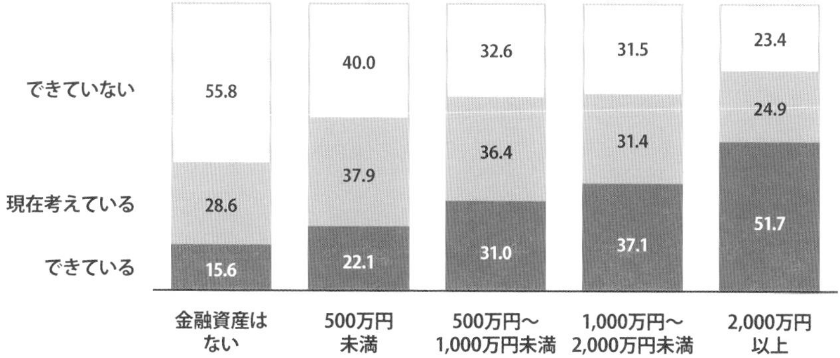

図19-6　ライフデザインの効果

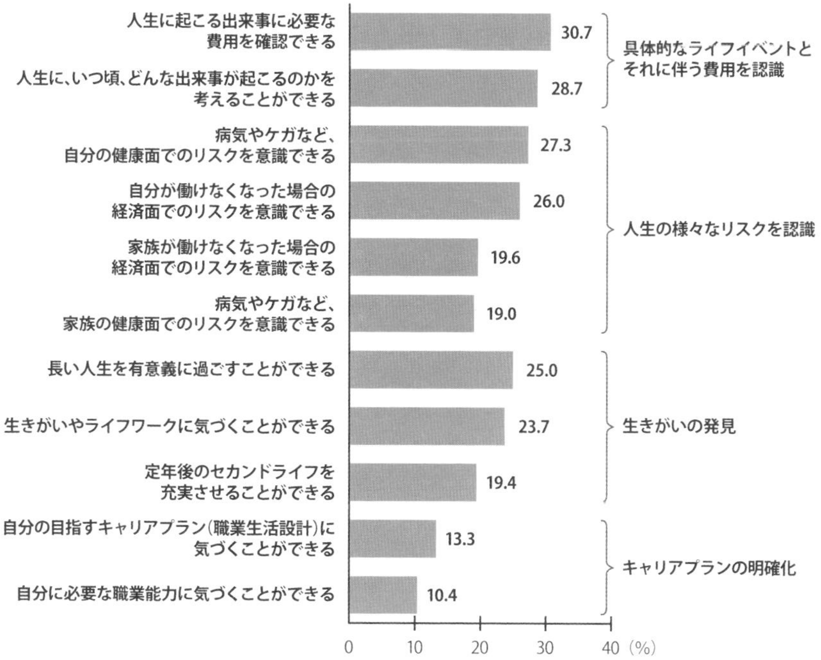

イフイベントとそれに伴う費用を認識できる」「人生の様々なリスクを認識できる」「生きがいの発見」「キャリアプランの明確化」といった4つに分けられます。「具体的なライフイベントと費用」「人生の様々なリスク」についてはファイナンシャルプランナー、「キャリアプランの明確化」についてはキャリアカウンセラーといった専門家がそれぞれ存在しますので、一度アドバイスしてもらうことも検討に値するのではないでしょうか。

ここまで見てきたように、資産形成を行うことで幸福度得点は緩やかに上昇していきます。ただし**資産形成をトータルな「幸せ」感の向上、ひいてはwell-beingの達成に効果的に結び付けていくためには、まずライフデザインを行って、将来の夢や目標の実現に必要な金額に目星をつけることが第1歩となります**。さらに目標達成を阻害するリスクを具体化してリスクに備えるための手段を講じることで、将来に対する漠然とした不安感を解消し、「経済的なゆとり感」を醸成することが大切です。

（村上隆晃）

20 プロに学ぶ人生100年時代のマネーデザイン

コロナ禍で資産運用に関心が高まった？

巣ごもり生活が続いたためか、資産運用（投資）への関心が20代〜30代中心に高まったようです（図20-1）。日米の株価が2020年3月の底値から急速に回復・上昇したこともあり、2020年のNISA（少額投資非課税制度）口座における買い付け額が、前年の18兆円から22兆円と約2割増加したこと、主要インターネット証券5社の口座数が2020年度約300万口座増加したことからも関心の高まりがうかがえます。

その一方で2020年の個人の現金・預金は年間に約49兆円増加して、12月末で1,056兆円になっています。投資に関心を持つ層は確実に増加していますが、全体として考えると「貯蓄から資産形成（資産運用・投資）へ」とい

図20-1　コロナ禍以来、資産運用（投資）をするようになった、
もしくは資産運用の頻度や額が増えた

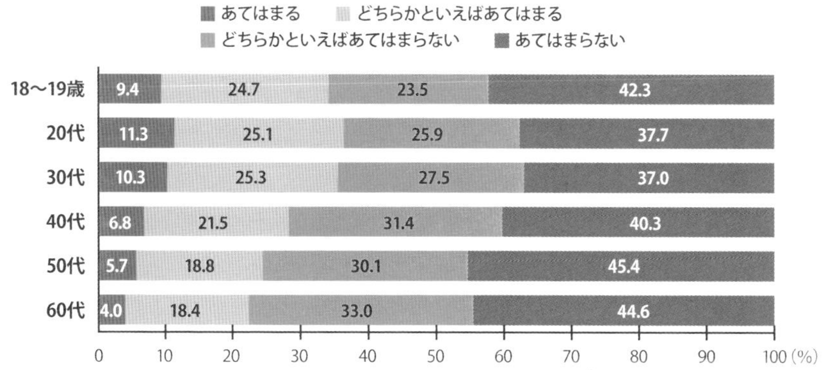

資料：第一生命経済研究所「第11回 ライフデザインに関する調査」2021年1〜2月実施（詳細は巻末の「調査概要」参照。以下、本節で紹介するデータは同じ）

う流れが大きく進んだという状況ではありません。

人生100年時代は現実のものになりつつあります。とすれば、

・長寿だからお金（資産）の寿命も延ばす
・そのためには、若いときから「長期・積立・分散」で資産形成を行う
・できるだけ長く幸せに働く

ということを考える必要があります。

人生100年時代だから考えるべきマネーデザイン

まず、マネーデザインは、自分が90歳以上まで生きることを想定して考える必要があります。なぜなら、厚生労働省の見通しでは、2040年に65歳になる人の場合、男性は42％、女性は68％が90歳以上、女性の20％が100歳以上まで生存すると見込まれているからです。よって、**「お金の寿命も延ばす」必要があります。**

2019年6月に公開された金融庁の金融審議会のレポートに端を発し、「老

後2,000万円」が大きな話題になりました。男性65歳以上・女性60歳以上夫婦の主たる収入が公的年金の無職世帯では、毎月の家計収支が約5万円の赤字となり、女性60歳時点の余命を30年とすると約2,000万円（≒約5万円×12カ月×30年）不足するというものでした。

公的年金は「100年安心」というフレーズを用いてきたため、そのギャップが問題になりました。「100年安心」は、2004年の年金制度改革（基礎年金国庫負担割合の引き上げ、財政検証の実施、マクロ経済スライドの導入等）で「『制度』が100年安心して持続できる」という意味でしたが、「公的年金を収入として100年『安心』して暮らせる」と混同されたためにマスコミ等で騒がれました。ただ、公的年金制度で老後安心して生活できると考えている人は30代以上で20％を切っており、多くの人は冷静に考えています(図20-2)。

図20-2　現在の公的年金制度で老後は安心して生活できる

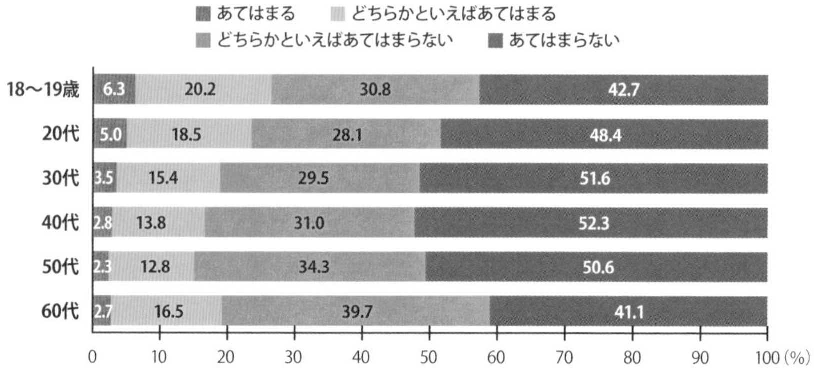

しかもセカンドライフが長くなり、必要な老後資金が増えていく前提で考えると、お金の準備、資産形成はできるだけ早くから行うことが必要になります。老後の資産形成ニーズは、すべての年代で意識が高いようです（図20-3)。

ただ、2019年の公的年金の財政検証によると、公的年金の所得代替率（年金を受け取り始める65歳時点における年金額を現役世代の手取り収入額と比較した割合で、2019年度は61.7％）は楽観的なシナリオでも2046年に

図20-3　現在の消費を抑えて、老後のために資産形成したい

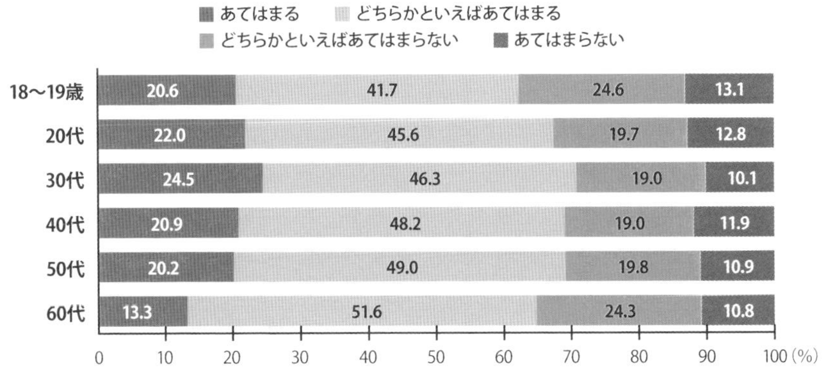

51.9％と、現在より約10％低下する想定です（これが制度を100年安心して持続させる仕組みの原資です）。この約10％は、現在の手取り収入を前提とすると月3万円強になり、その差額分を補填するだけでもさらなる貯蓄の上乗せ、資産形成が必要になる計算です。

とすると、資産形成に加えて、できるだけ長く働いて収入を得ることも考える必要があります。人生の晩年ですから、この「働く」は、「楽しさ、喜び」等の「働きがい」を感じることができる仕事であるのが理想です。

まず、ゴールベース・アプローチでお金を「貯める」

資産形成のスタートは「貯める」ことです。「貯める」うえで大切なのは、

・「人生の3大費用」を「自分ごと化」して見積もる
・「貯める」目標金額を設定する
・給与天引き（口座引き落とし）で「貯める」を実践する

だと考えます。

まず、人生の3大費用、すなわち、「子育て・教育」「住宅」「老後」の費用を「自分ごと」として見積もることです。個人によって満足や幸せの感じ方、置かれている事情は様々です。だから、一般論ではなく、「自分ごと化」し

て考えます。先ほどの「老後2,000万円」は統計上の平均値なので、自分の場合は「老後〇〇万円なのか」のように具体的に見積もることが必要です。

次に、これにもとづいて「貯める」目標金額を決めます。「貯める」は現在の「お金を使いたい」という欲望を我慢して、将来のために「お金をとっておく」ことなので、目標がしっかりしていないと欲望に負け、お金は貯まりません。将来の目標を決めて、その目標に向かって資産形成をする枠組みを「ゴールベース・アプローチ」と言います。もちろん将来何が起こるかわからないのですが、短期間に大金を準備するのは不可能です。よって、いったん目標を決めて「貯める」を開始します。

「貯める」目標が決まれば、「給与天引き」または「口座引き落とし」で「貯める」を実践します。お金を使う誘惑はいろいろあるので、給与天引きや口座引き落としで半強制的に「貯める」仕組みをつくることがコツです。

「給与 − 貯蓄 ＝ 使えるお金（給料をもらったら、貯蓄をして残りを賢く使う）」という習慣です。

「メンタル・アカウンティング（心の財布・心の会計）」の考え方によると、人間はお金を心の財布ごとに区分して、その財布の範囲内で予算を立て、また損得を判断します。たとえば、同じ100万円のお金であっても、毎月苦労して貯めた100万円と、宝くじが当たった100万円とでは財布が違うので使い方が異なります。宝くじの100万円はパッと使えますが、働いて貯めたお金はよく考えて使うでしょう。「給与天引き」の仕組みで貯金するのは、この考え方の応用になります（半強制的にお金を「貯蓄」の財布に入れ、「使ってはいけないお金」として区別するのです）。

将来のゴール（個人の満足・幸せの実現に必要なお金）を見据えて、給与天引き等の仕組みを使って「貯める」スタイルを、できるだけ早く習慣として実践することをおすすめします。早く開始すれば、それだけ貯蓄をする不自由さが苦にならず、「使えるお金」の範囲内で「楽しく幸せに消費する」習慣も身につくからです。

大きな失敗を回避して、「貯めた」お金を「ふやす」

次が「貯めた」お金を「ふやす」になります。ここでは、

・「長期・積立・分散」という基本
・「短期・高値購入・集中」という落とし穴（大きな失敗の原因）
・基本を実践するための仕組み

が重要だと考えます。

金利がほぼ0%の預貯金では、貯蓄は増えません。とすると、株式や外貨建て資産等に投資して「ふやす」ことを考える必要があります。この実践の基本が「長期・積立・分散」です。

・長期的な時間軸で投資することによる
　「時間を味方にした収益の安定化」
・積立により投資するタイミングを分散させることによる
　「マーケットの変動リスクの平準化」
・投資対象の分散による
　「収益獲得と過度なリスクの回避」

これらを意図して、株式等投資に伴う大きなリスクを回避しつつ、収益拡大を目指す手法です。

もっとも、**「長期・積立・分散」の基本が重要だとわかっていても、ついつい「短期・高値購入・集中」となり失敗をしている人も少なくありません。**人間は、長期投資よりもハラハラ・ドキドキ・ワクワクする短期売買を好む傾向があります。また、欲もあり、儲かっている人を見ると自分も仲間になりたいと思い、高値でまとまった金額で購入してしまうケースもあります。「高値」は、多くの人が購入しているから値段が高いわけで、既に多くの人が儲かっています。さらに投資（損失）の不安や勉強が面倒といった理由で、預金や1つの投資対象に集中する傾向にも留意が必要です。

この「短期・高値購入・集中」は、お金に関する人間の本能・感情・直感に起因する非合理的な行動を実証的・理論的に体系化した「行動経済学」の観点からは、このように説明できます。

短期（時間割引・時間選好）

たとえば、「今の1万円と1年後の1万1,000円はどちらがいいですか？」という質問をすると、多くが今の1万円と答えます。よく考えると、1年後の1万1,000円は金利10％で有利なのですが、確実に手にできる今の1万円のほうに価値があると捉えられるようです。だから、「長期」の資産形成を実践するのは大変なのです。人間は短期間でもらえる報酬ほど、その価値を大きく感じるからです。

高値購入（多数派同調バイアス）

動物は群れをつくったほうが安全に暮らすことができ、より大きな群れのほうが安心です。クイズ番組などでも正解か否かは別にして多数派の選択肢を選ぶと安心します。投資も多数派のほうが安心で、多くの人が購入しているときに購入します。しかし、そのときは既にバブルの状態であるケースもしばしばあり、大きな失敗となるケースもあります。

預金への集中（損失回避性・現状維持バイアス）

人間には生存本能がありますので、その裏返しとしてリスクを回避する本能もあります。「お金は命の次に大切」という言葉もあるくらいですから、元本が減るというリスクには敏感になります。そのため、リスクや損失のほうをより重視して投資を「行わない（現状維持）」という選択をする傾向があります。また、災害等の避難でも同じなのですが、何かのきっかけ（信頼している人からの働きかけ等）がないと考えていることを実践しない人も多いようです。

iDeCoとつみたてNISAで基本の実践を

以上のとおり、資産形成の基本である「長期・積立・分散」の実践は頭で考えるほど簡単ではないのです。とすると、その基本を実践するための「仕組み」が必要です。その「仕組み」の代表が「iDeCo（個人型確定拠出年金）」と「つみたてNISA」になります。この2つの制度は税制面で優遇されており、それが「長期・積立・分散」の資産形成をするインセンティブになります。

まず、「iDeCo」です（勤め先の年金制度、年齢等によって加入の可否、掛金の上限金額、受給可能年齢等が異なります。制度内容詳細は「iDeCo公式サイト」等で確認ください)。ポイントは下記となります。

・掛金の全額所得控除が認められること
・運用益の非課税、受け取り時の大きな控除があること
・原則として、60歳まで受給できない(引き出せない)こと

この制度は、「原則60歳まで受給できないこと」からも明らかなとおり、「長期・積立・分散」による自助努力の老後資金の資産形成に特化した制度です。原則60歳まで受給できない厳格な仕組みだからこそ、老後資金にする覚悟ができます。国はiDeCoを促進する観点から、「掛金の全額所得控除」という魅力的な税制優遇を導入しています。仮に掛金が毎月1万円、所得税20%、住民税10%の税率の場合、年間3万6,000円の税が軽減される計算になり、その分株式等の価格下落リスクに耐えられます。加えて運用益が非課税(通常の金融商品の利子・配当等は20.315%の源泉徴収が基本)で、受け取り時も控除の仕組みがあります。

次に、「つみたてNISA」です(制度内容詳細は金融庁ホームページ等で確認ください)。ポイントは下記となります。

・「一定の投資信託」への投資から得られる分配金や譲渡益が非課税になること
・「一定の投資信託」は「長期・積立・分散」投資に適した投資信託に限定されていること
・新規投資額が年間40万円、累計で20年最大800万円までとされていること

つまり、「つみたてNISA」は、「一定の投資信託」への投資に限定した制度です。iDeCoのような所得控除はありませんが、売却(引き出し)の制限はありません。

ただ、「長期・積立・分散」は基本ですが、それだけでは投資としての面白みに欠けるので、投資に興味を持って継続的に取り組むのは難しいかもしれません。**「iDeCo」、「つみたてNISA」等で「長期・積立・分散」のコアと**

なる資産形成を行ったうえで、金額の上限を定め、かつ勉強して「短期」「集中」の投資を合わせて行うのも１つの考え方だと思います。

心身健康で、幸せに稼ぎ続ける

人生100年時代のマネーデザインには、資産形成に加えて「心身健康で、幸せに稼ぎ続ける」ことが重要になります。

まず、心身が健康であれば、医療費や介護費等が抑制できる一方で長く仕事で稼ぐこともでき、支出・収入両面でメリットがあります。また、長寿と超低金利、公的年金の所得代替率の低下が見込まれる状況において、通常の定年退職までの資産形成（ストック）だけで人生100年時代のマネーデザインを考えるのは厳しいと考えます。したがって、可能な限り長く幸せに働くことと投資（お金が働くこと）とで、収入（フロー）を稼ぎ続けることが望ましいのです。

さらに、「長期・積立・分散」投資の観点からも「心身健康で、幸せに稼ぎ続ける」は重要です。心と体のコンディションを整えたほうが、冷静で適切な投資判断となる可能性は高まると考えられます。また、フローの収入がなくなる、つまり資産の取り崩しだけになると不安を感じる人もおり、投資に重要なお金と心の余裕（リスク対応力）も低下していくと考えられるからです。

日本でも「FIRE（Financial Independence, Retire Early：経済的独立と早期退職）」という言葉が聞かれるようになりました。若いうちからの積極的な貯蓄とその資金の投資によって、経済的な独立を早期に達成して、早く退職、その後の仕事を含めて自分の価値観に合った仕事の仕方、生き方をしようとするものです。しかし、人生100年時代を前提とすると完全な「Retire Early」は難しい選択です。**人生100年時代を心身の健康を保って、資産形成していきながら「幸せに稼ぎ続ける」が、マネーデザインの観点からも理想だと考えます。**

（村井幸博）

21 外出自粛とDXがもたらした新しい買い方・払い方

進むEC化に外出自粛が追い風

買い物に出かけず、インターネットを通じて買い物を済ませる人がますます増えています。あるいは、まちへ出かけても、今までのように現金は使わずに、キャッシュレス決済を使うようになったという人も少なくありません。また、新たな買い方・払い方であるサブスクリプションの利用も拡大しています。**こういった買い方や払い方におけるDX（デジタル・トランスフォーメーション）により、「非対面」「非接触」「使い放題」といった新たな消費活動が実現するようになりました。**買い方や払い方の分野においても、イノベーションによって様々なニーズに対応し、今までにない新たな価値が生み出される「Society5.0」に向かっているといえます。DXにより新しい買い方や払い方が生まれ、コロナ禍を受けて、こうしたDX自体もさらに進化しています。

個人のインターネットでの買い物はどの程度増えているのでしょうか。まず、コロナ禍前までを振り返ると、企業から個人へと販売されるBtoCの電子商取引（以下、EC）の市場規模は2010年以降一貫して増加しており、物販、サービス、デジタルを合わせると、直近の2019年では19兆3,609億円となっています（経済産業省「令和元年度内外一体の経済成長戦略構築にかかる国際経済調査事業（電子商取引に関する市場調査）報告書」）。このうち物販について、すべての商取引金額に対するECの市場規模の割合を指すEC化率を見てみると、2019年では6.8%となっています。2010年にはEC化率が2.8%だったことを考えると、EC化は着実に進んでいるといえます。

商品分類別では、物販のEC市場全体の約10兆円のうち、衣類（1.9兆円）、生活家電（1.8兆円）、食品（1.8兆円）が大きな割合を占めています（上記経済産業省資料）。また、EC化率をみると、事務用品（41.8%）、書籍・音楽ソフト（34.2%）、生活家電（32.8%）といった商品で高い一方、食品

(2.9%)、自動車(2.9%)といった商品では低くなっています。

コロナ禍以降は、外出自粛を受け、ECがさらに活発になっていると考えられます。2人以上世帯のネットショッピング支出額をみると、2020年4月以降、前年同月と比べて大きく増加しています(図21–1)。支出額増加の要因としては、もともとECの割合が小さかった食品でEC化率が大きく上昇したことが挙げられます。**従来ECでは買わなかったようなものまでECを利用して買う人が増えた**結果といえます。また、利用世帯の割合も同じタイミングで増加しています。インターネットで買う品目が広がったことに加え、全体としての利用世帯が増えたこともEC支出額の増加を押し上げています。

2020年4月に当研究所が実施した「新型コロナウイルスによる生活と意識の変化に関する調査」によれば、新型コロナの感染拡大を受けて、ネットショッピングや通信販売の利用を増加させた人が約2割いました。コロナ禍をきっかけに非対面の買い物を増やした人が少なくなかったことを踏まえると、買い物のための外出を避けること等を目的に、**Withコロナ、Afterコロナの世界では引き続き、ECは活発である**と考えられます。

非対面選好で加速するキャッシュレス

また、ここ数年身近になっていた、財布からお金を出さずに支払いを済ませることは、感染拡大防止のためのセルフレジの導入等によって一段と浸透しました。定期的な支払いを除いた日常的な決済手段を年次比較してみると、2020年には、支払い金額を問わず、割合として現金の減少と、クレジットカードや電子マネーといったキャッシュレス決済の増加が顕著です(図21–2)。金額別では、1,000円以下の支払いでは電子マネーの割合が大きく、1万円を超える支払いではクレジットカードの割合が大きくなっています。

1,000円以下の支払いに限ると、電子マネーの割合がクレジットカードを上回っています。比較的高額な買い物ではクレジットカードを利用しているなか、コンビニ等での日常的な買い物では電子マネーを利用していることが見てとれます。

その背景として、新型コロナを受けた「非接触での決済」への需要が挙げられます。2020年7月に当研究所が実施した「『新型コロナウイルスと保険

図21-1　2人以上世帯のネットショッピング支出額および利用世帯割合の推移

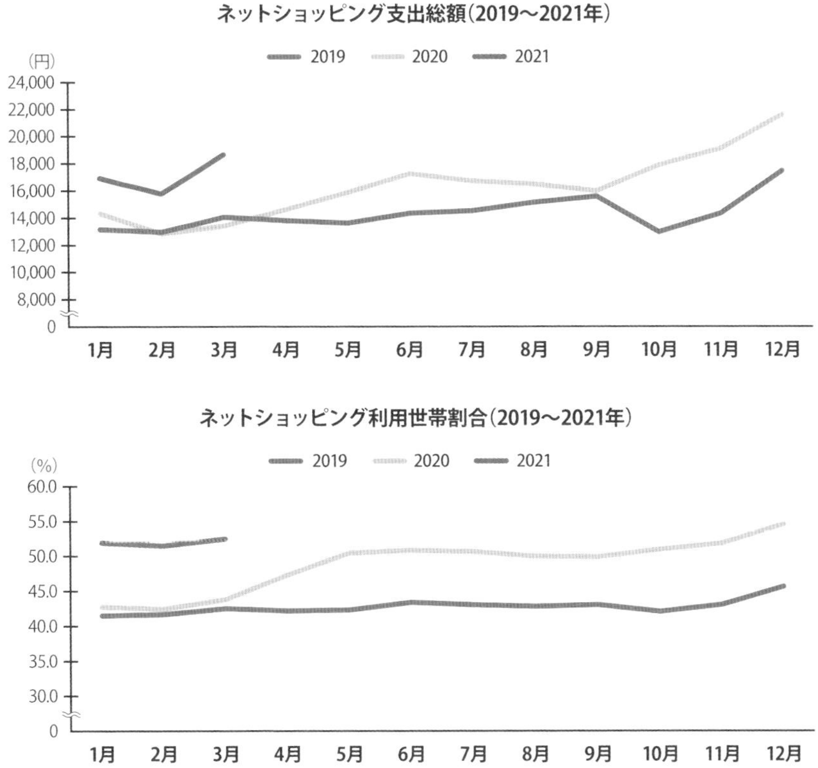

資料：総務省「家計消費状況調査　調査結果─参考表（時系列データ）─インターネットを利用した支出の状況（2人以上の世帯）」より作成

購買行動・意識』アンケート調査」によると、「新型コロナの感染拡大を受けて、現金よりも電子マネーを使うようになったか」という質問に対して、49.7%の人が「当てはまる」と回答しています。不特定多数の人が触れる現金ではなく、非接触で決済できる電子マネーが、感染予防の観点で需要を伸ばしました。

同じアンケートのなかで、「新型コロナウイルスに感染しないかどうか不安か」という質問も行い、85.1%の人が「不安」と回答しました（図21-3)。感染に不安を感じていた人のうち、52.7%の人が「現金よりも電子マネーを

図21-2　金額別の主な資金決済手段の年次比較

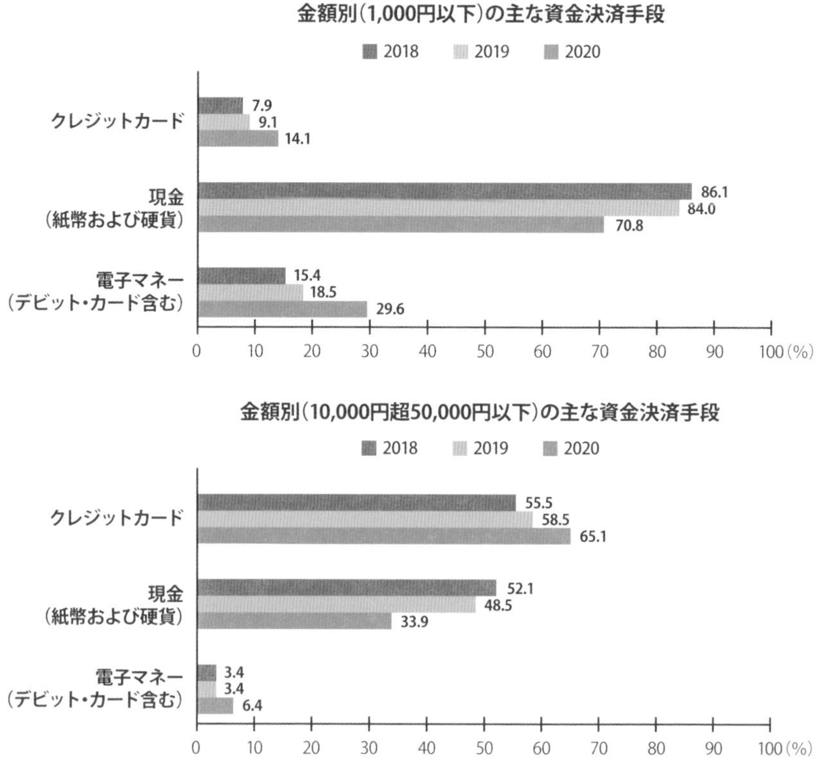

注：2つまで複数回答、2人以上世帯
資料：金融広報中央委員会「家計の金融行動に関する世論調査」2020年より作成

使うようになった」一方、不安を感じていなかった人では32.8%にとどまりました。このことから、**感染に不安を感じていた人ほど電子マネーを使うようになった**といえます。感染リスクは未だゼロではなく、今後も電子マネーの利用は増えていくでしょう。

急拡大したサブスクリプション

さらに、新たな買い方・払い方として、定額制サービスであるサブスクリプション（通称「サブスク」）の利用が広がっています。

図21−3　感染不安有無別の「現金よりも電子マネー」比率

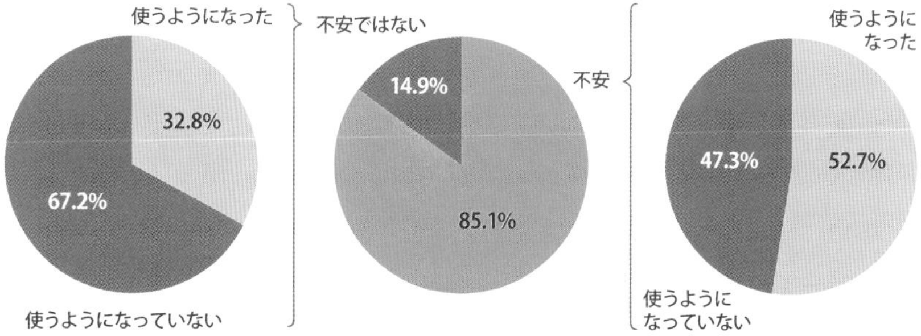

注：「新型コロナウイルスに感染しないか」について「不安」は、「とてもあてはまる」「まああてはまる」の合計。
「不安ではない」は、「あまりあてはまらない」「まったくあてはまらない」の合計
資料：第一生命経済研究所「『新型コロナウイルスと保険購買行動・意識』アンケート調査」（2020年7月実施）

サブスクの例としては、月額でいくらかの金額を支払うと、動画、音楽、電子書籍等のデジタルコンテンツが利用し放題になるといったサービスが一般的です。日本レコード協会の統計によると、2020年の音楽配信売上783億円のうち、526億円がサブスクとなっており、売上全体に占める割合を示すサブスク構成比は67.2％です（図21−4）。2010年のわずか0.9％から、**ここ10年の間にサブスク利用が急速に広まった**ことを示すデータです。定額で使い放題という割安感に加え、多くの種類の商品を所有することなく試すこと

図21−4　音楽配信売上金額およびサブスク構成比の推移

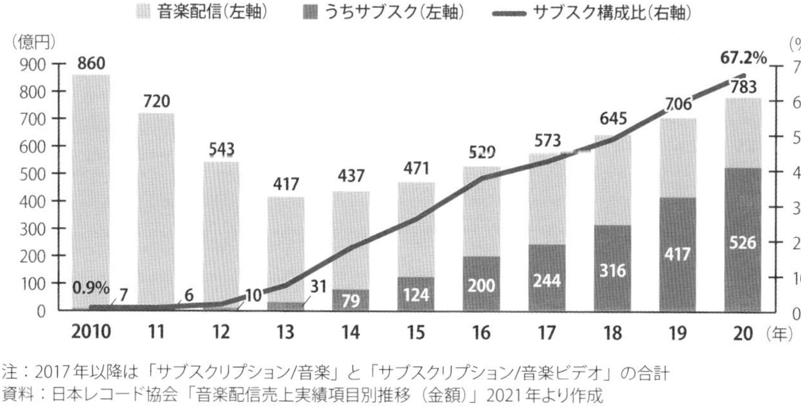

注：2017年以降は「サブスクリプション/音楽」と「サブスクリプション/音楽ビデオ」の合計
資料：日本レコード協会「音楽配信売上実績項目別推移（金額）」2021年より作成

図21-5　年代別のサブスク利用状況

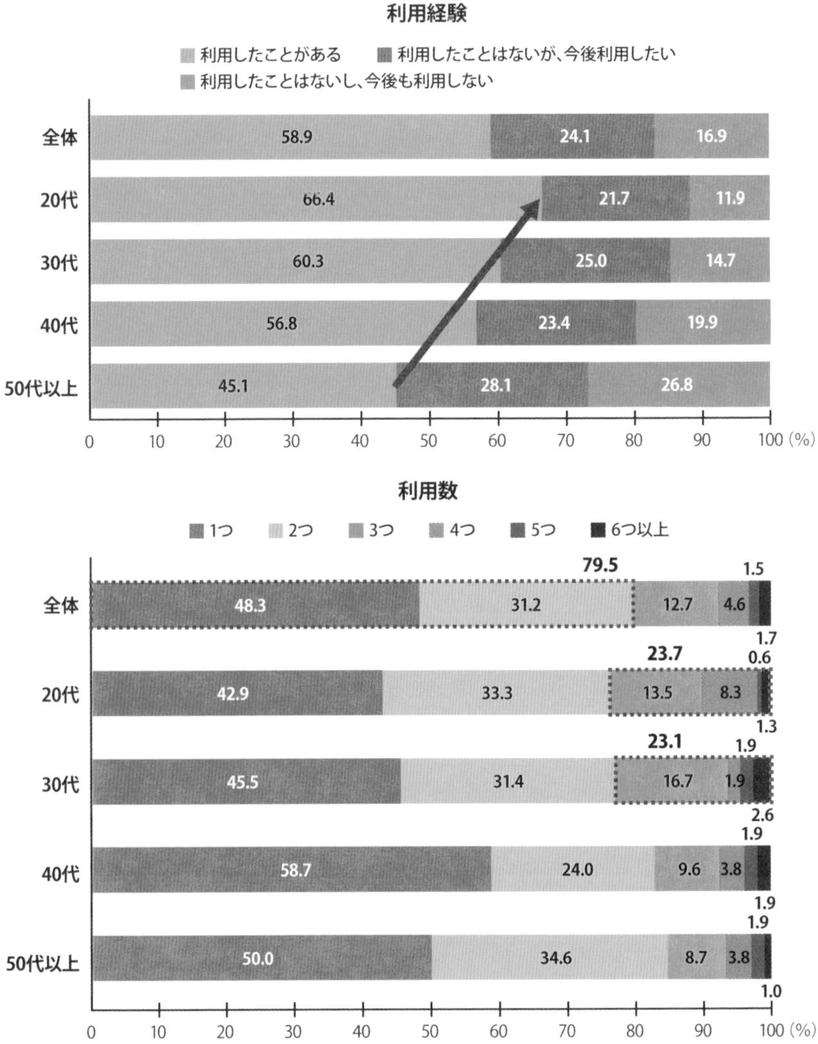

資料：消費者庁「サブスクリプション・サービスの動向整理」2019年より作成

ができる点も人気のポイントのようです。こうしたメリットから、音楽や動画等のデジタルコンテンツ配信の他にも、家具・家電・服飾品のシェアリングといったサービスにもサブスクが広がり始めています。

急速に拡大しているサブスクですが、「サブスクリプション」という言葉を知っている認知者は4人に1人、利用経験がある人は約15％と、まだまだ少ないのが現状です。

認知者に占める利用経験者の割合を年代別に見てみると、20代では66.4％、30代では60.3％、40代では56.8％、50代以上では45.1％と、**若い世代ほど浸透している**ことがわかります（図21-5）。また、利用しているサブスク・サービスの数をみても、20代、30代でより多くなっています。サブスクが対象としているデジタルコンテンツの利用者に若年層が多いためです。様々なサービスがサブスク対象となっていますが、現状では動画、音楽、コミックを含む電子書籍、ゲームの配信等を扱うものが多く、非デジタルコンテンツはまだそれほど多くありません。**今後、家具・家電のシェアリングや飲食といったサービスを扱うサブスクが一般化すれば、より幅広い年齢層に浸透する**と予想されます。

何を選ぶのかが重要

コロナ禍をきっかけに買い方や払い方の裾野が広がったことによって、生活者にとってはより便利な世の中になりました。一方で、**「自分にとって何が必要なのか」といった判断がこれまでよりも重要**になってきます。たとえば、食品は現物を手に取って選びたいという人にとっては、ECが取り扱っている商品であったとしても実店舗で買うほうがよいでしょう。新しいものだから無条件に取り入れる、というのではなく、**便利さやこだわりといった自分の判断軸をしっかりと持つ**ことが重要です。**新たなものを試してみたうえで、実店舗等の既存の手段も含めて、自分に必要なものを選び取っていく**というスタンスでいれば、新たな買い方・払い方と今後も上手に付き合っていけるでしょう。

（世良多加紘）

参考文献

内閣府「令和2年度　年次経済財政報告」2020年

22 想像力がつなぐバリューチェーン「寛容さ」でつくる持続的消費社会

調査で示された消費意識の変化とは

2020年は新型コロナウイルスの感染拡大により、家計にも大きな影響が生じました。この1年で減ったと感じる消費・増えたと感じる消費についてみると、減ったとする割合が高いのは「外食費」「交際費」「衣料費」「趣味・娯楽費」、増えたとする割合が高いのは「食費」「水道・光熱費」となっています（図22-1）。外出が抑制されたことで対面交流、いわば「つながり」の維持拡大や楽しみに関わる消費が大きく減少し、在宅率が増えたことで外食を除く食費や水道光熱費といったインフラ系の消費が増えたことがわかる結果です。

当研究所では過去数回にわたって新型コロナウイルス感染拡大による生活への影響についてアンケート調査を実施してきました。それによると、日本で感染が拡大し、最初の緊急事態宣言が発令された2020年4月の初回調査では、マスクやトイレットペーパーの不足をはじめとする消費の混乱が生じ、日用品や食品の国内生産を望む声が高まるなど、まずは自分、地域、自国といった意識が高かったことがわかっています。それが、第2回調査の5月になると、コロナ禍の長期化に対するコンセンサス形成を背景に、経済的にダメージを受けた事業者への支援・応援消費の意識が高まるなど、持続的な消費システムや他者への配慮といった、**つながりを意識した消費への意識**が伸びたことが確認されました（図22-2）。

これは、短期的に家にモノをストックしたとしても、それは一時しのぎに過ぎず、長期化するコロナ禍に立ち向かうには、経済を循環させ社会システムを持続させる必要があると、多くの消費者が認識したからだといえるでしょう。限界が来て自分たちや社会が立ち行かなくなる前に、どうやって今を乗り切りつつ経済活動を将来につなげていくかという長期的な視野を持ち、個人が今なすべきことは何かを考え、行動変容を起こした人たちがいた

図22-1　この1年間で減った消費・増えた消費

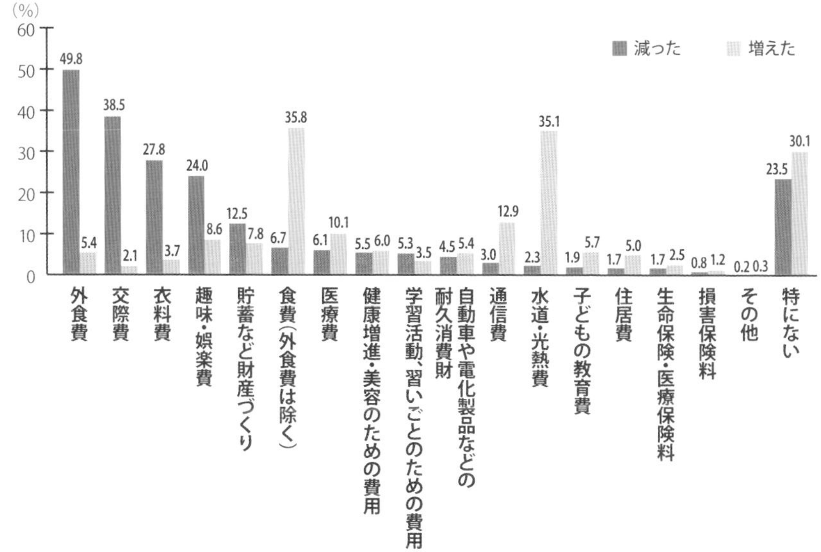

資料：第一生命経済研究所「第11回 ライフデザインに関する調査」2021年1～2月実施（詳細は巻末の「調査概要」参照）

図22-2　「新型コロナウイルスの影響で困っている事業者の商品・サービスを買うことで助けたい」とする割合（時系列）

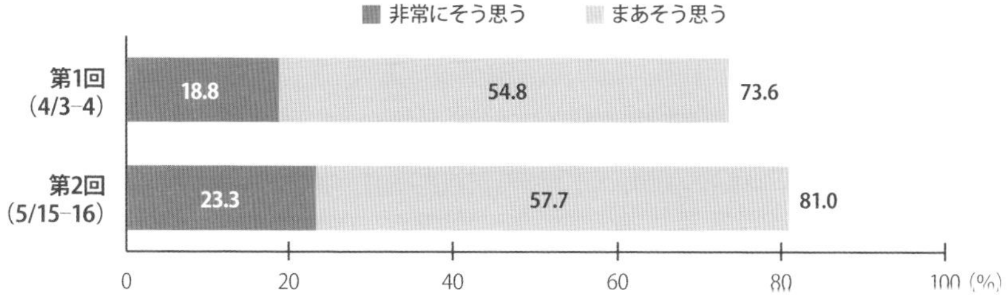

資料：第一生命経済研究所「第2回新型コロナウイルスによる生活と意識の変化に関する調査」2020年5月実施（詳細は巻末の「調査概要」参照）

ということです。この動きは、SDGsを共有する持続的な社会の形成に向けて、非常に重要な示唆を残したともいえるでしょう（SDGsとは、持続可能な開発目標：Sustainable Development Goalsの略称です。こちらについては後述します）。

消費におけるつながり意識

実際に消費におけるつながり意識を見てみましょう。社会とのつながり意識が表れる「自分さえよければいいという消費行動はとりたくない」については全体の71.5％、将来とのつながり意識が表れる「消費者には将来の社会を考えて購入・利用する責任がある」については66.3％が「あてはまる」（「あてはまる」と「どちらかといえばあてはまる」の合計）と回答しています（図22−3）。

元来、つながり意識やコミュニケーションの意識については、男性より女性のほうが強い傾向がありますが、調査結果からは消費におけるつながり意識も全体的に男性より女性で高い傾向にあります。日本では今も女性が家計の管理を担う傾向が強いので、日々の消費における危機感やつながりを意識する機会もその分多いのかもしれません。特に2020年の春に経験した消費の混乱の影響で、何がどこで生産・製造されているのかを意識せざるをえなかった可能性もあります。

私たちは、つながって生きています。それは、単に家族や友人知人とのつながりのみを意味しません。日々の衣食住において、私たちは世界の誰かが

図22−3　消費におけるつながり意識

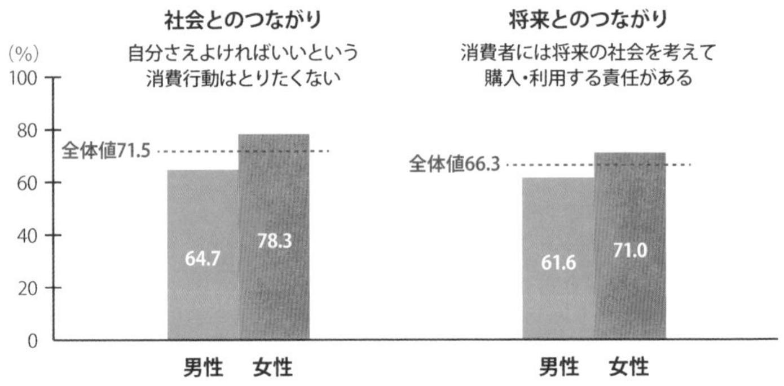

資料：第一生命経済研究所「第2回新型コロナウイルスによる生活と意識の変化に関する調査」2020年5月実施（詳細は巻末の「調査概要」参照）

どこかで生産・製造したものを手にし、暮らしています。地球上の資源や植物、生物などの「何か」が、様々な人の手によって加工され、移動し、私たちに届いているのです。いわば、**価値の連鎖（＝バリューチェーン）であり、それぞれの過程に仕事があり、それを糧とした人々の衣食住が成り立っている**のです。

「エンドユーザー」という言葉で末端の消費者を表すことがありますが、これまで消費者はこうした連鎖の最後に到達する「ゴール」として考えられていました。そしてゴールに到達した製品は、消費された後、そこまでのバリューチェーンとはつながらない、別のライン上で処理され、ゴミとして処理されると捉えられてきたといえます。

この考え方は、今日大きく変わりました。それが「**サーキュラーエコノミー（循環型経済）**」という考え方です。上記のような一方通行の経済から、3Rといわれるリデュース（廃棄物の発生抑制）、リユース（再使用）、リサイクル（再生利用）の他、シェアリング（共有）やリペア（修繕）といった複線的で循環型の消費サイクルへの転換です。

社会の状態を何で測るか

ただし、サーキュラーエコノミーは、SDGsという目標を達成するための1つの手段に過ぎません。私たちはしばしば手段と目的を履き違え、混同します。大切なのは、「何のために」私たちがこうした社会システムを目指すのかということを理解することです。

私たちが目指すのは、「**幸せを体感できる社会**」です。それは、二酸化炭素やゴミの排出量の多寡や、経済成長率で直接的に測れるものではありません。これらの数値目標は、あくまで私たちのアクションが効果を発揮しているかどうかを測る指標の1つであり、手段に過ぎません。私たちのゴールである「幸せを体感できる社会」がどの程度達成できているかどうかを明確かつ正確に測るのは、極めて難しいことなのです。

しかし現在、何とかこれを可視化しようとする試みがなされています。たとえば世界幸福度ランキングや、内閣府の「満足度・生活の質を表す指標群（ダッシュボード）」は、幸せを「見える化」するためのチャレンジです。また、日立製作所が設立した新会社ハピネスプラネットでは、スマートフォンの加速度センサーを用いて、個人が周囲にどれだけハピネスを生み出したかを計測するアプリを開発し、企業経営にハピネスの概念を導入することの意義を発信しています。さらに、国の豊かさをGDP（国内総生産：Gross Domestic Product）ではなくGDW（国内総充実：Gross Domestic Well-being）という指標で示す模索も行われています。

数値で表せないものを数値にするのは大変難しいことです。しかし今こうした動きが活発化しているということは、社会が従来の価値基準を見直そうとしているという点で、大きなパラダイム転換を迎えようとしていると考えられます。

SDGsのリアル

今、SDGsを合言葉に、社会全体が同じ方向を向いて持続的な社会を目指そうとしています。SDGsは、2030年までに図22-4の17の目標達成をゴールとしています。

国際的NGOのオックスファムの推計によれば、世界のわずか2,100人の富裕層の資産が、世界の総人口の6割にあたる46億人分の資産を上回るそうです。また、日本人と同じ生活スタイルを世界中の人がしたときに必要な自然資源は地球の2.8個分という見解もあります。これほどの格差がある社会を

図22-4　SDGs17の目標

1	貧困をなくそう
2	飢餓をゼロに
3	すべての人に健康と福祉を
4	質の高い教育をみんなに
5	ジェンダー平等を実現しよう
6	安全な水とトイレを世界中に
7	エネルギーをみんなに そしてクリーンに
8	働きがいも　経済成長も
9	産業と技術革新の基礎をつくろう
10	人や国の不平等をなくそう
11	住み続けられるまちづくりを
12	つくる責任　つかう責任
13	気候変動に具体的な対策を
14	海の豊かさを守ろう
15	陸の豊かさも守ろう
16	平和と公正をすべての人に
17	パートナーシップで目標を達成しよう

改善していくうえで、現在の日本人の生活を標準とした生活を世界中で実現するのは不可能だということです。

SDGsの実現にあたっては、こうした現実を前提に、一人ひとりが行動変容を受け入れることが不可欠となります。かといって、いきなり今日から消費生活をガラリと変えることは現実的ではありません。しかし、今日スーパーマーケットに行った際に、自分たちが買おうとしている商品がどこからどうつながって自分の目の前にあるのか、自分が選んだ商品やサービスが生産者や事業者のどのような思いを持って形になっているのか、**そのつながりに思いを馳せることが、まずはSDGsの実現に向けた最初の大きな1歩**になります。

想像力と寛容さが持続的社会のキー

その昔、物々交換が貨幣経済に移行しましたが、そこで行われていたのはあくまで「交換」でした。そこで重要だったのは、交換される双方の価値が妥当かどうか、ということです。もしかすると、**これからの消費における価値は、交換されることで多様な関係者にどれだけの付加価値やハピネスが生み出されるか**、という基準も1つの評価基準となっていくのかもしれません。

こうした変容において不可欠なのは「想像力」です。目の前の商品やサービスを、誰がどんな背景と思いを持ってつくったのだろうか（ここでの「つくる」は、生産地での状況だけでなく、企画から商品・サービス化までの一連を指します）。自分の手元に来るまでに、どんなプロセスを経てきたのだろうか。もちろん、そのすべてが目に見える形にはなっていませんから、あくまで想像にとどまる部分も多いでしょう。

しかし、消費者がこうしたことを想像し、関心を持つようになれば、生産者や事業者がそうした情報をこれまで以上に発信するようになります。それまでサーキュラーエコノミーにあまり関心のなかった事業者の活動スタイルも、変わるかもしれません。このように、**消費者の想像力と選択の基準の変化が、消費の循環の流れを変えたり活発化したりといった原動力になる**のです。こうした想像力と関心、相互理解は、お互いの行動における寛容さも醸成すると推察されます。

たとえば、東日本大震災の際、困っていた農家や事業者の商品やサービスを積極的に購入することで、消費者は「必要なものを得る」という自分のメリットと生産者・事業者のメリットを重ねました。これはいわば「価値の共有」です。コロナ禍でもこうした支援・応援消費が起こりました。これらはひとえに、「誰かが困っている」という事実に対し、「どうしたらよいか」「自分にできることはないか」という想像力が働き、必要な行動や状況を受け入れる「寛容さ」を多くの人が持てたことによるものです。

「つながる消費」が生み出すハピネス

そうした動きで救われたのは、困っていた農家や事業者だけではありません。実は、支援した消費者自身もまた、様々な面で救われたという側面があります。震災の後やコロナ禍においては、直接的な被災者・被害者に加えて、周囲の多くの人たちも不安感や孤独感・孤立感といった精神的ダメージを受けました。支援消費・応援消費を行うことにより、農家や事業者、社会とのつながりを体感することで、そうした感覚を緩和し、ハピネスを体感した人も多かったといえます。**「誰かを助ける」ことは自分にとっても嬉しいこと**なのです。

消費とは、対価を支払うことで商品やサービスを得ることです。しかし、消費することで「誰かを支えた」「成長に貢献した」とのつながりの実感ができれば、消費者自身がサーキュラーエコノミーのプレイヤーとなる大きな動機になるでしょう。そして、「買う」「消費する」という日々の生活においてつながりを感じるようになることで、これまで以上に多様なハピネスがもたらされるのではないでしょうか。

消費スタイルを見直し、個人が微力ながらもSDGsに貢献することは、決して自分の何かを犠牲にすることではなく、むしろ**売る側と買う側が「共同で何かを生み出す」消費、売る側と買う側が「つながる」消費**として捉えれば、決してアクションのハードルが高い課題ではないと思われます。

（宮木由貴子）

第3部

健康

第7章 体と心の健康づくり

「健康」は幸せな人生を送るための3つの人生資産の1つです。世界を襲ったコロナ禍は、私たちの健康面での安心・安全を根幹から揺るがしました。また、感染拡大に伴って生活が大きく変わったことも、心身の健康に多くの影響を及ぼしました。この章では、生活習慣や健康をめぐる状況の変化などを踏まえ、「ニューノーマル」の生活のもとで心身の健康を保つために一人ひとりが行える具体的な行動を提案します。

23 「ニューノーマル」の生活習慣を目指して

コロナ禍がもたらした生活習慣の変化

新型コロナウイルスの感染拡大を防止するため、不要不急の外出の自粛や「3密（密閉・密集・密接）」の回避が求められたことは、**食生活や運動などの生活習慣にも様々な変化をもたらしました。**

食生活に関していえば、およそ3人に2人が感染拡大前に比べて「外食をすること」が減ったと答えました（図23-1）。逆に、「自分で料理をすること」が増えた人は4割以上、“中食”と呼ばれる「惣菜・弁当などを買って食べること」が増えた人も3割弱います。感染リスクが高いといわれた会食の機会が激減して、飲食店で食事をしなくなった代わりに、テイクアウトやデリバリーを利用したり、家で料理したりするようになったことが、データにも如実に表れています。

では、運動習慣はどう変化したのでしょうか。感染拡大前に比べ「屋内（ジム・スポーツクラブ・体育館など）で運動すること」が減った人は21.2%です。感染への不安からジムなどに行かなくなったことや、チーム・サークルなどでの運動・スポーツを行わなくなったことが一因と思われます。

一方で、ジョギングやウォーキングなどは感染リスクが比較的低いとされ、感染拡大後にそれらを行う人が増えたともいわれました。ところが、実際に「屋外で運動すること」が増えた人は14.6%しかおらず、減った人のほうが17.8%と多くなっています。

図23-1　新型コロナウイルスの感染拡大前に比べた生活習慣の変化

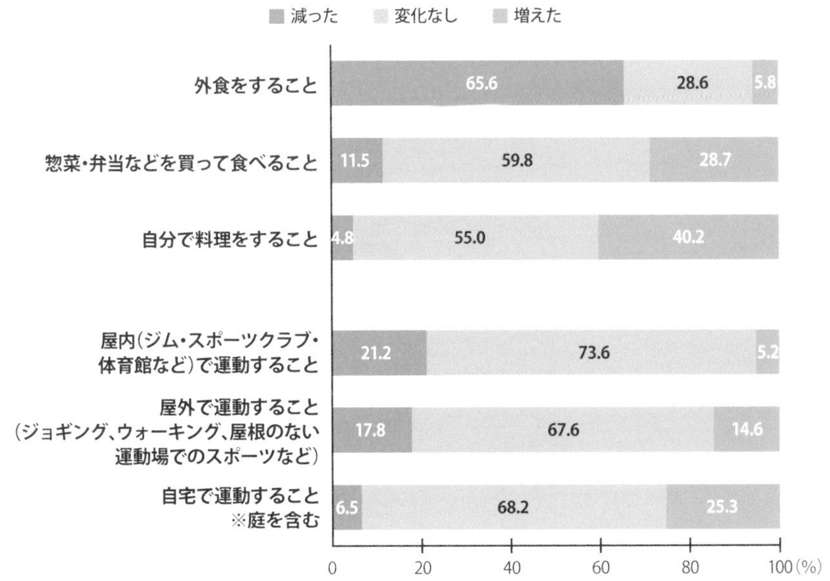

注：「減った」は「減った」「やや減った」の合計、「増えた」は「増えた」「やや増えた」の合計
資料：第一生命経済研究所「第11回 ライフデザインに関する調査」2021年1～2月実施（詳細は巻末の「調査概要」参照。本節で紹介するデータは断りがない限り同じ）

健康への悪影響
～不健康な食生活、運動不足、そして「コロナ太り」～

こうした**生活習慣の変化は、健康にも様々な影響を及ぼしました**。

食生活の面では、外食が減ったことで健康的になるかと思いきや、そうとは限りませんでした。当研究所が2020年5月に実施した調査では、「食生活が不健康になった」と感じている人が3割程度いました（図23−2)。仕事や学校が急に在宅、あるいは休みになったことで、生活リズムが崩れて食事の時間が不規則になったり、食事の内容が偏ったりしたためだと考えられます。

運動の面では、スポーツや日常的な外出の機会が減って体を動かさなくなったことにより、**体力低下や運動不足**も引き起こされました。食生活の不健康化もあいまって体重が増加した人も多く、**「コロナ太り」**という言葉も生まれました（「コロナ太り」に関しては、次節で詳しく述べます)。2020年5月の調査時点で「体力が落ちた」「体重が増えた」と感じていた人は、半数を超えていました。

また、今回2021年1～2月の調査において、「運動不足だと感じている」

図23−2　生活習慣・健康状態の変化

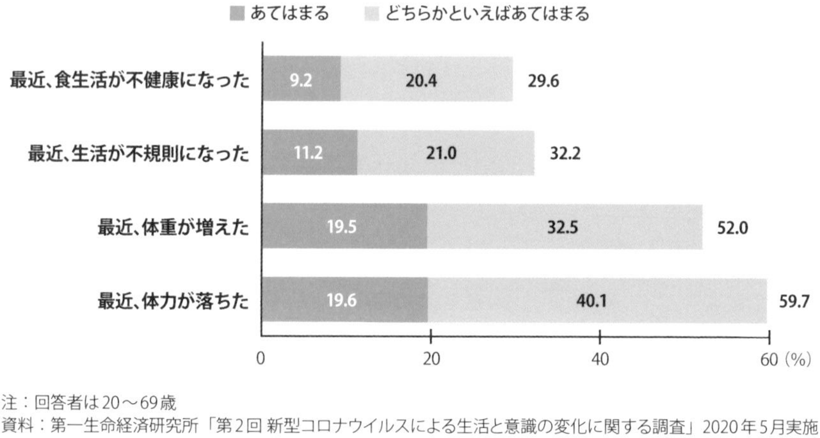

注：回答者は20～69歳
資料：第一生命経済研究所「第2回 新型コロナウイルスによる生活と意識の変化に関する調査」2020年5月実施
（詳細は巻末の「調査概要」参照）

図23-3　運動不足に関する状況

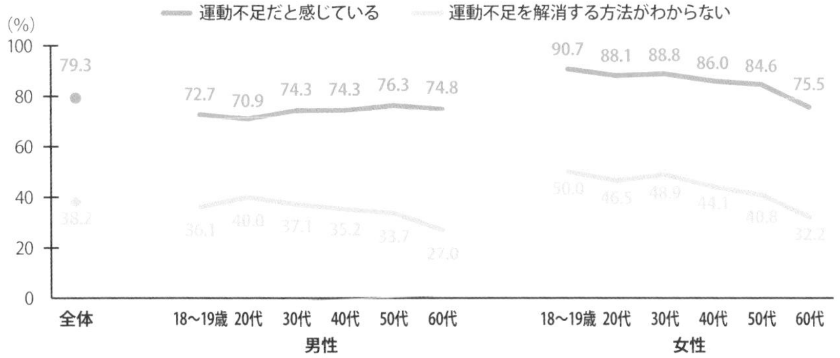

注：「あてはまる」「どちらかといえばあてはまる」の合計

人は全体の8割近くに及びました（図23−3）。その割合は若い女性で特に高いですが、60代の男女でも4分の3を占めています。これから高齢期を迎える層においては、運動不足がフレイル（26節参照）、ひいては要介護状態につながることが特に懸念されます。

新しい生活習慣の兆し

ただし、**長引いたコロナ禍で、生活習慣の改善を図る流れも出てきました**。今回の調査によれば、3割強の人が新型コロナウイルスの感染拡大後から2021年初めまでに食生活や運動習慣を見直しています（図23−4）。また、運動習慣に関しては、冒頭の図23−1で示したように、4人に1人は「自宅で運動すること」が増えたと答えています。生活習慣を見直して改善する人が、これからも増えていくことが期待されます。

またコロナ禍を機に、家のなかで体を動かすための道具やサービスも現れ始めました。その1つとして**注目されるのは、インターネットを活用した運動・スポーツ**です。運動・スポーツに関する「動画を見て体を動かす」「オンラインレッスンを受ける」ことの経験者は、2020年5月の調査時点でそれぞれ21.6%・7.5%でしたが、それらに関心を持っている人は双方25%以上いました（図23−5）。こうした運動・スポーツの方法は、感染拡大が収束し

図23−4　新型コロナウイルス感染拡大後に食生活・運動習慣を見直したか

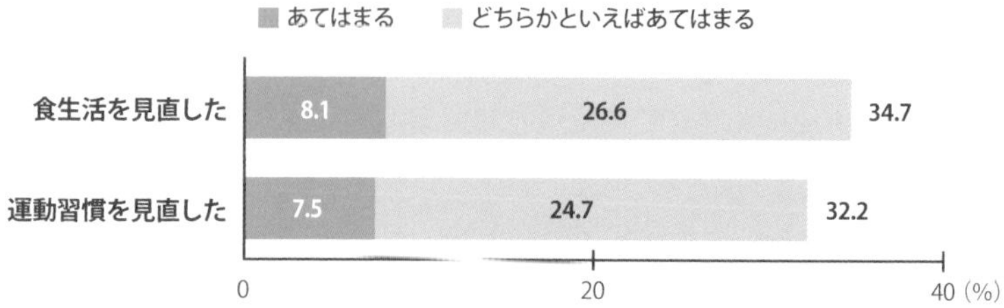

図23−5　インターネットを使った運動・スポーツに関する経験・関心

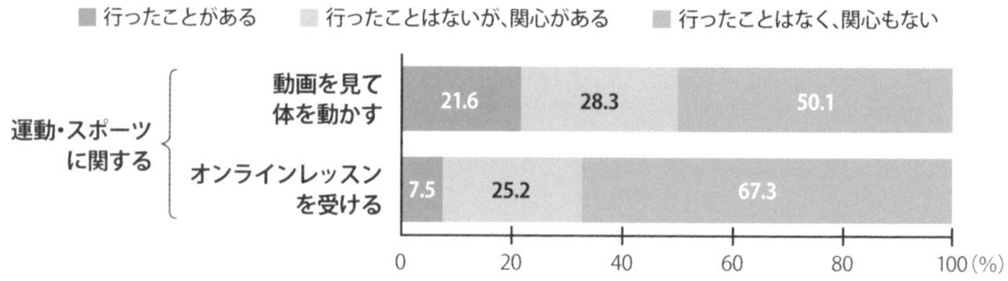

注：回答者は20～69歳
資料：第一生命経済研究所「第2回 新型コロナウイルスによる生活と意識の変化に関する調査」2020年5月実施
（詳細は巻末の「調査概要」参照）

た後も広がっていくでしょう。

一方で、「運動不足を解消する方法がわからない」と答えた人も4割弱います（図23−3）。その割合が特に高いのは、インターネットなどでの情報収集が得意なはずの若い世代です。あふれる情報のなかから自分に合った情報を見つけ出すのは、容易ではないのかもしれません。

私たちの生活習慣は、コロナ禍をきっかけとして大きく変わりました。一度崩れた生活習慣を見直してより良くしようとしている人がいる一方で、まだ立て直しを図れていない人もいます。目まぐるしく生活環境が変化するなかで、**自分なりの「ニューノーマル」の生活習慣や健康維持・向上の方法を主体的に探していくことは、これからも引き続き必要**となるでしょう。この章の次節以降では、そのヒントとなる具体的な情報についても述べていますので、ぜひ参考になさってください。

（水野映子）

24　体の健康マネジメント

「コロナ太り」は放置しない

前節でも述べたように、新型コロナウイルスの感染拡大により生活環境が大きく変わったことで、健康には様々な問題が生じています。この節では、体の健康に関する問題とその予防策や解消策について具体的に紹介します。

緊急事態宣言以降「コロナ太り」という言葉が生まれるほど体重の増加が問題になりました。その原因といわれているのが運動不足やストレスです。

今まで週5日通勤で歩いていた人が在宅勤務で全く歩かなくなった、感染が心配で外出を控えることで歩く機会が減ったなど、今までの生活活動が減ったことで運動不足になってしまい、体重が増加した人が多いようです。

また、在宅勤務で家にいる時間が増えたこと、感染拡大や仕事に関する不安が高まったことなどから生じたストレスで食べ過ぎてしまうケースなど、ストレスと食行動には関係があるともいわれています。

体重が増えて肥満になると、様々な病気を引き起こすリスクが高くなります。また**肥満は新型コロナウイルス感染症が重症化しやすい**といわれ、リスクにもなっています。

肥満は認知症やがんにもつながる

日本肥満学会によると、肥満とは「脂肪組織に脂肪が過剰に蓄積した状態で、体格指数（BMI＝体重［kg］÷身長［m］÷身長［m］）が25以上のもの」と定義されます（図24-1）。そのうち、一定の条件を満たす人が、医学的に減量を要する肥満症と診断されます。

肥満には、皮下脂肪型肥満と内臓脂肪型肥満がありますが、特に内臓脂肪型肥満は注意が必要です。内臓脂肪の蓄積によって血糖、血圧、脂質の状態が悪化することで、動脈硬化が進行し、自覚症状があまり見られないまま高

図24-1　肥満度分類

BMI（kg/m^2）	判定
18.5未満	低体重
18.5以上25未満	普通体重
25以上30未満	肥満（1度）
30以上35未満	肥満（2度）
35以上40未満	肥満（3度）
40以上	肥満（4度）

注1：ただし、肥満（BMI≧25）は、医学的に減量を要する状態とは限らない。
肥満と判定された者のうち、以下のいずれかの条件を満たすものが、肥満症と診断される。
1）肥満に起因ないし関連し、減量を要する（減量により改善する、または進展が防止される）健康障害を有するもの
2）健康障害を伴いやすい高リスク肥満
ウエスト周囲長のスクリーニングにより内臓脂肪蓄積を疑われ、腹部CT検査によって確定診断された内臓脂肪型肥満
注2：標準体重（理想体重）はもっとも疾病の少ないBMI22を基準として、標準体重（kg）＝身長（m）^{2}×22で計算された値とする。
注3：BMI≧35を高度肥満と定義する。
資料：日本肥満学会編「肥満症診療ガイドライン2016」ライフサイエンス出版（2016年）より作成

血圧症・糖尿病・脂質異常症などの発症、さらには脳卒中や心臓病・糖尿病の合併症など命に関わる病気の発症にもつながります。

また、**認知症やがんなどとも関係することが指摘**されています。

認知症との関係として、内臓脂肪型肥満では、全身の動脈硬化が進み血栓ができやすく、脳梗塞が起こりやすいといわれています。その結果、認知症のタイプの1つである血管性認知症の発症リスクが高くなります。また、アルツハイマー型認知症の発症にも影響を及ぼすと考えられています。

がんとの関係としては、内臓脂肪が増えることで発症リスクが高くなるがんがあります。閉経後の肥満は乳がん発症のリスクを上げることが「確実」、大腸がんや肝臓がんでは「ほぼ確実」といわれており、さらに閉経後の肥満は子宮内膜がん、閉経前でもBMI30以上だと乳がんの発症リスクが高くなる「可能性がある」といわれています。

生活リズムの改善と減量のヒント

生活のリズムを取り戻すために、まず今の生活を振り返ってみましょう。

在宅勤務だから勤務開始直前まで寝ていて、朝食も食べず、着替えないま

まパソコンに向かって仕事を始めていませんか。在宅勤務中の仕事・食事・運動・休息・睡眠などの時間を決め、1日のスケジュールを立てて、規則正しい生活を心がけてみましょう。

たとえば、以前は通勤していた時間にウォーキングをする、自宅でできる運動を取り入れてみる、食事の時間を決めてバランスの良い食事を心がける、間食をしない、など取り入れてみてはいかがでしょうか。

1日のスケジュールを立てたら、毎日同じ時刻、同じ条件で体重を測定してみてください。食事や運動の記録と合わせることで、体重増加の原因に気づき、対策も立てやすくなります。

また、体重を減らそうとすると、短期間に結果を出したいと考える方が多いのではないでしょうか。ただ、1カ月に3～5kgなど急激な減量を行うと、脂肪とともに筋肉も減り、基礎代謝が下がって太りやすい体質になってしまいます。また食事を減らしすぎると栄養の不足から免疫の働きの低下につながることもあるので注意が必要です。3～6カ月間で、現在の体重の3%を減らすことを目標にしてみましょう。生活習慣の改善によって**6カ月間に3～5%の減量に成功した方は、血圧・血糖・LDLコレステロールの数値が改善する**という研究結果も出ています。

健康診断・がん検診受診のすすめ

2020年にがん検診を促す政府広報のテレビCM[1)]が流れていたことをご存じですか。検診を受けることをテレビですすめなければならないほど、新型コロナウイルスの影響による受診控えが起こっていたようです。

公益財団法人日本対がん協会の調査[2)]によると、2020年に実施した5つのがん検診(胃・肺・大腸・乳・子宮頸)の受診率は、対前年比30.5%の大幅減となったことがわかりました。「2020年の日本では少なく見積もっても1万人以上のがんが未発見となっていることが懸念」されると同協会は指摘しています。

特定健康診査やがん検診を受けていますか。受けたとしても、結果を受け取っただけで満足していませんか。特定健康診査では、脳卒中や心臓病などの生活習慣病を予防するために、その発症の原因となる動脈硬化を進行させるメタボリックシンドロームに着目した検査を実施しています。定期的に同じ機関で健康診断を受けている場合、経年的に結果が記載されます。結果を確認して「何も問題がなかったから大丈夫」と判断するだけではなく、**昨年・一昨年と比べてどうなのかを合わせてみることで、ご自身の体の変化に気づく**ことにつながります。

また、がん検診は、それぞれのがんの早期発見につながります。「がんが見つかってしまうのが怖いから受けたくない」という人も多いようで、確かに以前は、「がん」と聞くと「亡くなる病気」というイメージが強かったかもしれません。しかしながら、現在では早期の段階で発見し適切な治療を受けることで、その後の生存率は高くなっています。**早期発見につなげるためにも、定期的にがん検診を受ける**ことが大切です。

健康診断やがん検診の受け方は、住んでいる市区町村・勤務先の健康保険組合・人間ドック・自費検診など様々です。ご自身の状況に合わせて定期的に受けることをおすすめします。

まずは生活習慣を見直して、一つひとつできそうなことを見つけて始めてみましょう。小さな変化でも長く続けていくことで、大きな成果につながります。これからも自分らしくいきいきとした生活を送り続けるために健康を意識していきましょう。

（上代実志）

注

1）政府インターネットテレビ「上手な医療のかかり方『がん検診』篇」（https://nettv.gov-online.go.jp/prg/prg21160.html）

2）公益財団法人 日本対がん協会ホームページ「2020年の受診者30％減、約2100のがん未発見の可能性　日本対がん協会32支部調査」2021年3月24日（https://www.jcancer.jp/news/11952）

25　心の健康を保つには

頑張りすぎていませんか？

コロナ禍により、我々の生活は一変し、誰もが先の見えない状況に心も体も大きなストレスを受けました。人は一生のうち、良いときもあれば悪いときもあります。考えても仕方がないと自分に言い聞かせても、悪循環スパイラルから抜け出せない、こんな経験が誰にでもあるのではないでしょうか。

保健師、産業カウンセラーでもある筆者は、働く人々が元気に仕事ができるようにサポートをしています。職場での人間関係や仕事での負担、体の不調、プライベートなど、いろいろな悩みがありますが、皆一生懸命自分なりに闘っています。でも頑張りすぎて疲労困憊、動けなくなっている人もいます。**もう少し早く対処できていたら、本人も辛い時間を少なくできたかもしれません**。

未曽有の世界危機を受けた心身の乱れは、収束に時間がかかるかもしれません。しかし、明けない夜はないというように、必ずいつか良いほうへ変わるでしょう。そのときが少しでも早く来るよう、日頃から対応できるノウハウを重ねていくことは安心にもつながり、状況が変わってくる可能性が高くなります。

そこで本節では、心（脳）の仕組みを解説し、心の健康を保つための具体的な対応方法についてご紹介します。

体をつかさどる「脳」の激務

人間は、日々良いこと悪いこと含めて様々な出来事（刺激、ストレス）を受けて行動しています。たとえば、朝目が覚め、布団から出て寒いと感じると、今日は厚着しなければと思いセーターを着たり、洗面所でひどい寝ぐせを見て今日はお客さまと会うのにダメだとシャワーを浴びたり……。飛び込んでくる様々な情報や出来事に対して、一つひとつ受け止めて判断しています。これは脳が行っていますが、1日6万回くらいこの作業をしているといわれています。ほとんどは無意識に行っていますが、脳は1日一生懸命働いています。

脳はもともと物事をネガティブに受け止めるようにできています。なぜなら、それは我々の体を危険から守るための防衛反応だからです。**仮にネガティブに受け止めていたとしたら、脳が正常に機能しているのだと感謝していいかもしれません。**

脳が受け止める作業をすると、それらは体や心や行動における反応として現れます。天気が良いとジョギングできると判断してワクワクしたり、信号がちょうど青になると今日はついているなと思い足取りが軽くなったりといった、良いスパイラルになることもあります。

逆に、その日の体調などにもよりますが、ネガティブな受け止めや考え方が、同じ出来事でも悪循環スパイラルをもたらすことがあります。たとえば、ジョギングしようと思っていたのにざんざん降りの雨で、やはり自分はついてないとやる気をそがれたり、信号で赤に引っかかると幸先悪いと思って憂鬱になったりというように、受け止め方でその後の反応が大きく変わってしまいます。

脳をほぐし、成功体験を思い出す

このような受け止めや考え方には、「何でもこうあるべきだと思ってしまう」傾向（すべき思考）、「勝手に相手の心を悪いほうに先読みしてしまう」傾向（先読み思考）、「良いか悪いかの2つしか判断しない」傾向（白黒思考）など、いくつかあります。いずれも悪い傾向ではありませんが、もし悪循環スパイラルが続いているようだと、この部分が影響しているかもしれません。

そのようなときは、「本当に毎回そうか？」「絶対にそうか？」「自分にとって大事な人が同じように思っていたら、どんなふうに声をかけてあげるか？」など、少し凝り固まってしまっている考え方を柔軟に捉え直す質問を、自分に問いかけてみるのもいいでしょう。

これをやってみると「そう思っていたけど、いつもではなかったな」「絶対とはいえないかもしれない」「相手にもできない理由があったかもしれないよと言ってあげよう」など、別の考え方の幅が広がってきます。嫌な気持ちが浮かんだり、動けなくなっているときや不調を感じたときに、ぜひこの作業を行い、書き出してみてください。初めはやりにくかったり、別の考え方が思いつかないかもしれませんが、できるところから繰り返しやってみましょう。**振り返ることだけでも気づきや自分の傾向を修正するヒントが見えてきます。**

私たちはうまくいかなかったことばかりに目を向けてしまいがちですが、毎日毎日365日ずっとうまくいかなかったら、「うまくいかない」ことに気づくことはできません。「うまくいった」ときがあるから、今が「うまくいってない」と感じるのです。少しでもうまくいったとき、少しでもましだったときのことを具体的に思い出してみてください。どんなに小さなことでも、あなたにとっては成功したことなのです。それらをたくさん思い出していくうちに「自分もできたことがある」と思えてきます。これが物事を次へ進める大きな手助けとなってくれるでしょう。

さらに、脳が受け止め考えて判断した結果現れる「体・心・行動」の反応に、しっかり気づくことも大切です。体であれば、頭痛や肩こり、眠れない、食欲がない、疲れやすい……。心であれば、やる気が起きない、不安を感じる……。行動であれば、面倒になる、凡ミスをする、集中できないなどがあります。これらの反応は決して特別なものではなく誰にでも起こりえます。ただ、それらが続いたり、ひどくなったり、「いつもと違う」と思う反応やサインは、そのままにしないことが重要です。

元気が出ないときにおすすめの方法

厚生労働省の調査では、2020年のいずれの時期においても、半数程度の人が新型コロナウイルスの感染拡大に伴い何らかの不安などを感じていました（図表25-1）。「不安」の感情を変えるのは難しいことです。不安以外にも「怒り」「落ち込み」「焦り」など、感情にはいろいろありますが、わかっていてもどれも拭い去ることは大変です。ネガティブ感情によって今までできていた行動をしなくなり、活動範囲が小さくなってしまいます。

図25-1　新型コロナウイルスの感染拡大に伴い、不安等を感じた人の割合

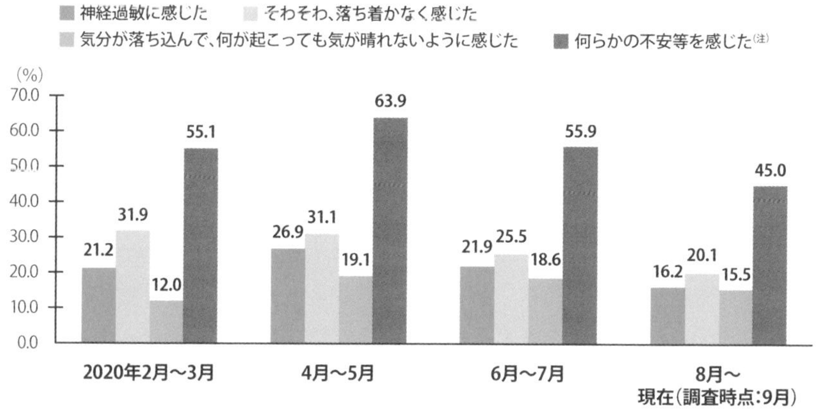

注：3項目のいずれかに回答した人の割合
資料：厚生労働省「新型コロナウイルス感染症に係るメンタルヘルスに関する調査」（2020年9月実施）より作成

しかしながら、たとえば「今、不安な気持ちを変えてください」というのと、「今、手を上げてください」というのではどちらが簡単にできますか？一般的には気持ちを変化させるよりも、行動を変えることのほうがやりやすいようです。**先に行動してしまうことで感情や気分もついてくることが多いのです。できるだけ自分にとって楽しく、やりやすい行動を増やすことが大切です**。さらに、お金がかからなくて、1人でできて、時間がかからないことであれば、いつでもどこでも手軽に行えます。特別なことをするのではなく、日頃の生活のなかに入れてしまうことです。いつもの決まった行動があると落ち着きますし、もし嫌なことや変化の多い日があったとしても、決まった行動があると気分も落ち着きます。

①上を向いて深呼吸

上を向くことをしていますか？ 私たちの体は上を向いてネガティブな気持ちになることは難しいようです。逆に悩んでいる人の姿勢を見ると、ほとんどが前かがみになっています。上を向いて姿勢を元に戻すとなんとなく気分が変わります。簡単な行動ですので、この体の仕組みをぜひ活用してみましょう。できれば、1日1回は空を見上げてみることをおすすめします。

②笑ってみる

最近笑っていますか？　笑いには自律神経を整えたり、免疫力をアップするなど様々な効果があることがわかっています。1日の笑う回数が少ない方は、がん、認知症、糖尿病、肥満のリスクが有意に高くなったという結果もあります[1)]。

ただ、気になることがあったり、元気がないときは、なかなか笑えない、笑顔をつくれないことも多いと思います。そのようなときには、表情筋をしっかり動かしてみましょう。手で頬を下から上に押し上げます。もしくは口角を上げるだけでもよいです。この行動により脳は笑っているときのように今楽しいという状況をキャッチします。この方法であれば1日のなかで気が付いたらいつでもできますし、表情筋トレーニングによって表情が豊かになり、コミュニケーションの際のメッセージも伝わりやすくなります。対人関係のストレス減になり一石二鳥の方法です。

③リラクセーション法

リラックスすることは緊張した体や心を緩めてくれます。リラクセーション法は、様々な感情に飲み込まれてどうしたらいいか具体的に落ち着いて考えられないときの助けになります。どのようなときにもすぐに使えて安心してできる方法です。

イ）気持ちのいい場所をイメージ

目をつぶって自分にとっての気持ちの良い場所を思い浮かべてみます。本当の場所でも想像上の場所でもいいですし、安心できる人や架空の人物や生き物を思い浮かべても構いません。姿勢は、横になっても椅子に座って行っても大丈夫です。

ロ）息をゆっくり吸ったり吐いたり

不安を感じたり緊張しているときは、呼吸が浅くて速くなっていますので、落ち着かせるためには、ゆっくりお腹を使った呼吸をしてみます。

目をつぶってお腹に両手を当てて、鼻から息を吸って口から息をゆっくり吐き出します。ゆっくり4つ数える間に鼻から息を吸い、1秒止めて、5秒くらいかけて長めに口から息を吐き出します。横になっても椅子に座っても結構です。力を抜いてゆったりとした気持ちでやってみましょう。1回では落ち着かないようでしたら、何回かやることで体が緩んできます。深い呼吸は横隔膜を動かす運動にもなります。

ハ）ぎゅっーとしてストン

不安や心配、緊張が続くと体に力が入ってしまいます。緊張した体を緩めるには、力が入って硬くなっている筋肉にぎゅっーと力を5秒から7秒入れた後、ストンと力を抜いて20秒から30秒くらいかけて体を緩めます。「今、ここに力が入っているな」「今、ここが緩んでいるな」と少し意識を向けてみると効果も感じやすくなります。両手や腕、首や肩など行ってみましょう。

＊　＊

リラクセーション法は、体の緩みをしっかり味わうことが大事です。順番にこだわったり完璧にやろうとはせず、できるところから優先して始めてみましょう。寝る前の布団の中や仕事の合間などの隙間時間を活用してこまめに取り入れるといいでしょう。

その他、食事や睡眠を整えたり、安心できる方に話してみることもおすすめです。

誰もが元気に自分らしく楽しく過ごせることを願っています。心を揺さぶられるとき、いつもの自分らしくないときでも、自分は必ず乗り越えられると信じて、一生懸命頑張っている自分を大切にして、今できることを積み重ねていけば、必ず道は開けてきます。

（松島直子）

注

1）大平哲也「笑いと身体心理的健康・疾病との関連についての近年の研究動向　―2010年～2020年の観察研究、介入研究を中心に―」『笑い学研究27』（2020年8月）

26 フレイルを予防して要介護者増加に歯止めを

「フレイル」とは要介護状態の前触れ

コロナ禍のなかで、外出がままならない日々が続きました。歩いたり、体を動かしたりする機会が減ってしまい、どうしても運動不足になりがちです。それは、特に高齢者の健康に大きな影響を及ぼします。

「フレイル」という言葉をご存じですか？ **フレイルとは、加齢に伴い筋力や心身の活力が低下した状態で、要介護状態に至る前段階**として位置づけられています。もともとは、虚弱、弱さを意味するfrailty（フレイルティ）という英語が語源です。

高齢の方で、「つまずきやすくなった」「横断歩道を渡り切る前に信号機が点滅する」「長い距離を歩くことが辛く感じる」など、心当たりはありませんか。これらにあてはまると直ちにフレイル状態にあるというわけではありませんが、少し意識しておく必要があるかもしれません。

フレイル状態であるかを判断するポイントとして、一般に図26-1の5項目が用いられています。このうち3項目以上当てはまると、「フレイル」、1～2項目に該当すると「プレフレイル」と判断されます。**フレイル状態を放置す**

図26-1　フレイルの基準（2020年改訂日本版CHS基準〈J-CHS基準〉）

項目	評価基準
体重減少	6か月で、2kg以上の（意図しない）体重減少
筋力低下	握力：男性＜28kg、女性＜18kg
疲労感	（ここ2週間）わけもなく疲れたような感じがする
歩行速度	通常歩行速度＜1.0m/秒
身体活動	①軽い運動・体操をしていますか？ ②定期的な運動・スポーツをしていますか？ 上記の2つのいずれも「週に1回もしていない」と回答

［判定基準］3項目以上に該当：フレイル、1～2項目に該当：プレフレイル、該当なし：ロバスト（健常）
資料：国立長寿医療研究センター　ホームページ　https://www.ncgg.go.jp/ri/lab/cgss/department/frailty/

ると、高い確率で「要介護状態になる」といわれています。この節では、フレイルについて解説するとともに、その予防方法をご紹介します。

高齢者の４割が「プレフレイル」

現在、フレイル状態の人はどれくらいいるのでしょうか。東京都健康長寿医療センター研究所では、65歳以上の高齢者のうち8.7%の人がフレイルに、40.8%の人がプレフレイルに該当すると分析しています[1]。

フレイルは要介護状態予備軍です。プレフレイルの4.3%の人、フレイルの17.6%の人が2年後に要介護になるという研究結果もあります[2]。

そのため、要介護者増加に歯止めをかける意味でも、2020年度より**「フレイル健診」**が導入されました。これは、後期高齢者の健診において、心身の健康状態や生活習慣を問う「後期高齢者の質問票」を用いるというものです。ただ、健診の受け方は従来どおりです。市区町村が実施していますので、受診の仕方などは居住市区町村に問い合わせるとよいでしょう。

フレイルの３つの要素

フレイルの構成要素には、以下の3つがあるといわれています。

①身体的フレイル…運動器疾患（骨粗鬆症、変形性関節症）など

②精神・心理的フレイル…認知機能障害（認知症）、抑うつ気分（うつ病）など

③社会的フレイル…人付き合いが少ない等

この3つの要素の関係について、具体的な事例を3つ見てみましょう。

〈ケース1〉　運動器疾患（変形性膝関節症、変形性脊椎症等）が原因で移動動作に痛みを感じる→自立歩行が難しい→外出回数が減少し筋力・体力が低下する→人と会う機会が減少→判断力、認知機能が低下、抑うつ傾向になる

〈ケース2〉　上手に噛めない・飲み込めない→たんぱく質摂取不足など

食生活がアンバランスになる→筋力、体力が低下する→疲れやすくなり外出回数が減少する→人と会う機会が減少する→判断力、認知機能が低下、抑うつ傾向になる

〈ケース3〉　うつ病等による抑うつ傾向や認知症で単独外出が難しい→外出回数が減少する→人と会う機会が減少する→判断力、認知機能がさらに低下する→体力消耗が少ないので、空腹感を感じない→たんぱく質摂取不足など食生活がアンバランスになる→筋力・体力が低下する

これらのように、**身体の不健康、心の不健康が社会的フレイルにつながり、いわゆる「フレイルサイクル」が形成されます。フレイルの予防には、これら3つの要素を総合的に見ていく必要がある**といえます。

栄養、運動、社会参加で予防を

フレイルを予防するポイントを**①栄養、②運動、③社会参加**の3点からご説明します。

①栄養：たんぱく質を摂取すること

「こってりした肉は苦手」「調理が面倒」等、年齢を重ねるとたんぱく質は取りにくくなる方が多いようです。しかし、1日で、体重1kgあたり、1～1.2g（1～1.2g/kg）は取りたいものです。体重50kgの方は、50～60g程度となります。

「1回の食事で、たんぱく質20g摂取」を一つの目安にするとわかりやすくなります。

〈食品例：たんぱく質20g含〉
紅鮭1切れ／サラダチキン（115g）1個／卵4個／ウインナーソーセージ（15g）12本／木綿豆腐1丁

たんぱく質と一緒に「ビタミンD」を摂取すると、効率的にたんぱく質を

増やすことができます。ビタミンDは、魚類やキノコ類に多く含まれています。また、バランスの良い食事を摂取するには、食べる機能の維持が大事です。

毎日の**歯磨き・舌磨き、歯の定期健診、歯の治療**、また、義歯に不具合があれば歯科医師にご相談ください。

そして、**咀嚼筋を鍛える**ことも大事です。「よく噛む習慣をつける：目標1口30回」、加えて「ガムを噛む」ことをおすすめします。

②運動：筋肉の維持、筋力向上を目指す

筋肉は、古いものを壊し（分解）、新しいものを作る（合成）を繰り返しています。運動不足やたんぱく質不足などが続くと分解が合成を上回り、筋肉の量や質が低下します。この状態を「**サルコペニア**」といいます。

一般に筋肉量の減少は、下半身から始まります。上半身は、食事、洗顔、歯磨き、衣類の着脱等、日常生活動作をする際気が付かないうちに動かしているのです。しかし、下半身、特に下肢は、「身体を動かす（移動する）」と意識しないと動く回数が減り、座りっぱなしにもなってしまいます。

「では、外に出て運動しないと……」と思いますが、まずは、**家事をこまめにする**ことをおすすめします。自分で掃除機をかける、床を拭く。風呂掃除をする。庭の掃除をする。ポストまで郵便物を取りに行く。テレビやパソコンの前にじっと座っている時間を減らすことから始めましょう。

そして、庭の草取り、きれいになった庭でラジオ体操。天気の良い日は、ウォーキング。1人で黙々と歩くよりも、ご家族やご友人と言葉を交わしながらのほうが、より楽しく、脳の活性化になります。ご自分の生活スタイルに合った方法で無理なく続けてください。「**継続すること**」が大事です。

③社会参加：人とのつながりを維持する

フレイルを予防するには、栄養、運動に加え、人とのつながりを持ち、社会性を保つことが重要です。運動習慣がなくても、ボランティア活動や地域活動に参加することで結果的に、身体を動かし、人と関わることができます。身体活動（運動習慣）だけの人よりも文化活動と地域活動を定期的に行っている人のほうがフレイルになるリスクが約3分の1というデータもあ

ります[3]。

まずは、町内の清掃活動、小学生の交通安全見守り活動、さらに、地域活動（町内会活動等）への参加、後進の指導などいかがでしょうか。お住まいの地域のボランティア活動の情報は「社会福祉協議会」にあります。

また、**仕事を続けること、新たな分野への就労**も大いに結構です。社会とのつながりと役割を持ち、収入を得て、活動的な毎日を送りたいものです。

フレイル予防が健康長寿延伸につながる

日本人の健康寿命（人の手を借りず自分の力で生活できる期間）は、男性約72歳、女性約75歳です。平均寿命が、男性約81歳、女性約87歳ですから、平均寿命をまっとうしようとすると男性は約9年、女性は約12年、誰かのお世話になる（要介護状態の期間）という計算になります。

要介護状態になった原因は厚生労働省「国民生活基礎調査」（2019）によれば、1位が認知症（17.6%）、2位が脳血管疾患（脳卒中等、16.1%）、3位が高齢による衰弱（12.8%）、そして4位が骨折・転倒（12.5%）、5位が関節疾患（10.8%）です。つまり、要介護状態になる原因の約4分の1が、骨折・転倒、関節疾患といった運動器機能低下によるものです。**フレイル予防を実践することで、運動機能低下の予防のみならず、認知機能低下予防、すなわち認知症の予防にもつながります**。

さあ、今日からフレイルを予防して「要介護状態にならない」「元気で長生き、自立した生活」を目指しましょう。この機会に**「栄養」「運動」「社会参加」この3点からご自身の生活を見直していただきたく思います**。

（近藤真名美）

注

1）地方独立行政法人 東京都健康長寿医療センター　ホームページ「日本人高齢者全体のフレイル割合は8.7%」（https://www.tmghig.jp/research/release/2020/0903.html）

2）Makizako H, Shimada H, et al.: *Impact of physical frailty on disability in community-dwelling older adults*: a prospective cohort study. BMJ open.2015; 5

3）飯島 勝矢「さらなる健康長寿社会への挑戦」 公益財団法人 長寿科学振興財団『フレイル予防・対策：基礎研究から臨床、そして地域へ』（2021年）

第8章 ユニバーサル社会に向けて

世の中には、障害や病気のある人、年をとって心身の機能が低下した人など、一般的な意味での「健康」には必ずしもあてはまらない人がいます。この章では、心身の健康の状況にかかわらず、誰もが幸せに暮らすためにはどうしたらよいのか、何が必要なのかについて、個人の意識や行動、社会の制度・システム、技術など様々な角度から述べます。

27 健康でない人も幸せに暮らせる社会へ

「常に健康」である人はいない

かつては、年齢が若くて健康な人が「標準」「ノーマル（普通）」とされてきました。今でもそのような考え方は残っています。また、障害や病気などがない人のことを「健常者」と呼ぶこともあります。しかし、一生を通じて常に健康（健常）な人は本当にいるのでしょうか。

まずは、「超高齢社会」といわれる日本の現状を見てみましょう。高齢化率（総人口に占める65歳以上人口の割合）は年々上昇し、2021年2月現在で28.9%になりました[1)]。

高齢化の進行とともに、介護を必要とする人（要介護者）も増え続けています。要介護または要支援と認定された人は、2019年3月末で658万人になりました[2)]。国民の5%以上は介護を必要としている計算です。

また、内閣府の推計によれば、国民のおよそ7.6％に何らかの障害があります[3]。そのなかには高齢者だけでなく若い人もいます。障害の定義には入らない人も含めれば、この割合はもっと高くなります。

これらの統計からも明らかなように、「若くて健康な人」は「標準」とはいえません。誰もがいつかは年をとり、多かれ少なかれ心身の機能が低下します。年齢が若くても、あるいはどんなに健康を維持・向上させる努力をしても、病気・けがをすることもあれば、障害を持つこともありますし、生まれたときから病気や障害がある人もいます。また、自分は健康でも、家族や友人などの身近な人が、介護や医療を必要とする状況になることもあります。病気や障害のある人と職場や地域、学校で一緒になることもあるでしょう。そう考えると、**自分や周りの人が一生涯、常に健康であることはほぼない**といえます。

前章で述べたように、3つの人生資産の1つとしての「健康」を保てるよう努めることは、幸せに暮らすためにはもちろん大切です。しかし、「SDGs」（序章参照）の理念でもある「誰一人取り残さない」社会を実現するためには、**障害や病気のある人、加齢により心身の機能が低下した人など、多様な人々がともに幸せに暮らせるようにすることが、より重要**になっています。以下では、「助け合い」をキーワードとして、一人ひとりの心構えや行動のあり方に焦点を当てます。

困っている人を助けたい気持ちはあるが…

まずは、健康上の理由などで何らかの不便がありそうな人や、困った様子の人にまちで出会ったら、人々はどのような行動をとろうと思うのかという意識の面に注目します。

図27-1に示すように、「エレベーターを待っているときに、車いすを使っている人が来たら、順番をゆずる」「電車で座っているときに、高齢者や妊娠している人が前に立ったら、席をゆずる」と答えた人は8割を超えました。階段や段差の前で困っている車いす使用者や体調の悪そうな人、道などで迷っている子どもや高齢者を見たら声をかけると答えた人も6～7割近くに上っています。**多くの人は、誰かに順番や座席をゆずったり、困った様子の**

人に声をかけたりする気持ちを持っているようです。

6年前（2015年）の調査結果と比べると、比較可能な4項目の割合はいずれも微減しています。しかし、人と接する機会が少なく、人との距離を保たなければならないコロナ禍のさなかに今回（2021年）の調査が行われたことを考慮すれば、これらの意識が大きく後退したとまではいえないでしょう。

図27-1　次のような状況に直面した場合、行動しようと思うか

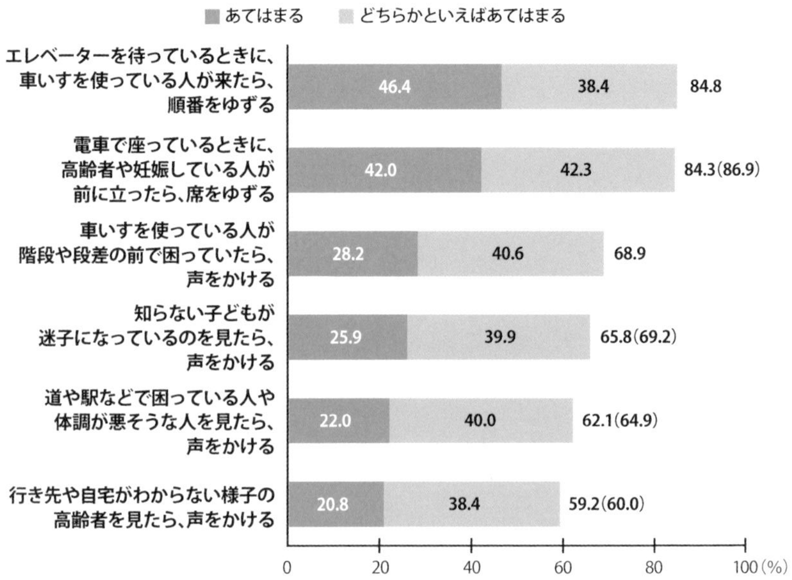

資料：第一生命経済研究所「第11回 ライフデザインに関する調査」2021年1～2月実施（詳細は巻末の「調査概要」参照。以下、本節で紹介するデータは同じ）
ただし、括弧内の数値は2015年実施の「第8回　ライフデザインに関する調査」の結果。記載がない2項目は2015年には調査していない

日本は助け合わない社会？

では実際にそのような状況に遭遇した際には、本当に順番や座席をゆずったり、声をかけたりするのでしょうか。

個人的な話になりますが、筆者は南米のウルグアイという国で2年間生活していました（第29節〈P187～192〉参照）。2020年の初めに日本に帰国した直後は、車いすを使う人が駅のエレベーターの前に来ても、先に並んでいた人が順番をゆずらないことや、筆者が重い荷物を持って駅でうろうろしていても誰も声をかけてこないことに、いわゆる逆カルチャーショックを受けました。ウルグアイでは、お年寄りや体の不自由な人、妊娠した人などに列の順番や乗り物の座席をゆずることは当たり前でしたし、それ以外でも困っていそうな人がいたら、すぐさま手を貸したり声をかけたりする場面をよく目にしたからです。自分自身も、ウルグアイのまちなかで道に迷った際などには、周りの人にしばしば助けてもらいました。

それに比べると、日本では見知らぬ人同士で声をかけ合うことや助け合うことが少ないと感じます。ウルグアイと日本では文化・習慣、国民性などが異なるので、一概に日本のほうが悪いとは思いませんが、帰国当初はやや寂しい気持ちを抱いたのも事実です。

実際、他の国に比べて日本では、**見知らぬ人に手を貸す頻度が低い**ようです。世界各国の人を対象とした調査において、過去1カ月間に「助けを必要としている見知らぬ人を助けた」と答えた人の割合を見ると、日本（24%）は125カ国のなかで最下位でした[4)]。

また、当研究所の2021年の調査で、外出先で「見知らぬ人に手を貸す」「見知らぬ人の手を借りる」ことが月1日以上あると答えた人は、それぞれ1割前後しかいませんでした（図27-2）。人との距離を保つことが求められたコロナ禍の影響もあるでしょうが、それにしても低い割合です。困っている様子の人がいたら声をかける気持ちを多くの人が持っている、という前述の結果とは隔たりがあります。

意識と行動の間に差があるとすれば、その原因として考えられること、お

図27-2　外出先で見知らぬ人と手を貸し借りする頻度

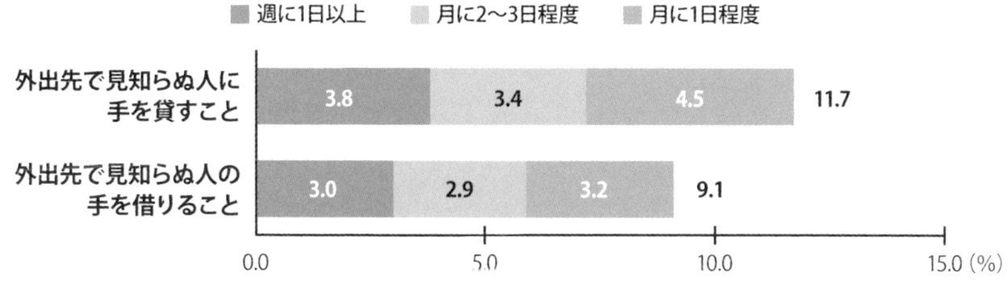

よびその差を小さくするための提案は、それぞれ主に3つあります。

まず1つは、**声かけや手助けをする気持ちがあっても、なかなか行動を起こせない**ということです。「相手が手助けを必要としていないかもしれない」「声をかけたら迷惑がられるかもしれない」「どう手助けしたらよいかわからない」などと感じて行動をためらうという声もよく耳にします。日本人ならではの遠慮深さや気づかいが背景にはありそうです。しかし、時には思い切って、困っている様子の人を見かけたら声をかけて手助けが必要かどうかを聞き、必要だと言われた場合にはどう手助けすればよいかを尋ねて自分にできることをやる、という行動に出てみてはいかがでしょうか。もし手助けは不要と言われたら、笑顔で立ち去ればそれでよいかと思います。

2つめの原因は、**手助けを必要としている人や困っている人の存在に、気づかない**ということです。でも、本当に困っている人はいないのか、改めて関心を払い、想像力を働かせてみてください。見た目ではわかりにくい不便さやつらさがある人もいます。「無関心」「無理解」「想像力の欠如」から抜け出すことが、誰かを助ける一歩につながります。

3つめの原因として考えられるのは、誰かを手助けすることと同じく、**手助けを求めることや受け入れることも、日本人は遠慮しがち**だということです。次節（28節）では慢性疾患のある人が周りの人に「助けを求める勇気」について述べますが、病気や障害のある人に限らず、困ったことがあったときに助けを求める勇気は、すべての人にとって重要です。

誰かを「助ける勇気」を持つ人が増えれば誰かに「助けを求める勇気」を持てる人も増え、また逆に、「助けを求める勇気」を持つ人が増えれば「助ける勇気」を持てる人も増える——そして助け合いがしやすい社会になるのではないでしょうか。

健康状態の多様性にも対応できる社会へ
～「自分ごと」として見つめ直す大切さ～

たとえ今は健康でも、いつ健康でなくなるかはわかりません。皆が暮らしやすい社会をつくるためには、「困ったときはお互い様」という言葉のように、互いが助け合う心構えを持つこと、そしてそれを行動に移すことが大切です。こうした個人の意識の面だけでなく、社会の制度・システムの面、施設・設備などの物理的な面、サービスや情報・コミュニケーションなどの面も、多様な健康状態の人に対応できているか、見直すことが必要でしょう。

たとえば、あなたが暮らす場、働く場や学ぶ場は、病気や障害のある人などを含め、誰にとっても便利で快適でしょうか？　あなたが仕事などを通じて提供している商品やサービスは、誰もが使えるでしょうか？　いま病気や障害のある方は、何かを我慢したりあきらめたりしていないでしょうか？誰かに対する偏見や差別はないでしょうか？　あなたの身近な人やあなた自身が健康でなくなったら、今の社会で幸せに暮らせるでしょうか？

「ひとごと」ではなく「自分ごと」として、社会のあり方を改めて見つめてみてください。そうすることによって、多様な健康状態の人がともに幸せに暮らせるユニバーサル社会の実現が近づくでしょう。

（水野映子）

参考文献

1）総務省「人口推計　―2021年（令和3年）7月報―」2021年

2）厚生労働省「平成30年度　介護保険事業状況報告（年報）」2020年

3）内閣府『令和3年版　障害者白書』2021年

4）Charities Aid Foundation "World Giving Index 10th Edition" 2019

28 慢性疾患と社会参加 ～障害があっても自分らしく～

誰にとっても身近な慢性疾患 ～かかりやすく、生活に影響しやすい～

人生100年時代といわれるほどの長寿が実現された日本ですが、それに伴って、慢性疾患を抱えて生活していくことは、誰にとっても身近な問題となっています。短期で完治しない慢性疾患には、がん、糖尿病、心血管疾患、脳血管疾患などがあります。たとえばがんについては、2017年時点で男性の65.5％、女性の50.2％の人が生涯に罹患するとされています[1)]。また、糖尿病の総患者数（継続的な医療を受けていると推計される患者数）は2017年に328.9万人、心筋梗塞など心血管疾患の総患者数は同173.2万人、脳卒中など脳血管疾患の総患者数は同111.5万人にのぼります[2)]。

長寿化が進む今日、白らのライフデザインを考えるうえで、いずれ慢性疾患を抱えて生活していく可能性が高いということを前提にする必要があります。しかも、自分自身だけではなく、家族や周囲の誰もが、その当事者となりうることも考えなくてはなりません。

慢性疾患にかかると、身体機能への影響が長期にわたるだけでなく、後遺症や障害を残しやすいことからQOLにも影響を与えます。たとえば、脳卒中などでは運動や認知機能に障害が生じたり、糖尿病や腎臓病では人工透析のための通院が欠かせなくなったりするなど、日常生活や仕事の見直しを余儀なくされることにもなります。生活圏や活動の範囲にも変化が生じることから、社会との接点の確保という観点からもライフデザインの見直しが必要になるのです。**疾患や障害があっても、より良く、自分らしく暮らすためにはどうしたらよいか、一人ひとりに問いかけられています。**

慢性疾患への備え方 ～健康、お金、つながりの観点で～

慢性疾患にはどのように備えたらよいのでしょうか。いま健康な状態であれば、健康管理をしっかり行い、健康を維持することが何より大事なことです。健康管理については第7章で論じていますので、参考にしてください。

しかし、どんなに気をつけていても病気が避けられないこともあります。ここでは実際に罹患したと想定し、3つの人生資産である健康、お金、つながりという観点から準備しておくべきことを見てみます。

まず健康面では、日常の健康管理のパートナー・専門家は誰か、治療のための医療機関はどこか、そして、様々な生活課題について相談できる機関はどこなのかを知っておくことが重要です。かかりつけ医を確保して日頃から健康に関する相談を行っておく、近隣の総合病院や専門病院を調べアクセスできるようにしておく、市町村の保健センターなど相談窓口を確保しておくことなどが大切でしょう。

お金の面では、治療費の確保を考える必要があります。健康保険で賄える部分も大きいですが、治療の長期化や先端医療の受療なども想定しなければならないかもしれません。民間医療保険の活用に加え、罹患した場合には公的な給付・減免制度や融資サービスを活用することも検討しましょう。

つながりの面では、家族の他に頼りになる地域社会や職場の友人・知人がいるとなお良いでしょう。現在では、障害者福祉、就労など幅広い分野で多様な支援者に支えられて暮らせるようになっています。たとえば、障害者就業・生活支援センターでは職業面と生活面の一体的な相談支援、ハローワークでは慢性疾患で療養が必要な人への職業相談支援が行われています。**多様な支援を活用し、より良い生活をデザインするためにも、相談先を確認し協力関係を構築しておくことはとても大切です。**

QOLの維持
～正しい知識で病気と向き合い、主体的に社会とつながる～

病気にかかってもQOLを維持するためには、身体と精神の両面のケアが大切です。慢性疾患のなかには、徐々に病状が進行するものもあり、次第に身体や認知の能力が下がり、煩わしさが増えていきます。生活の自由度が下がることから目をそらさず、しっかり向き合う必要があります。

もう少し具体的に見てみます。糖尿病は合併症が多く、神経障害、糖尿病網膜症、糖尿病腎症などが引き起こされます。また、脳卒中になると片側の半身麻痺、言語障害、高次機能障害、痙縮など後遺症・障害が残る場合があります。呼吸器系疾患の代表例、慢性閉そく性肺疾患（COPD）では、咳と痰、息切れ（呼吸困難）の症状が出て、重症化すると在宅酸素療法といって酸素吸入機器が必要になることもあります。

慢性疾患の難しい点は、症状の変化が自他ともにわかりにくいことです。不調の原因が、加齢による身体の衰えによるものなのか、病気自体の進行によるものなのかの境界がつきにくく、自覚がないまま病状が徐々に進行することもあり、周囲も本人も問題がないと判断しがちになります。

一般的に慢性疾患を抱え身体機能が低下すると、日常の活動が少なくなりがちです。さらに様々な不安からふだんの行動も消極的になり、孤立しがちになります。脳卒中の患者・家族を対象に実施した当研究所の調査[3)]では、困りごとについて身近で相談できる人は家族等であると回答した人が圧倒的多数を占めました（図28−1)。病気になって改めて、身近な相談相手がいることのありがたさに気づくことはよくあります。ところが長い人生のなかでは、頼りになる身近な家族が重い病気にかかったり、諸事情で別居、離死別したりすることで、自分自身が孤立していくことも考えられます。

そこで孤立を避けるため、相談先など多様なつながりを確保する必要があります。身近な人とのつながりを大切にしながら、家族のケアも含めて支えてくれる人たちとのつながりづくりが重要です。

その際には、**家族以外にも身近で相談できる人とつながっておくこと、さらに「助けを求める勇気」を持つことが大切です**。特に医療や介護の専門家との関係、パートナーシップは重要になります。主治医や介護士などに気兼ねなく相談できるように、ふだんのコミュニケーションを大事にしましょう。

図28−1　身近で相談できる人は？（複数回答）

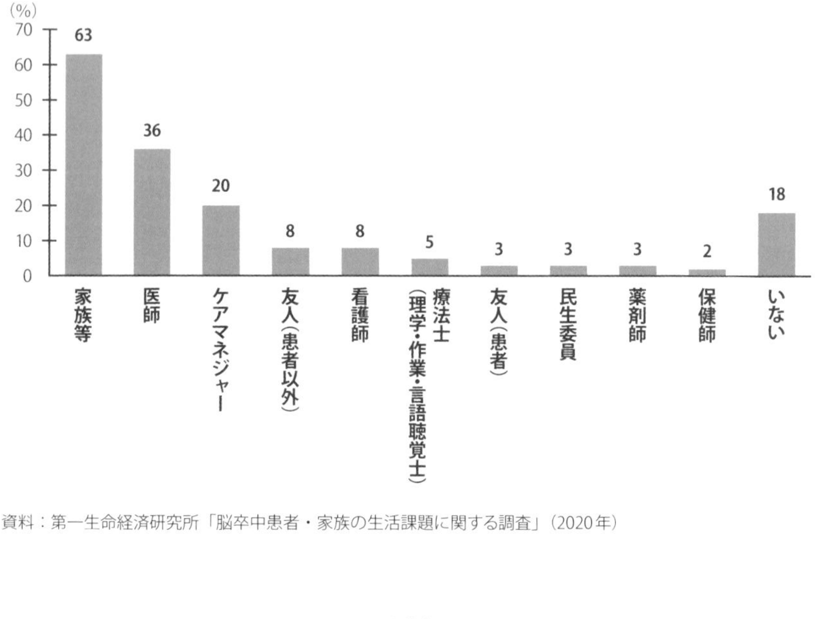

資料：第一生命経済研究所「脳卒中患者・家族の生活課題に関する調査」（2020年）

病を抱えながら働く
～疾患とうまく付き合う～

また、QOLをできるだけ高く維持するために、重症化を抑制するための自己管理も重要です。思い込みを排除し、きちんと疾患と向き合うことによって、未来への心構えと今後の行動を考えることができます。**抱えた疾患と向き合い、うまく付き合っていくことができれば、QOLの維持・向上を実現できるのではないかと思います。**

たとえば、罹患後の就労について考えてみましょう。2021年4月から「改正高年齢者雇用安定法」が施行され、従業員の「70歳までの就業機会」を確保することが企業の努力義務となりました。高齢者の雇用が増え、一人ひとりの個性や強みを活かした就業機会の提供、治療と仕事の両立支援が企業や行政によって進められるでしょう。

その意味でも、たとえ慢性疾患を抱えても、学び直しを通じてスキルアップを図るなど、自らの可能性を広げてみてはいかがでしょうか。以前と同じ仕事を続けることが難しくなる場合もあるかもしれませんが、新しい自分を発見し、病気を抱えながらも活躍できる場を自ら探してみることも大事でしょう。

慢性疾患を抱えながら働くとなると、仕事の効率が落ちてしまうかもしれません。それでも社会の理解と職場の支援があれば、就労継続や復帰によって社会参加や生きがい確保の可能性を広げることができます。今後、そのような形で働く人が増えることにより、仲間やつながりも増えていくでしょう。

政府や企業も、働き方改革により治療と仕事の両立を推進しています。整備が進む支援制度にも注目し、主体的に「尋ねる」「助けを求める勇気」を持ち合わせると、活躍の場をさらに広げることができると思われます。

「参加」を支える周囲と社会の理解
～患者を理解し、支援する文化の浸透～

慢性疾患を巡る問題は、病気や障害を抱えるその人だけのものではありません。慢性疾患を抱える人の家族も共有することになります。医療・福祉関係者などの支援も不可欠です。さらに、企業、行政、さらには地域社会にとっても、ユニバーサル社会（障害の有無、年齢等にかかわらず、一人ひとりが相互に人格と個性を尊重しつつ支え合いながら共生する社会）の実現に向け、皆が共有すべき問題だといえます。慢性疾患を抱えた人たちの社会参加を支援し、一人ひとりに応じた障壁を低くする環境整備は、すべての人が尊重し合い助け合うユニバーサル社会につながります。

まず、家族や周囲に慢性疾患を抱えた人がいてもいなくても、慢性疾患やそれによる困りごとへの理解を深めることが重要です。疾患への正しい理解は、その予防や重症化の抑制につながります。さらに、たとえば慢性疾患について学び合う場が確保できれば、家族や周囲の人自身の健康に関するリテラシーを高めることも期待できます。

実際に慢性疾患を抱えた人に寄り添いながら、職場や居住地域にある相談窓口の利用を図ることも重要です。相談窓口は、職場の場合、人事・産業衛生の部門に設置されています。担当者や上司を通じて相談することができるでしょう。また、地域においては産業保健総合支援センターの窓口に直接、問い合わせて利用することもできます。

このような相談窓口へのアクセスは、適切なアドバイスを得る機会であると同時に、問題を抱え込んで孤立してしまうことを防ぐことにもつながります。また、問題を抱えて「困ったら相談すること」がもっと自然になるように、家族や周囲の人の支援の意識が醸成されていくことも期待できます。

現在、病気や障害を抱え困っている人たちを支援することは、未来の「困る人たち」への支援でもあります。加えて、慢性疾患を抱える人たちへの理解と支援行動は、自身の心の豊かさにもつながるでしょう。慢性疾患とそれを抱える人たちへの理解と配慮は、私たちの生活・暮らしの充実、QOLの持続にも良い影響を与えるのではないでしょうか。

（後藤　博）

注

1）国立がん研究センター ホームページ「最新がん統計」https://ganjoho.jp/reg_stat/statistics/stat/summary.html

2）厚生労働省「平成29年患者調査の概況」

3）調査概要は以下のとおり。

■調査目的：脳卒中患者・家族の抱える生活課題（困りごと）に対する相談の現状（各種相談先の活用状況と相談支援制度・運営全体の課題）を明らかにし、生活者の支援・サービス利活用力の向上にむけて相談支援体制の方向性を探る。

■調査対象：脳卒中経験者（脳梗塞、脳出血、くも膜下出血）およびその家族200名

■調査時期：2020年12月11～13日

■調査方法：インターネット調査

29　誰でもいつでもどこへでも ～「お出かけ」のユニバーサルデザイン～

制度から新技術まで、多様な人の移動を支えるものは

「不要不急」の自粛生活で、遠方への旅行はもちろんのこと、近場に遊びに出かけることすら控えなければならない生活が続きました。それまで当たり前にできていた外出や旅行が、QOLを高めるうえで重要であったことに、多くの人は改めて気づいたのではないでしょうか。

しかし、病気や障害がある人、高齢になって心身の機能が低下した人などのなかには、コロナ禍以前から外に出かけることが困難・不便な人が少なからずいました。そして、そうした人々が出かけやすくなるよう様々な取り組みが行われてきました。

たとえば、外出全般の環境としては、2006年施行の「バリアフリー法（高齢者、障害者等の移動等の円滑化の促進に関する法律）」などの**法制度**に基づき、公共交通機関や道路、建築物などが整備されてきました。最近は、物理的な面のバリアフリーだけでなく、「心のバリアフリー」にも焦点が当てられています。

また、外出時に使う**移動手段**の充実も図られています。車いすをはじめとする福祉用具や福祉車両（障害のある人などが乗降しやすい車や自ら運転するための補助装置が付いた車）はもとより、次節で述べる自動運転車のよう

に新しい技術を使った移動手段の開発・普及も進められています。

一方、**人的に支援する仕組み**の例としては、介護を必要とする人や障害のある人の外出を、ヘルパーなどが介助するサービスが挙げられます。それらのサービスのなかには、介護保険などの公的制度が適用されるものもあります。

「アクセシブルツーリズム」の推進

旅行の分野では、障害の有無や年齢などにかかわらず誰もが楽しめる観光を意味する「**アクセシブルツーリズム**」(「ユニバーサルツーリズム」「バリアフリーツーリズム」という言葉も使われます)という考え方があります。日本では、たとえば観光庁が観光事業者向けに障害者・高齢者に対する接遇マニュアルや情報発信マニュアルを作成するなど、様々な事業を実施しており[1)]、観光に関連する事業者や地域も施設・設備の改善やサービスの向上を図っています。また、障害や病気のある人、介護を必要とする人の旅行の受け入れに積極的な事業者・団体や、観光地域のバリアフリーに関する情報提供・相談の窓口もあります。

当研究所の調査で、「障害や病気、身体機能の低下などによって旅行しにくい人が、もっと旅行しやすくなると良いと思う」と答えた人の割合は4分の3を超えました(図29-1)。アクセシブルツーリズムのような考え方に対して、国民の多くは賛同しているといえます。

なお、アクセシブルツーリズムの考え方は、日本以外にもあります。たとえば、国連世界観光機関(UNWTO)は、アクセシブルツーリズムに関するマニュアル等のなかで、ヨーロッパを中心とする国々での好事例を紹介しています[2) 3)]。

また、南米ウルグアイの観光省には、アクセシブルツーリズムの推進を担うグループがあり、観光地の調査や観光関係者の啓発などを行っています。筆者は2018年1月から2年間、ボランティアとしてその活動に携わっていました[4)]。また、ウルグアイ滞在中の2019年には、スペイン語圏を中心とする十数カ国(主に中南米諸国とスペイン)の代表が首都モンテビデオに集まってアクセシブルツーリズムをテーマとする会議も開かれ、各国の事例が報告

図29–1　「障害や病気、身体機能の低下などによって旅行しにくい人が、もっと旅行しやすくなると良いと思う」

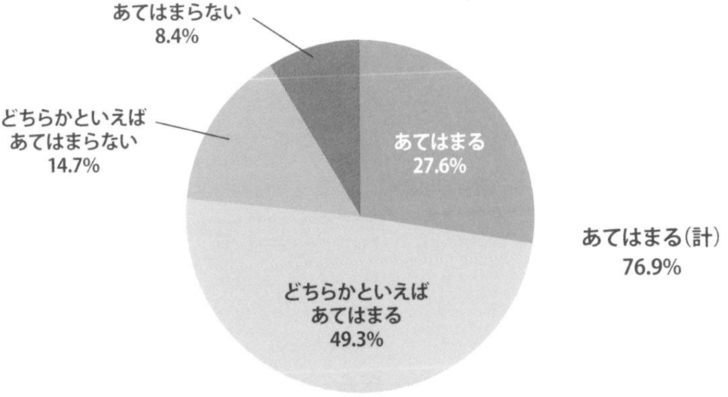

資料：第一生命経済研究所「第11回 ライフデザインに関する調査」2021年1～2月実施（詳細は巻末の「調査概要」参照。以下、本節で紹介するデータは同じ）

されました。

障害者や高齢者などを含めた多様な人が外出・旅行しやすい環境づくりは、地域や事業主体によって内容・方法の違いはあるものの、**国内外で積極的に進められています**。

「お出かけ」しやすい社会の要件とは

では、病気・障害の有無や年齢などにかかわらず、皆がより出かけられるようになるためには、何が必要でしょうか。

生活者にとってまず大切なのは、自分や周りの人に障害や病気があっても、あるいは年齢を重ねて心身の衰えを感じても、**出かけることをあきらめない気持ち**です。外出・旅行の環境はまだ不十分な面も多いですが、工夫次第で解決できることもあります。障害者や高齢者の外出・旅行に関する情報提供・相談を行っている窓口などを活用しながら、設備・サービスが整った施設・地域や、受け入れに積極的な事業者を探してみるのもよいでしょう。

また、27節でも述べたように、外出先で困ったら誰かに**手助けを求められるようになること**、逆に、困っている様子の人を見かけたらためらわず声をかけて**手を貸せるようになること**も、生活者にとっての課題です。見知らぬ人同士で気軽に手を貸し借りできる雰囲気があることも、外出や旅行の安心感につながります。

一方、交通・宿泊・観光などの事業者は、**多様な身体状況や年齢の人々が外出・旅行するための環境を、今以上に整えていくこと**が必要でしょう。そのためにはもちろん、**行政のいっそうの支援**も求められます。

コロナ禍を経て、自由に出かけられることの価値を多くの人が実感している今、その恩恵を誰もが享受できる社会を目指す気運を高めていきたいものです。

「お出かけ」DXのユニバーサルデザインが導くSociety5.0

ここまでは従来の枠組みの外出・旅行について述べましたが、以下では外出・旅行分野の「DX（序章参照）」についても触れたいと思います。

皆が外出や旅行をしにくくなったコロナ禍を機に、家にいながら他の場所の映像などを見て外出・旅行の気分を味わうこと、いわばバーチャルな外出・旅行を体験するためのツールやサービスも急速に広がりました。その例としては、ミュージアム・動植物園・遊園地などの文化・娯楽施設や観光地の動画・画像のインターネット配信[5]や、その発展形ともいえる**「オンライン観光」**が挙げられます。

このオンライン観光（定義は図29-2の注2参照）に参加したことがある一般の人からは、「楽しめた」「旅行したような気分を味わえた」など一定の評価が得られています。また、「障害や病気、身体機能の低下などによって旅行しにくい人が楽しめると良いと思う」という意見も大勢から出ています。実際、若い人だけでなく、介護施設に設置された機器でオンライン観光を楽しんでいる高齢者がいるという話も聞きます。

障害や病気、加齢による心身の機能低下などの健康上の理由で外に出かけにくい人も、そうでない人も、オンライン観光などを通じて外出・旅行の疑似体験をしたり、リアルな外出・旅行を円滑に行うための情報を事前に収集したり、あるいは過去に訪れた場所の思い出を懐かしんだりできる可能性が

図29-2 「オンライン観光」の参加者の評価

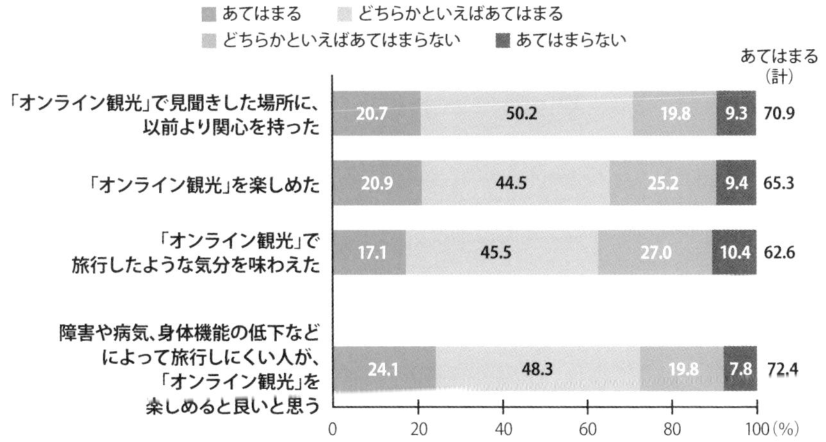

注1：オンライン観光に参加したことがある人（全体の6.1%）が回答
注2：オンライン観光の定義は「旅行会社、交通事業者、宿泊・観光施設、自治体などの企画により、オンライン会議システムを使って、観光地などの様子を見聞きしたり、何かを体験したりすることを指します。『オンラインツアー』『オンライン旅行』などの呼び方もあります」とした

期待されています。ただし、その可能性を広げるためには、**情報通信技術を使いこなすのが苦手な人や、視覚・聴覚などの障害によりオンラインでの情報入手やコミュニケーションが難しい人などもアクセスしやすいことが条件**となります。

私たちが目指すSociety5.0は、「サイバー空間（仮想空間）とフィジカル空間（現実空間）を高度に融合させたシステムにより、経済発展と社会的課題の解決を両立する、人間中心の社会」と定義されています（序章参照）。今後は、実際の外出・旅行、すなわち**フィジカル空間（現実空間）の「お出かけ」と**、オンライン観光のような**サイバー空間（仮想空間）の「お出かけ」のどちらも皆が楽しめる方法を考えていく必要**があります。

（水野映子）

注

1）観光庁ホームページ「ユニバーサルツーリズムについて」https://www.mlit.go.jp/kankocho/shisaku/sangyou/manyuaru.html

2）UNWTO "Manual on Accessible Tourism for All – Public-Private Partnerships and Good Practices" 2015

3）UNWTO "Manual on Accessible Tourism for All - Principles, Tools and Best Practices（Module V: Best Practices in Accessible Tourism）" 2016

4）その経験については、当研究所ホームページ（https://www.dlri.co.jp/）に「ウルグアイ通信（1）～（5）」として掲載している。

5）それらの動画・画像の視聴・鑑賞の経験や関心に関するデータは以下で紹介している。
水野映子「観光・レジャー・芸術文化をオンラインで楽しむことへの期待 ～新型コロナ意識調査にみるネット視聴・鑑賞の経験と関心～」2020年6月
https://www.dlri.co.jp/report/ld/2020/wt2006k.html

30 モビリティの進化に求められる新しい視点

「移動できなくなった」がもたらすQOLの低下

これまで自由に移動ができていた人が、何らかのきっかけで移動できなくなる——。前節で見たこうした変化が私たちに大きな苦痛をもたらすことは、コロナ禍による移動制限で世界中の人々が感じたことでしょう。見たいものを見に行くことができない、会いたい人に会いに行くことができない。モビリティ（＝移動）が人の幸せにこれほど大きく関わっていたのかと、改めて実感させられました。移動は心身の健康と密接な関係があるのです。これについて本稿では、高齢期の移動を中心に、今後テクノロジーがどのようにパーソナルな移動を支えていけるのか、その試みと可能性について考察します。

経済産業省等の調査[1)]（図30-1）によると、生活における移動に対する満足度（10点満点の自己評価）について、自動車免許を「現在持っている」人、「以前持っていたが現在は持っていない」人、「持っていない」人で比較すると、「現在持っている」と「持っていない」の差はそれほどないにもかかわらず、「以前持っていたが現在は持っていない」とする人の満足度が非常に

図30-1　生活における移動に対する満足度（性・運転免許有無別）

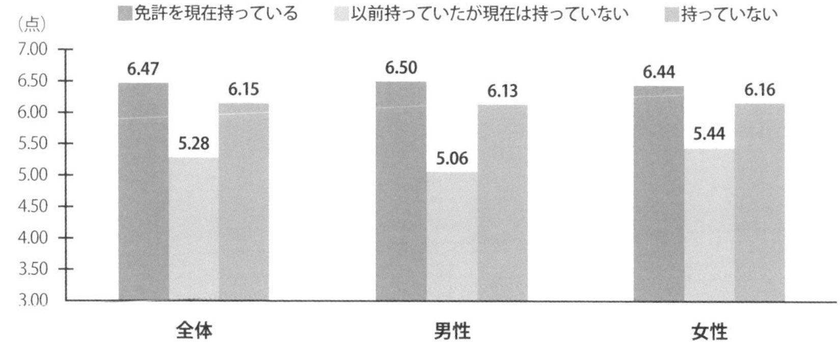

注：得点は0点（まったく満足していない）から10点（非常に満足している）までの回答の平均点
資料：経済産業省・国土交通省・内閣府SIP調査「自動車・自動運転に関するアンケート」2021年1月より作成

低い（特に男性で）ことがわかっています。自家用車で自由に移動できていた人が、運転免許返納などで自家用車が使えなくなると、移動面でのライフスタイルが大きく変わります。今日、交通安全の観点から課題となっている高齢者の運転免許返納は、人々の幸せやQOLにも関わる、重要で難しいものであることがうかがえます。

人生100年時代における高齢期の移動不安

全国の男女に対して高齢期の移動についての不安を尋ねた調査を見ると、居住地の都市規模が小さいほど不安感が高く、「町、村」在住者の7割以上が自分の高齢期の移動に不安を感じていることがわかります。特にクルマ社会といわれる地域では、鉄道やバスなどの公共交通機関の縮小が進んでおり、自家用車がなければ生活の移動手段を確保しにくい状況となっています。しかし、高齢になれば身体機能や認知機能が低下してくるので、安全な運転に支障が出てくるのは否めません。団塊世代が70代となった今日、運転できなくなることで移動手段を失う人たちが今後急速に増えると思われるため、**日常生活における移動はこれまで以上に大きな社会課題**になってくると考えられます。

こうしたなか、1つのソリューションとして注目されているのが自動運転

図30−2 「高齢期の移動に不安がある」（居住地の都市規模別）

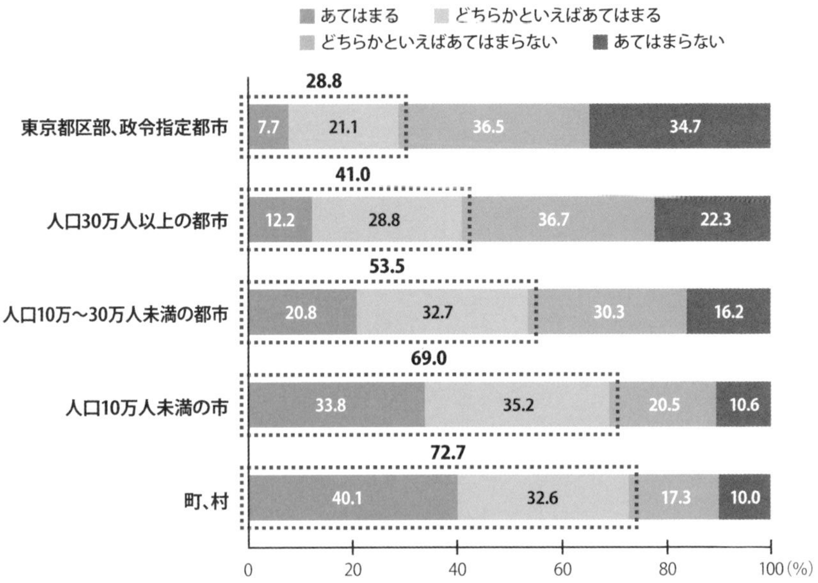

資料：経済産業省・国土交通省・内閣府SIP調査「自動車・自動運転に関するアンケート」2021年1月より作成

技術です。自動運転技術は、自家用車や公共交通、物流や重機・農機など、様々な領域で実証実験や、一部実用化が図られています。このうち、人々の日々の移動に関わるものとして、2つの方向性が考えられます。

公共交通としての自動運転の可能性

1つめは、**自動運転バスのような公共交通を増やし、地域のモビリティを充実させること**です。単にバスの本数を増やせば自動運転でなくてもよいと考える人もいるかもしれません。しかし今日、バスやタクシー、物流の領域など、あらゆる業界でドライバーの不足と高齢化が課題となっています。特殊な車両用の免許取得が必要なことから人材確保が難しい側面もありますが、それ以上に人口減少がネックとなっています。車があっても走らせる人がいなければ、少なくとも現状では移動手段として機能しません。実際に、利用者数の減少だけでなく、ドライバー不足を理由に全国でバスの減便が生じているのが実態です。

こうした動きを受け、公共交通として自動運転車を走行させる試みが、日本の多くの地域で始められています。多くのケースで緊急時の対応用にドライバーが同乗していますが、将来的には無人での走行を目指しています。こうした動きは、一部の地域において、既に移動手段の1つとして定着しつつあります。

もちろん、まだ多くの課題はありますし、安全性確保のためにスピードを落として慎重に運行していますので、後続車など周囲の理解も必要です。鉄道の廃路線を活用して専用道路に近い形で走行させている地域もあります。様々な形で模索と試みがなされていますが、いずれにしても住民が地域の課題を理解し、新しいテクノロジーに先入観を持たず過信もせずに慎重に受け入れ、テクノロジーの限界を人が協力する形で補う姿勢を見せている地域では、徐々にこうした挑戦が芽吹き花咲こうとしています。

自家用車としての自動運転の可能性

2つめは、**自家用車の運転支援機能を強化することで、運転寿命を延ばすこと**です。特に地方では公共交通が縮小しつつあり、自家用車に乗れなくなった後の移動手段の確保は死活問題に関わります。これに対し、自家用車の機能を部分的に自動化する「運転支援機能」を強化することで、車両のセンサー技術等の活用により、安全に運転を続けられる可能性があります。現在既に実用化されている機能としては、衝突被害軽減ブレーキ（「自動ブレーキ」と呼ばれるものですが、厳密には自動で止まるものではなく、あくまで衝突時の被害を最小化する機能です）や、高齢者の事故で多いアクセルとブレーキの踏み間違い時の加速を抑える機能などが身近なものとなっています。

その他、車線を維持したり、前を走行する車両との車間を維持して走行したりする機能などもあります。こうしたテクノロジーによる支援によって、人間の運転機能を補完し、事故を防ぎつつ究極的には自由な移動を実現するというのが、自家用車の自動運転化の目的です。

巨大都市への一極集中と地方の人口減少は世界各地でも生じている課題で

あり、これによるモビリティの課題は多くの地域で共通しています。また、自動運転車の普及効果として、交通事故の減少も期待されています。そのため、自動運転の技術の実用化は日本を含め世界中で進められており、様々なタイプのエリアで多様な車両を用いて、多くの実証実験や社会実装が開始されているのです。

実用化に向け法整備も着々

こうした社会インフラの実現に向け、技術的な側面とともに法整備も進められています。国際条約も国内法も、「運転者は、つねに車両を適正に操縦しなければならない」というルールに沿っています。自動車に関わるルールは、自動運転が想定されていない時代につくられたわけですから、当然です。

自動運転を公道で走行させるためには、こうした法律上の定義を見直し、制度を整備し直す必要があります。既にこれらは進められていて、日本では道路交通法と道路運送車両法がいずれも2019年に改正され、2020年に施行されました。これにより、世界に先駆ける形で、日本では法的に「自動運転」と呼べる車両が公道を走れる体制が整いつつあります。特に道路交通法において、自動運行装置（自動運転）による走行も「運転」と定義され、自動運行装置の使用者にも安全運転義務があることが規定されたこと、さらに作動状態の記録装置を搭載し、運転状況の記録が義務付けられたことが、私たちに大きく関係してくるところといえるでしょう。

技術の社会導入に不可欠な「社会的受容性」

では、技術と法律・ルールの整備が進めば、自動運転社会は実現されるのでしょうか。実は、その実現にはもう1つ重要な要素があります。それは「**社会的受容性**」ともいわれるもので、**消費者がテクノロジーの普及に伴うライフスタイルの変化を受け入れ、かつ自動運転の特性やルール、限界などを理解し、「うまく使う」こと**です。

自動運転というと、ハンドルもアクセルもないスタイリッシュな車両がさっそうと走り回る光景を想像する人が多いかもしれません。もちろん、それも目指すゴールの1つですが、それが当たり前の景色になるのはまだ先のようです。

そもそも私たちが目指すべきゴールは、「ハンドルもアクセルもないスタイリッシュな車両が普及した社会」ではなく、「**誰もが自由で幸せな移動を継続できる社会**」です。その1つのソリューションとしてハンドルもアクセルもないスタイリッシュな車両があるに過ぎません。現実的に、そうした社会が実現するまでには、私たちは多かれ少なかれ「テクノロジーによる不自由さ」に遭遇するでしょう。たとえば、自動運転車がまちなかを走る場合には、最初は安全性の側面からかなりスピードを落として走行することになります。実際に実証実験などでは「思っていたより遅い」「後続車の邪魔になる」などと言われることも少なくありません。これまでどんなに近いところにも自家用車を使っていた人にとって、停留所まで歩くというライフスタイルへの変化は受け入れがたいという声も聞かれます。このように、「思っていたのと違う」「ハイテクなはずなのに不便」という局面が、しばらくは多々見られることでしょう。

「不自由さ」の受容と寛容さで「技術を育てる」

そのなかで実証実験や社会実装がうまくいっている地域は、その欠点を人や地域が「寛容さ」を持って受け入れ、「折り合いをつけている」ところであると断言できます。その背景には、住民が地域の社会課題を理解し、なぜ多少の不自由さを受け入れてまで自動運転を社会に入れていかなければならないのかという「WHY」の共有があるのです。たとえば、スピードを抑えたモビリティであっても、まずは移動手段の確保を最優先するとか、高齢になって免許を返納したので、停留所まで歩く習慣がなかった人が「歩く」という移動手段も生活に取り入れる、といったものです。これからの生活に必要なテクノロジーを活かすために、少し譲歩して変化や不便さを受け入れる、と言い換えてもよいでしょう。

実際に、生活を便利にし、社会システムを効率化するとされるデジタル化（DX）に抵抗を示す人が少なくないのも、その必要性や理由（＝WHY）が共有されていないことと、移行期に伴う「不自由さ」が受容されていないからであると考えられます。学習しなければならない、かえって面倒な気がする、不安があって使えない、そうした消費者の意識や先入観は、ともすると将来的に大きな利便性をもたらすテクノロジーの普及を遅らせてしまう可能性があるのです。

今、私たちは、とにかくスピードを上げて効率化することが最優先されてきた社会から、少しスピードを落としつつ、別の価値を求める社会に移行する時期を迎えています。そして、その先にある**持続的な社会（単に便利な社会ではない）を目指す局面**に、私たちは来ています。それが、SDGsという形で、今、共有されようとしているのです。テクノロジーの普及は「変化」をもたらし、ある種の「面倒さ」をはらみます。私たちが普及させるべきテクノロジーは、**私たちにとってどのようなもので（WHAT）、何のためのものなのか（WHY）**という点について考えてみましょう。そうすれば、それを**どのように普及させるのか（HOW）**ということについて、消費者自身が自分ごととして考え、協力し、一緒に**テクノロジーと社会を育てる視点**を持てるのではないでしょうか。

（宮木由貴子）

注

1）筆者は2016年から政府の自動運転プロジェクトに委員会委員（令和2年度「高度な自動走行・MaaS等の社会実装に向けた研究開発・実証事業：自動走行の民事上の責任及び社会受容性に関する研究」等）や研究活動で関わっており、文中の経済産業省・国土交通省・内閣府SIP調査「自動車・自動運転に関するアンケート」（2021年1月）は、筆者が2018年から定点調査として携わっているものである。

【調査概要】

■調査対象：全国の18–79歳の男女24,583名（経済産業省・国土交通省部分）
連結部分12,392名（内閣府SIP部分、同一サンプルに調査実施後、経産・国交省調査部分にマージ）＊分析は基本的に18–69歳で実施

■調査時期：2021年1月（経産・国交省調査1/6–11・内閣府SIP調査1/16–24実施）

■調査方法：インターネット調査

特別企画　石川善樹氏インタビュー

人生100年時代のwell-beingを考える

石川善樹

（いしかわ よしき）

予防医学研究者、博士（医学）
1981年、広島県生まれ。東京大学医学部健康科学科卒業、ハーバード大学公衆衛生大学院修了後、自治医科大学で博士（医学）取得。公益財団法人 Well-being for Planet Earth 代表理事。
「人がよく生きる（Good Life）とは何か」をテーマとして、企業や大学と学際的研究を行う。
専門分野は、予防医学、行動科学、計算創造学、概念進化論など。
近著は、『フルライフ』（NewsPicks パブリッシング）、『考え続ける力』（ちくま新書）など。
Twitter: @ ishikun3
HP.https://yoshikiishikawa.com/

公益財団法人Well-being for Planet Earth 代表理事の石川善樹氏をお招きし、人生100年時代を生きるうえでのwell-beingについて、伺いました。石川先生は、「人がよりよく生きる（well-being）とは何か」をテーマとして企業や大学と学際的研究を行っています。

世界が注目する「well-being」

――最近、世界的に幸福度や人生の満足度を示す「well-being」への関心が高まっているように感じますが、なぜでしょうか。

石川　その理由の1つとしては、**長寿社会になり、人々の関心が「命の長さ」から「命の質」にシフトした**ことが挙げられるでしょう。実際、僕の専門分野である予防医学においても、「平均寿命」「健康寿命（自立して元気でいられる期間）」だけでなく、「幸せ度や満足度（well-being）」のデータを集めるようになっています。

また、**人々が「経済的な豊かさ」に対する限界も感じるようになった**ことも関係していると思います。2002年、well-being研究の第一人者であるエド・ディーナー博士らは、1958年〜1987年にかけて日本人の生活満足度がどのように推移したのかを発表しました。これによると、1人当たりのGDPは順調に上がって経済的に豊かになっている一方、生活満足度は戦後30年間、まったく向上していなかったことが示唆されています。

これまで人類は「平均寿命」や「1人当たりのGDP」などを重視し、その改善を目指してきました。その先には幸せな社会が待っていると信じてきたからです。しかし、確かに寿命は延び、経済的に豊かになり、生活も便利になりましたが、人々は「幸せや満足感」を実感できていないのが現状です。また「病気・貧困・戦争」は人類を苦しめてきた三大苦であり、それらは20世紀にある程度克服できましたが、苦しみを取り除きさえすれば、人生に対して「満足」を感じられるわけではないこともわかってきています。

こうしたこともあって、“well-being”は21世紀に入ってから特に熱い注目を集めているのです。

10点満点が一番“よい状態”とは限らない

――そもそもwell-beingである状態というのはどういった状態なのでしょうか。言葉自体はよく聞きますが、私も含め、実のところあまりよくわかっていない方も多いような気がします。

石川　**well-beingは、わかりやすく言うと「よい状態」という意味**です。そう言われると単純な気がしますが、なぜwell-beingがわかりにくいのかというと、そもそも「よいとは何か？」という問いが難しいからです。当然ですが、何が「よい」かは経験を重ねることで変わりますし、時代によっても大きく変わるでしょう。

とはいえ、「何がよいかは、みんなちがって、みんないい」としてしまうと、話が何も前にすすみません。そこで研究者は、いったんwell-beingを、客観的なwell-beingと主観的なwell-beingの2種類にわけました。

これまでは客観的well-beingの指標である健康寿命などに注目が集まっていましたが、近年特に注目されているのは主観的なwell-beingです。**主観的well-beingには、「評価」と「体験」と「ユーダイモニア（人生における意味・**

意義)」という3つの側面があります。

「評価」というのは、自分の生活や人生をどう評価するのかを問うものです。現在は、カントリルラダー（Cantril Ladder）と呼ばれる、梯子をイメージした手法を使って10点満点で問うのが主流です。

「体験」というのは、幸せとか悲しいとかいろいろなポジティブ・ネガティブの体験を問うものです。たとえば、映画で主人公が最初から最後まで終始幸せそうに生活していたとすると、次から次にハッピーな経験が押し寄せているので「体験」としてはハッピーなはずですが、それを観客である我々が面白いと「評価」できるかというとまた別の話です。喜怒哀楽いろいろあったほうが「評価」は高いはずです。

このように「評価」と「体験」は異なりますが、どちらがいいとか、重要かという話ではなくて、どちらも大事です。ただ、「体験」は、上司が怒っているとか、天気がどうとかなど、答える人の状況で簡単に変わってしまうのに対して、「評価」は比較的安定しているので、「評価」のほうがwell-beingの測り方として優先順位が高いとされています。

「ユーダイモニア」というのは、その人が自分の人生を意味があると思っているかどうか、やりがいがあると思っているかどうか、という話です。たとえば、アメリカのアクション映画のように、「評価」も高いし喜怒哀楽もたくさんあって、「体験」としても楽しい。しかし、観客側として人生にとって意味があったかどうか、というと、あくまでエンタメであって、ちょっと違うかもしれない。逆に「評価」も低いし「体験」としても最悪な、たとえば理不尽にきつかった学生時代の部活を考えると、もう1回やるかと言われたらやらないし、「体験」も「評価」も最悪ですが、自分にとっては意味があったと感じる人も多いのではないでしょうか。

つまり、「評価」と「ユーダイモニア」も、人の主観で考えたときに、全然違う側面である、ということです。ただ、それらを包括的に測定しようとすると項目数がかなり増えるので、主観的well-beingを1問だけ聞くのであれば、通常は「評価」を聞いています。**現在のゴールデンスタンダードは、先ほどお話ししたカントリルラダーの0〜10点の11段階評価で測定し、最高のものと最悪のものがあって、上に行くほどいいという考え方**です。国連の「World Happiness Report」もこの手法で計測されています。

でも、この測定方法に対して、僕らはいま「人生って梯子の上に行けば行くほどいいということでしたっけ？」ということをwell-beingの研究者に投げかけています。「バランスや調和が取れている状態がよい」という考え方もあるのではないか、と。

――梯子型はイメージしやすいですが、バランスや調和を問うもの、というと？

石川　たとえば、京都の石清水八幡宮のおみくじに「平」というのがあり、「平」が一番よいとされています。大吉というのはこれから運気が下がりますよ、凶はこれから運気が上がりますよ、ということなんだそうです。この背景には、人生は梯子というより、振り子のようなもの。幸せすぎると怖いので平穏無事な「平」が一番いいという日本的な価値観です。

今の主流である梯子型の測り方では、大抵の日本人は10点をつけにくい。7−8点くらいが最もよいと思っている人が多い印象です。だから振り子型で聞いたほうがいいのではないかなと。

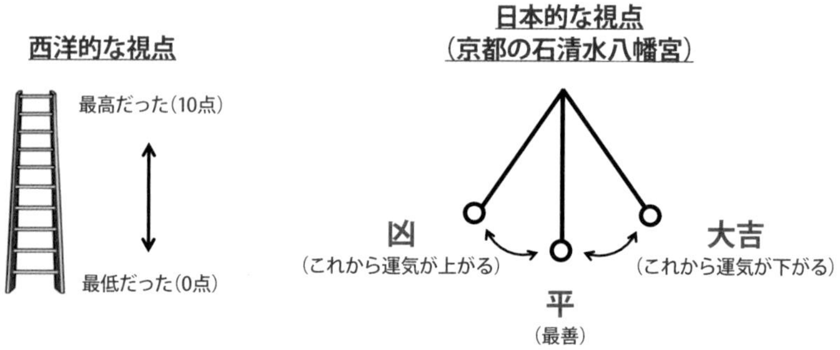

出典：石川氏提供

こうした価値観は、日本以外のアジアでも見られますし、フランスもそうみたいです。主観なので、若者と高齢者でも全然違ったりもします。若い時は梯子型だったのが、年をとると、10点満点の幸せは疲れるので振り子型になるという人も多いです。

well-beingをポストSDGsのグローバルアジェンダに

――well-beingの実現に向けて取り組まれていることについて教えてください。

石川　いま国際社会では持続可能な社会の実現に向けてSDGsが推進されています。しかし、SDGsは「命の質」ともいうべきwell-beingに関する観点が抜け落ちています。そこで僕らは2030年で一区切りを迎えるSDGsのその先、**2030年以降目指すべき指標としてGDW（国内総充実/gross domestic well-being）**を掲げようとしています。

GDWは、GDP（国内総生産/gross domestic product）では捉えきれていない、国民一人ひとりのwell-beingを測定するための指標です。**GDPが量的拡大を目指し、物質的な豊かさを測る指標であったのに対して、GDWは質的向上をねらい、実感できる豊かさを測定する指標**であるというのが大きな違いです。GDWを次のグローバルアジェンダにするために、僕らは2020年代に世界各地でデータを収集しています。世界各国の国際機関や財団と組んで進めており、マイルストーンの1つは2025年に開催される、大阪・関西万博でwell-being憲章のようなものを出せればと思っています。

企業経営も、高みだけを目指していては持続しない

――well-beingが世界的に注目されるなか、国や企業も変わっていかなければいけないように思いますが、いかがでしょうか。

石川　企業経営に関していうと、売上利益目標をやめた会社もよく聞きます。なぜやめたかというと、その目標を達成するために、M&Aのような非連続の成長に頼らざるをえなかったという背景があります。つまり、自社の資源のみで連続的に成長するオーガニックグロースをする限りにおいては売上利益を目指してもいいのですが、M&A中心の成長に依存すると、どこかで管理しきれなくなって、大きな損失を出すリスクが高まってしまうからです。特にこの30年、売上利益や配当など株主重視だったから、ということもあり、非連続の成長に頼る企業が多くありました。ただ**現在は、改めて売上利益だけに固執するのではなく、「何が会社の目的でしたっけ？」というこ**

とに立ち戻り、Purpose（パーパス）経営[1] **に注目したり、自社のミッション、ビジョン、バリュー等をもう一度見直したりしている会社が多い**のだと思います。

そのうえで、どういう「戦略」を選ぶのかが大事です。「戦略」には財務戦略と非財務戦略と大きく2つあって、より重要になってきたのは非財務戦略です。**財務諸表に表れないところが企業価値の源泉**になってきています。

一例を挙げると、とある家電量販店では、扱っている商品は同業他社と変わりませんし、価格も取り立てて安くありません。他社と違うところといえば、その家電量販店は、営業ノルマを課さない、残業をさせないなど、従業員を「無理に頑張らせない」ようにしており、その代わり、しっかりお客さんと向き合わせるような経営をしています。従業員はノルマもなく無理に売る必要はないので、丁寧にお客さんと接することができるということです。

――従業員の心の持ちようというか、正しいモチベーションが大事ということですね。

石川　そうです。結果、コロナ禍の2020年もとても業績が良く、売上利益も高かったのですが、「じゃあ来年度はさらに！」とはならない。そういうことって非財務ですので、財務諸表には書かれません。でも、こちらがやっぱり大事になってくるのです。

最近、安定的な価値創造をするには非財務戦略のなかでもESGのことがよく言われています。そのうちの1つが「従業員のwell-being」です。ただ、従業員のwell-beingを無理に上げようという話ではなくて、まずは悪化させないことが重要だと思います。どれだけ業績が好調でも、従業員のwell-beingが悪化傾向が続いている、それは会社の中長期的な経営に悪影響ですから。この方針で大企業も中小企業も取り組み始めています。

まず20～30代女性の社会的なハードルを取り除く

――ありがとうございます。では、人生100年時代となり、well-beingな社会を目指すために、社会全体として重要なことは何だとお考えでしょうか。

石川　国としての方針や社会全体でいくと、すべての世代をターゲットにす

るというのは難しいポイントです。みんながwell-beingになるように投下できるだけの潤沢な資本がないので対象を絞らないといけないですし、優先順位をつけないといけません。

最優先は20～30代の女性だと考えています。この世代のwell-beingを取り巻く環境要因として、「産め・働け・活躍せよ」という三重苦があると指摘されます。もちろん、子どもを産み、働き、活躍することでwell-beingを感じている方も多くいらっしゃいますが、それが押し付けになってはいけません。well-beingにいたる道は一本ではなく、もっと多様な生き方があってもいいのではないかということです。さらに、新型コロナウイルス拡大により特にダメージを受けたのもこの世代です。自殺率も高く、今は「産め・働け・活躍しろ・コロナ」の四重苦になっています。

発展途上国でもそうなのですが、どれだけ経済状況が厳しくても、「女性が明るくて幸せな国」というのは幸せです。そういう国は文化的に女性の権限がすごく強く、たとえば、国民の幸福度を国の政策目標としていることで有名なブータン[2]だと財産も長男ではなく女性が引き継ぎます。家庭でも女性の役割はとても強い。そういう意味では、日本では全国各地の自治体で女性活躍推進課、というのを見ますが、女性からすると、「これだけ苦労を背負わされて、なんで活躍しなきゃいけないんだ」と思いますよね。

人生100年時代の社会を考えるうえで、20～30代女性がwell-beingに生活できるようになっているのか、という点が一つの戦略になるでしょう。そのときに大きなキーワードとなっているのが「時間のゆとり」です。時間のゆとりが持てるかどうかというのが、若年女性のwell-beingに大きな影響をあたえるとの報告があります。驚くべきことに、お金ではないのです。お金のある人が時間のゆとりがあるかというと、そうではない。小さい子どものお母さんは、1日1時間も自分の時間がありません。**女性が自分の時間を持つこと、というのがとても大事**です。そうなるように男性や会社、地域社会がサポートできるように、ということが求められていくと思います。

50～70歳代の秋の時代を どうwell-beingに生きるかが大事

――なるほど。では、これは個人としての話ですが、人生100年時代となったとき、well-beingに生きるためには、どう生きればいいのでしょうか。

石川　**50～70代をどう生きていくのかがポイント**だと考えています。この世代は、実は「こう生きるのがよい」というモデルとなるようなものがまだありません。

今まで「人生は80年くらい」という前提のもと、「学ぶ→働く→休む」という3ステップで生きていました。これは昭和の人生スゴロクです。時代が進み、人生100年時代の今、「学ぶ→働く→休む」の、「働く」と「休む」の間にぽこっと新しいフェーズができました。50～70代の世代って、呼び名もついてないのです。僕は**人生を春夏秋冬の4ステージに区分して、この世代を「秋」にあたる「白秋世代」と定義**しています。

50代というと、子どものいる専業主婦だったら、「母親定年」する時期ですね。一般会社員は昔のように一律で60歳定年ではなく、人によっては75歳まで働く時代です。もちろん同じ会社で働き続けるのも1つの選択肢ですが、思い切って50歳くらいで早期退職し、次のキャリアに移るのも選択肢の1つです。最初は慣れない仕事や人間関係に苦労すると思いますが、適応できたときにつかむ自信は大きなものがあったりして、元気に長く活躍できるかもしれません。

ただ、若い頃のように働きづめというわけにはいかないので、「学ぶ」「働く」「遊ぶ」などの様々な活動をバランスよく行っていくことが人生の実りへとつながっていくと思います。

100年を生きる時代

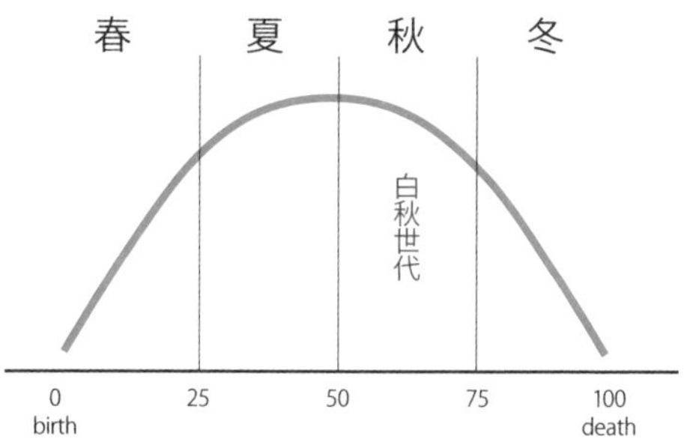

出典：石川氏提供

医学はいよいよ老化に手をつけ始めていますので、100

歳どころか120歳まで生きる時代になってもおかしくはありません。ますます人生の秋、が大事になってきますよね。

企業も含め、今の社会はこういった白秋世代を支える仕組みになってないので、自分で見つけていかないといけないのです。

白秋世代のキーワード＝「つながり」と「役割」

――「自ら働き方をデザインすること」の大切さは本書でも触れています。若い人たちはまだこれから人生をやり直して、自分なりに人生の目標を立てたりできますが、既に白秋世代の人たちやその目前にいる人たちは、なんとなく人生を過ごしてきてしまって、ライフシフトの話が出てきたときに、対応できずに立ちすくんでいる状態を感じています。これに対してこういうことをしたほうがいいというのはありますか。

石川　**大事なのは「つながり」と「役割」**です。多様なつながりをいかに持てるのか、ということです。私たちが行った研究によると、家族を含めず、趣味や自治会など3つ以上のコミュニティがあるといいです。1つや2つだとあまり効果はなくて、3つ以上のコミュニティに参加した途端に、健康寿命が延びていました。

どちらかといえば、女性よりも男性のほうが苦手ではないでしょうか。女性は自然と「つながり」も「役割」も生まれます。一方、**男性の場合は、まず「家庭内に役割を持つ」ことから始めたほうがいい**と思います。たとえば、専業主婦の人がいたとして、子どもも家を出て、母親定年をした女性が社会に飛び出すには、男性の「家庭活躍」があってということになりますね。

まずは、お皿がどこにあるのかとか、自分でご飯をつくれるとか、家の掃除ができるとか、そこから始めるのがよいと思います。たとえば、私たちの研究によると、料理をする人はwell-beingが高い傾向にありました。なぜか。メカニズムの1つとして、人は料理すると、人を招きたくなります。そうすると「つながり」ができる。誘われる機会も増える。そうしていくと、新しい「つながり」ができてくる。そういうポジティブな連鎖ができてくるからだと思います。

“よい時間の使い方”を心がける

――本書では、これからの人生に必要な資産として「健康」「お金」「つながり」の3つを挙げています。そのなかでも特に「つながり」の大事さを我々も感じています。

石川　昔は地域の祭りみたいなものがいろいろな世代をつなげるきっかけになったり、そのなかで「役割」を持ったりすることができましたが、今はそうではなくなってきました。つながりがあると健康にもなるし、多様なつながりがあるとお金の心配をそこまでせずに生きていける。**「つながり」「健康」「お金」というときに、支えになっているのは「つながり」**だと思います。

また、昔調べたのですが、お金がいくらあっても人生に対する不安は消えません。一方で不安が少なく、well-beingが高かった人は、家庭菜園をしている人や自分で料理をしている人でした。

――自炊しただけでwell-beingが上がるということですか？

石川　その理由の1つは、自炊が「いい時間の使い方」であるということです。

料理といっても本格的なものである必要はありません。たとえば、味噌汁も出汁をとるような手間をかけるものでなくていいです。

自炊がwell-beingに関係しているのは、「生きている」「生きていける」という実感を得られやすいのだと思います。また、通常、サラリーマンであれば、会社の事業の一部分を仕事として担当するだけですが、料理は最初から最後まで全部自分がやるので、やりがいを得やすいということがあるみたいです。

――本当に意外ですね。最近はコロナ禍で「手間暇かけて丁寧な暮らしをする」ことに注目が集まっていて、本書でも「トキデザイン」型の消費として取り上げていますが、そうした暮らし方もwell-beingにつながりそうです。

石川　20～30代女性のwell-beingを考えるときも、男性が家事をやるようになることがとても重要です。男性が家事をやることで女性の時間が増えます。

そういった意味では、義務教育の影響は大きいです。最近の若い子は男の

子でも料理や家事をするようになりました。昔は、「家庭科」科目は女子しかやってなくて、男子は「技術」でした。その後、男女とも家庭科を一緒にやるようになり、そこから明らかに家事参加が増えているようです。義務教育って本当に影響力がありますね。今はSDGsも小学校5年生の家庭科で習います。

ただ、今の若い人たちが大人になる頃の2030年にはSDGsは終わっているので、本当は「ポストSDGs」を教えないといけないと思います。それが「well-being」なのではないかと思っています。**「well-beingに生きている大人」を子どもたちがどれだけ見ることができるかで、その後の人生が決定的に変わる**気がします。

本当にやりたいことに時間を使ってみる

――時間の使い方について、その他に今からでもできる取り組みはありますか？

石川　皆さん、ちょっと気を抜くとすぐテレビやスマホを見る生活になってしまいますよね。これは、それをしたくてしているのではなくて、楽だからしてしまっているのです。**「本当は、自分は何に時間を使いたいのか」と振り返る時間を持つことが大事**です。

ダイエットの研究をしていたときに、生活習慣を変える目的で実践してもらったことなのですが、「1週間どのように時間を使っていますか？」と聞いて書いてもらいます。何時に起きて何時に寝て、日中何をしているのか、1週間分書いてもらうと、「自分はこういうことをしていたのか！」とみんなびっくりします。多くの方が、自分の時間の使い方を知らなかったのです。

まずは1週間の時間の使い方を見て、1つでもいいので、「本当はこうしたい」ことを改善する。1個でも改善できたら、well-beingに大きく近づきます。これをやるには、家族や会社の人ときちんとコミュニケーションを取らなければなりません。「自分はこう過ごしたいので、皆さんよろしくお願いします」と。そうすると、反対に「こうしたい」と相手から言われたりします。すると、「その間、私がこうするね」となる。

心理学ではこれを「ポジティブスケジューリング」といいます。やるべきことではなく、やりたいことから優先的にスケジューリングしていく。本当にやりたいことを振り返る時間を持つことよりも、ついついスマホやテレビを見てしまう、という過ごし方は、残念ながら時間の使い方が下手なのだと思います。

「自分がどう生きたいのか？」というのはかなり大げさな質問でイメージもわきにくいのですが、現状の生活があってそれをちょっとずつ改善していった先に理想とする生き方に近づいていくのだと思います。

＊　＊

聞き手：髙宮咲妃

well-beingな社会を目指すうえで、社会としてはまず様々な社会的ハードルがある20〜30代世代の女性へのアプローチが必要で、個人としては充実感を得られるような「よい時間の使い方」の心がけが大事だということがよくわかりました。難しいことではなく、私たちが今日からでもできそうなこともいろいろ教えていただき、ありがとうございました。

注

1）パーパス（Purpose）経営

パーパス（Purpose）とは、何のために事業を行うのかという企業の存在意義のこと。経済が成熟して商品やサービスの差別化が難しくなっているなか、企業の存在意義を問い直し、「なぜ自社がこの事業を行うのか」を全従業員がしっかり再認識することの重要性が高まっている。

2）ブータンのGNH政策

1972年に国王の提唱で、GNH（Gross National Happiness/国民総幸福量）が初めて調査されて以来、ブータンではGDP（Gross Domestic Product/国内総生産）などの経済指標ではなく、GNHの追求が国の政策目標に掲げられている。

3つの人生資産と新型コロナウイルス

本書のまとめにあたり、まずは全体を要約する形で、各章のエッセンスをまとめて概観します。

第1部　つながり

第1章：ニューノーマルと「つながり」では、一人ひとりに「自分にとってのコミュニティとは何か」という疑問を投げかけつつ、高齢者や子どものコミュニティのあり方にも言及しながら、その意義を問いました。コロナ禍がもたらした分断や制約により、つながりの「楽しさ」が再認識されたことを指摘し、Afterコロナのつながりとコミュニティのあり方を再考する必要性を論じています。さらに、最も身近な「地域」や「まち」というコミュニティにおけるつながり方に焦点を当て、今と未来の暮らしを自分たち自身で楽しくつくっていく視点を持つことの重要性を訴えました。

第2章：変化する、家族のあり方では、SNSやマッチングアプリを用いた新しい家族形成のきっかけづくりや、「結婚契約書」に見られる新しい夫婦関係のあり方を紹介しました。また、コロナ禍における家族の時間やひとりの時間の変化について見ながら、新型コロナが必ずしも分断ばかりをもたらしたわけではなく、いろいろなところに「良い変化」をもたらすきっかけともなった可能性を示唆しています。さらに、家族のつながりのDXは「一緒にいる」ことの意味を問い直し、時間・空間の共有方法や「距離感」の概念をも変化させました。こうした一連の新しい動きを家族形成や家族関係に取り入れることで、課題を解決したり、より良い暮らしをデザインできると述べています。

第3章：余暇・交流の新しい形では、「モノ消費」から移行した「コト消費」志向が、さらに「その瞬間」の幸せ体感を創造する「トキデザイン消費」へシフトしている可能性を指摘しました。それは、一人ひとりにとっての「不要不急」とは何かを考えることであり、これまで私たちの人生を豊かにしてきたものは何だったのか、「生きるために必要なもの」とは何かを考えるプロセスでもありました。劇場やライブ会場での舞台芸術鑑賞や美術鑑賞はコロナ禍で多大な制約を受けましたが、オンライン化などのテクノロジーを用いた新たな鑑賞方法が定着したことで、「離れていても一緒に楽しむ」「会場に行かなくても皆で」という新しくてユニバーサルな楽しみ方が育成されました。eスポーツもDXがもたらす新しいつながりの形です。さらに、「演奏者や芸術家の活動を守り、支援する」というサステナブル（持続的）な意識も併せて醸成されたことが特徴です。

第4章：多様な働き方と新しいつながり方では、コロナ禍をきっかけにテレワークが進むなか、社内コミュニケーションの面で課題が表出していることを指摘し、その対策として「ピアボーナス」などを用いた心理的安全性の向上や、バーチャルオフィスによるリアリティの実現の事例を紹介しています。これらは、コロナ禍で生じたコミュニケーション不足を補ったり、それらを円滑化することのみを目的としたものではありません。純粋にコミュニケーションを楽しむことや、社内のメンバーの気配や行動を感じ取ることによる就労者のストレス軽減やエンゲージメント向上も目的としており、「幸せな職場」をいかに創造するかという観点から論じられているのがポイントです。

第2部　お金

第5章：「働きやすさ」から「働きがい」へでは、「幸せに働き続ける」ことがライフデザインの重要な視点になることを前提に、「働きがい」の重要性と、そのために「学び続ける」ことの意義を述べています。コロナ禍により時間ができたことに加え、将来不安から「働く」ということについて真摯に向き合ったことは、リカレント教育のきっかけとなりました。「キャリア」

をどう考えていくかについての具体的ノウハウも、キャリアカウンセラーがアドバイスをしています。コロナ禍は私たちに様々なダメージをもたらしましたが、一方で働き方における多様化を加速させるなど、プラスのインパクトももたらしています。「幸せな働き方」が「幸せな家庭生活」につながる「ワークライフインテグレーション（WLI）」という考え方のもと、自分にとって働くとはどういうことか、報酬とは何かを改めて考えて、自ら働き方をデザインすることを提案しています。

第6章：「幸せ」視点から見た経済・家計では、お金を「自己決定できる人生を歩む（＝幸せ）ための武器」と位置付け、家計管理のあり方と資産運用の意義について述べています。お金を貯めること自体を目的とするのではなく、お金はあくまで幸せのための1つの「手段」と位置付けている点が重要です。お金を貯めれば貯めるほど幸せになるというわけではありません。実際、金額の多寡より、マネーデザインに取り組むことで主観的な「ゆとり」を感じることのほうが、幸せの体感につながると述べています。しかし実際に個人がマネーデザインを行うには難しい点も多く、キャリアカウンセラーやファイナンシャルプランナーといった、個人のライフスタイルや生き方に合わせてアドバイスしてくれる専門家の助けを借りるのも得策です。これについては、ファイナンシャルプランナーによる具体的なアドバイスも記載しています。加えて、キャッシュレス化やサブスクリプションのような、買い方・支払い方の変化にも着目しています。稼ぐ・貯める・使うという家計の選択肢が多様となるなか、私たちは「何を買うか」「どう買うか」を決める際の要素の1つとして、生産や流通の担い手とのつながりを意識し、「サステナビリティ（持続性）」に思いを馳せる消費スタイルを意識する必要についても述べています。

第3部　健康

第7章：体と心の健康づくりでは、コロナ禍がもたらした健康習慣の変化について、悪影響と好影響があったことを指摘しています。通勤や買い物など、生活に必要な活動で保たれていた運動習慣や食生活が崩れてしまった人では悪影響が生じましたが、長引くコロナ禍を機に自分の健康にしっかり向き合うようになった人では好影響が生じています。とはいえ、健康を維持・向上させるために具体的に何をしたらよいかわからないという人も少なくありません。そこで、保健師・産業カウンセラーが専門的な知見に基づき、身体面・心理面・フレイルといった観点から「生活リズム改善と減量」「健康診断・がん検診」「日常的なメンタルケア」「フレイルの原因と予防」など、具体的なアドバイスをしています。

第8章：ユニバーサル社会に向けてでは、健康な人が「標準」「ノーマル」とされてきた社会から、障害や病気のある人、加齢により心身の機能が低下した人など、必ずしも「健康」とはいえない人も幸せに暮らせる社会にすることの重要性を論じています。そのうえで、「誰一人取り残さない」という視点から、多様な健康状態にある人がともに幸せに暮らすための意識や行動に関するヒントを提供しています。

人生100年時代といわれる長寿社会となり、これまで以上に多くの人が疾患や障害と付き合いながら暮らしていく時代において、積極的に社会参加し、QOLの高い生活を実現していくうえで、何をどう備え、現実にどう向き合うのかについて述べています。また、人による手助けやハード面・ソフト面での環境整備、支援する側・支援される側の心の持ちようなどを整えていくことで、どのような健康状態にあっても外出ができ、そのための移動手段を確保できる社会の実現を呼びかけています。

こうしたユニバーサルな社会の実現は、効率性の追求だけを重視していては実現できません。私たちは、多様性を尊重し、1つの価値観で生き方の良し悪しや勝ち負けを判断しない寛容さを持つことが大切です。多様な生き方・暮らし方ができるよう、そして皆がともに幸せに暮らすことができるよう、生活者一人ひとりにその視点を提供しています。

終章 「幸せ」視点のライフデザイン

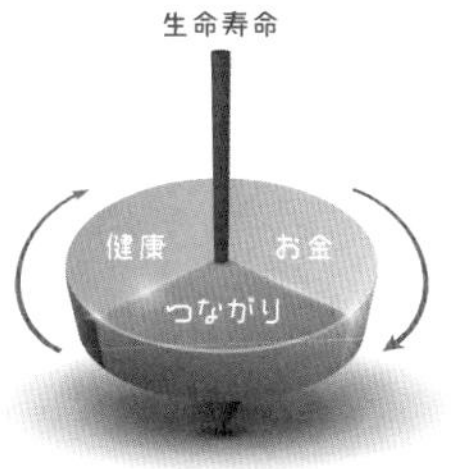

一人ひとりが幸せ戦略を実現するにあたってのポイント

ここまで見てきたように、本論では様々な領域と観点から、これからのライフデザインに求められる視点や意識、行動について述べてきました。そこには、いくつかのコンセプトが通底しています。そのキーワードを5つ取り出してみました。

①「多様性」の価値認識

これからのライフデザインを考えるにあたっては、まず「多様性」というキーワードを挙げることができます。

高度経済成長期のように、効率的に同じモノを大量につくる社会においては、それを消費する生活者にも、価値観やライフスタイルの同質性が求められました。序章で述べた「ライフデザイン1.0」の時代です。効率的に皆がともに豊かになるには、大量生産した同じモノやサービスをより多く手に入れることが、最短距離での方法でした。しかし、価値観やライフスタイルが多様化し、皆と同じものを大量消費することが豊かさをもたらすとは、必ずしもいえない時代となりました。

一方、人生100年時代となり、非常に多くの人が長生きをするようになりました。長寿自体は望ましいことですが、加齢に伴って病気を患う人や、障害を持つ人が増えていきます。足腰が弱ると外出や日々の生活に支障が生じますし、消化器官や歯が衰えれば、今までのように食べ物も食べられなくなります。仕事や生活の見直しを図らなければならないかもしれません。これらは誰にでも起こりうることで、一生涯を通じて「常に健康」（健常者）であることはほぼないといえるでしょう。さらに、自分だけでなく、周りの人の健康状態も多様であることを前提に暮らしていく必要があります。

このような社会変化のなか、特定の価値観やライフスタイルにこだわらず、また病気や障害の有無にかかわらず、皆が幸せに生活していくためには、一人ひとりがお互いにその多様性を認めていくことが重要となります。多様な人を受け入れることを前提にすれば、多様なアイデアが生まれ、多様な解決策を生み、多様な可能性が広がります。多様性は、生き方・暮らし方、すなわちライフデザインの選択肢の多さにつながるのです。「違い」が強みとなり、価値ともなるでしょう。それがお互いに尊重し助け合える社会であり、変化に強く、柔軟性の高い真のユニバーサル社会であるといえます。

新しいアイデアの発見と面白さは、「違いから何を学び取るか」から始まります。職場で多様性を認めることは選択肢と可能性を広げ、エンゲージメントを高め、生産性も向上させます。性別や年齢、健康状態、価値観などの「違い」がハードルにならないことが重要であり、境界をなくしたり均一に混ぜたりする必要はありません。いろいろな人や考えが様々に存在する状態でよいのです。多様な人たちを受け入れ、尊重し、お互いに認め合えれば、一人ひとりが自らの幸せを感じ取ることができるような生き方・暮らし方を実現できるのではないでしょうか。

②寛容さを備える

寛容性については序章でも述べましたが、今後一人ひとりが幸せを感じて暮らしていくために、求められる考え方であると再確認されたように思います。

では、寛容であることとは、どのようなことなのでしょうか。それはまず、多様な人たちを受け入れ、尊重し、互いを認め合うことです。人は、自分以外の人のすべてを理解することはできません。むしろ、わからないまま、ありのままを受け入れることが重要なのではないでしょうか。自分と異なる価値観を持つ人、自分とは異なる状況や境遇にある人など、理解が難しい相手もいるでしょう。そういう人に対しても、自分の価値観に当てはめて相手を認識・評価せず、ましてや否定したりせず、まずは受け入れてみるという気持ちが大事ではないでしょうか。そのうえで、「そこから何か学べたらいい」とか、「違い自体が面白い」という思考を持てる人は、最高に寛容な人なのではないでしょうか。

そして、この人が自分と違うのは、どういう背景からなのだろうか、どうしてこのような考えに至るのだろうか、この人だったらどう考えるだろうか、というように、相手に思いを馳せることができる人は、心に余裕があり、幸せを感じることができる人でもあります。

さらに、そのようなポジティブな想像ができる人は、ダメージを受けてもそれらを想像力で軽減できる、レジリエント（回復力）のある人でもあるでしょう。AIと人間社会行動や幸せについて研究を行っている矢野和男氏（日立製作所フェロー／ハピネスプラネットCEO）によれば、ポジティブな思考は訓練で会得できるとしています。筆者は、寛容性もまた心の持ちようで伸ばせるスキルの１つであると考えています。

③「ハピネス体感」というスキル

私たちの日常に幸せを感じる出来事があふれていたということを、コロナ禍で改めて実感した人も多いでしょう。失われて初めてその価値に気づくというのは皮肉なものですが、それくらい「当たり前な生活」にハピネスの種が多かったということです。

日ごろ意識的に立ち止まり、ハピネスに気づこうとする機会はなかなか持てません。むしろ、日常的に人は自分にないものに目を向けてしまう傾向があります。自分に「ないもの」を数えるのではなく、自分に「あるもの」を数える機会を持つことで、私たちはありきたりの日常のなかにたくさんのハピネスがあることを思い出すことができます。

また、「第３章：余暇・交流の新しい形」や「第７章：体と心の健康づくり」でも言及していますが、積極的にハピネス体感の機会を創出するのも効果的です。あえて口角を上げたり、上を向いたりして、体感するふりをすることで脳をだますテクニックも効果的であると述べているように、意識的に体感する訓練をすることで、ハピネス体感のスキルは鍛えられる可能性があります。また、お金の章で、実際の経済状況ではなく、「経済的ゆとり感」がハピネス体感において重要であると述べているように、自分にとっての豊かさとは何かを考えることでも、ハピネス体感のスキルは磨かれそうです。

こうして考えると、ライフデザイン3.0時代にwell-being（幸せ）を実現できる人は、自らのハピネスに必要な要素を多様に持ち、ハピネス体感のスキルを会得した人であるといえるのではないでしょうか。

④「サステナビリティ」という価値の共有と、ソリューションの共創

私たちは、国や地域など、様々なコミュニティに所属して暮らしています。コミュニティの持続性は、私たちの暮らしに大きな影響を及ぼします。たとえば地球環境問題は、私たちの現在と将来の生活を守るうえで、自分事として向き合わなければならない課題です。私たちは日々の生活を通じて、それぞれのコミュニティの持続性に思いを馳せる必要があるのです。

SDGsは、持続可能な開発目標として世界で合意を得ています。しかし「第6章：『幸せ』視点から見た経済・家計」で述べたとおり、SDGsの17の目標の達成にあたって、最適なソリューションを導くのは非常に難しいことです。これらの課題解決にあたっては、様々な状況や事情を考慮しなければなりませんし、多くの人の暮らしや価値との両立も意識する必要があります。こうしたソリューションをともにつくる（共創する）うえで、多様性の受容が重要となるのです。先に述べたように、考え方や方法は多様なほうが良いソリューションを生み出すと考えられますし、より多様な人たちの価値や利益を考慮に入れることができるからです。

DXにより、多くの人とのつながりを維持形成しながら関わっていくこと、消費においてつながり（バリューチェーン）を意識しサーキュラーエコノミー（循環型経済）を実現すること、社会に対するエンゲージメント（愛着心）を高めて社会を自ら良くする意識を持つこと、未熟なテクノロジーを社会全体で育てて課題の早期解決を図る姿勢を持つこと、広く浅くたくさんのものに寄りかかれる社会をつくっていくことなどは、「サステナビリティ（持続性)」という合意が社会に形成されてこそ、実現されます。

多様性の高い社会とは、一人ひとりが好き勝手をすることを認める社会ではありません。私たちは、社会の「サステナビリティ」の実現を、目指すべき価値として共有し、多様性を活かし、異なる視点や視座、方法によって課題解決に向けた提案をしていく必要があるのです。多様性を高めつつ、価値を共有するということは、社会の英知を集結してより良い次世代をつくることに他ならないのです。

⑤「デザイン」という想像力・創造力

一人ひとりが、「なぜ今、多様性の受容が必要なのか」「なぜサステナビリ

ティが求められるのか」「なぜそこに寛容性が必要なのか」などについて考えることは、自分のライフデザインを考えるうえで重要な視点です。ライフデザインとは、単に未来の自分の家計状況と余命を天秤にかけ、それに備えるということではありません。

「LIFE（ライフ）」という言葉には、日本語では、「人生・生命」と「生活」という2つの意味があります。前者が非常に長いスパンの重いイメージを持つのに対し、後者は日々の日常生活をイメージさせます。「ライフデザイン」はそのいずれも包含しています。自分の老後（若者にとっては遠い未来）のことも、今この瞬間のことも、すべて含めて「ライフ」なのです。

ライフデザインとは、今と未来の暮らしについて想像し、描いた今と未来を創造する作業です。お金の章でも述べていますが、描くことで人は備え、備えることで安心感が生まれます。これこそが、私たちがハピネス体感のスキルを存分に発揮する土壌づくりであり、その蓄積が幸せなライフデザインを導き出すといえるでしょう。

これからの社会のあり方を見据えたライフデザインを

私たちはディスタンス（distance：距離）をとることを合言葉に、何とかコロナ禍を乗り切ろうとしてきました。そしてその過程で、物理的な「間（ま）」とつながりとは何かについて深く考える機会を得ました。「間」は想像力をもたらし、方法の模索は創造の機会を生んだといえます。

物理的に離されながらも、人はつながりを求め、それらを維持しようと試みました。物理的に離れていても、メンタルでつながる方法の1つとして、デジタルテクノロジーの活用を試行錯誤しました。芸術や心の豊かさとは「不要不急」なのかを問い、限られた環境下でハピネスの体感を意識しました。さらに、「コロナ」という課題を世界で「共有」したことにより、私たちは多様な英知を結集してソリューションを模索しました。

奇しくも、私たちはこの2年足らずで、これまでに挙げた一連の社会変容に関するキーワードについて、リアルに体感したといえます。かつてない社会変化のなかで、私たちはこれからのライフデザインを考えるうえで、社会全体のデザインをどう捉えていくべきなのでしょうか。

①速さ・量・効率的な価値から、「ヒトの精神的充足」が価値に

序章でも述べたSociety5.0社会は、「人間中心の新しい社会」といわれています。この「人間中心」という言葉に違和感を覚える人もいるようですが、これは「ヒト・モノ・カネ」というリソースにおいて、ヒトに焦点を当てるべきという解釈として考えれば納得できるのではないでしょうか。

こうしたなかで、スピードが速いこと、短時間で量産すること、とにかく効率性を高めることなどが絶対的な価値だった時代が変わろうとしています。こうした価値観から、いかなるプロセスを模索し、その過程でどのくらいの人たちが幸せを感じたか、といった点が社会的な価値として見直されているのです。量・速さ・金額などの数値ではなく、質やプロセスをKPI（Key Performance Indicator 重要業績評価指標）として問う社会へのシフトといってもよいでしょう。

国の豊かさを測る指標も、GDP（国内総生産）という経済的な指標だけでなく、GDW（国内総充実）をはじめとする質的なものが考案されるなど、物質的効率（efficiency）から精神的充足（sufficiency）へのシフトが提起されています。こうした視点から、私たちのライフデザインのあり方は考え直されようとしています。

②「利己」としての利他

精神的充足を価値とする社会において、まずは自分がどうハピネスを体感するかが重要です。ハピネスは「なるもの」ではなく、「体感するもの」であることについては、序章でも述べたとおりです。それでは人は何からハピネスを体感するのでしょうか。

自分の好きなことやライフワーク、芸術鑑賞などからハピネスを体感することはもちろんですが、人は人とのつながりからハピネスを体感することが多々あります。特に、誰かを喜ばせたり助けたりすることで得られるハピネス体感は、相手の幸せと自分の幸せを同時に得られる共通価値（Shared Value）です。たとえば、誰かにプレゼントをするときに、相手が喜ぶ姿を想像して品を選ぶときは幸せですし、受け取った相手が喜んでくれるのを見るのも幸せです。社会のサステナビリティを考えるのも、自分と無関係なところの話ではなく、自分が住む社会の、自分を取り巻く話として考える必要

があります。

そう考えると、「ヒトのため」のハピネス実現は、実は自分のためであることに気づきます。誰かを思ってする「利他」の行動は、究極の「利己」としての自らの幸せでもあり、共通価値です。利他は自己犠牲ではないのです。私たちは、これからのライフデザインにおいて、こうした自分と他者との価値の共有を組み込んでいく必要があります。

③つながりがもたらす一人ひとりのwell-being（幸せ）とユニバーサル社会

つながりをつくることは、自分が誰かのために起こす行動が、誰かから自分に返ってくる道筋をつくることでもあります。自分がハピネスを体感しようとする行動が、他者のハピネスと連動し、他者が体感するハピネスに自分も便乗できる。理想論といわれればそれまでですが、そういう気持ちを持ち行動できる人が一人でも多くなれば、きっと人々の行動が変わり、寛容でハピネスを体感しやすく、皆がwell-being（幸せ）でいられるユニバーサル社会に変わっていくのではないでしょうか。

「社会はどこへ向かうのか」を知りたがる人は多くいますが、社会の変化は私たち一人ひとりの意識と行動の変化によってもたらされるものだといえます。私たちがありたい未来をデザインし、そのために今、なすべきことを試行錯誤することが、個人のwell-beingの実現につながると考えられます。

コロナ禍により、私たちは人と会う意義を見つめ、芸術の意味を考え、経済と心の豊かさのバランスに関する選択を迫られました。かつてこれほどの規模でこのようなテーマに正面から向き合ったことがあったでしょうか。本書では、自分自身がハピネスを体感し、ハピネスの価値を皆で共有する、お互いを尊重し、つながることで道をつくっていく、そしてそれらを通じて一人ひとりがwell-being（幸せ）になることができる、「ライフデザイン3.0」を改めて提唱したいと思います。

（宮木由貴子）

おわりに

「幸せは、自分で動いて感じるもの。目標に向かう過程をも楽しんで行動することで、日々幸せでいられる」、これが、ライフデザイン白書の一貫したメッセージです。今年の白書は、新型コロナ感染症の流行が長引くなかで執筆されました。身近な暮らしが一変し、思うようにならないことが多かったなかで得られた最大の気づきは、しなやかな心持ちの大切さだったと思います。制約のなかで工夫を楽しむ創造力、自分の価値観と異なるものを受け止める寛容、受け止めきれないときには受け流す復元力。つながりのなかで、しなやかさが相手に伝わり、また自分に返ってくることで、社会全体として困難を乗り越える力が高まることが期待されます。

ライフデザインは、時代の変化とともに変わってきました。高度成長期の成功体験のなかで形作られた、同質性、画一性の高い「ライフデザイン1.0」の時代。多様化が進み選択肢が広がった反面、不安感が高まった「ライフデザイン2.0」の時代。そして、技術の進歩が加速し、経済、社会、産業が大きく変容する、複雑で不確実性の高い時代が訪れました。「70歳就労」「副業解禁」等、働く環境も急激に変化しています。必要とされる知識や能力が変わり、長く幸せに働き続けるためには、年齢に関係なく、誰もが学び続けなければなりません。そこで、当研究所では、ありたい未来は自分で描き、その実現に向けて、いつからでも始め、何度でもやり直せる、柔軟性の高い「ライフデザイン3.0」を提言しています。

日本は、エンゲージメントの高い、言い換えれば、熱意あふれる社員の割合が6%で、調査対象139カ国中132位という結果になっており（2017年の米ギャラップ社の調査）、また、社員のエンゲージメントが高い企業は、利益や労働生産性が高いというデータがあります。2020年9月に発表された経済産業省の研究会報告書（人材版伊藤レポート）は、これらのデータを紹介しつつ、企業の人材戦略に共通に求められる5つの要素の1つに、多様な個人が主体的、意欲的に取り組めているか、という従業員エンゲージメントを挙げています。本書は、この従業員エンゲージメントを高める最も重要な要素は、自分の行動を自分で決められる自律性であるという研究を紹介しています。働く人々は環境の激変に不安を抱きがちになりますが、むしろ「自分で決めて行動する機会が増えたのだ」と前向きに捉えようと呼びかけています。年配の世代から、「君たちの世代は厳しいね！」と声をかけられた若手の執筆者が、人生の選択肢は昔より今のほうが広がっていると考え、前向きに捉えていることは、心強く感じられます。

本書では、自己決定を大切にすることが、他の人の決定も尊重することにつながることを繰り返し説いています。コロナ禍で改めて気づかされた、「多様性を尊重し、異なる価値観を受け入れる」「包摂性」といわれる心構えの大切さは、前述の人材版伊藤レポートにおいても、多様な個人の掛け合わせを通じてこれまでにないイノベーションを生み出す原動力として指摘されています。

このように見てくると、個々人が幸せに働くことが、日本経済の活力の源になることが改めてよく理解できます。企業経営においては、働く人々の幸福感を高めることの重要性が認識され始めていますが、政府の政策を立案するにあたっても、対象となる企業や個人にとって多様な選択肢があり、自発的な創意工夫を高められるような手法をデザインすることで、政策の実効性を高めるという視点が重要になっているのではないかと思います。

筆者は、行政の組織と仕事にデザインを導入することに取り組んだことがありますが、「ライフデザイン」という考え方は、第2の人生に入って初めて出会いました。三十数年前、ワークライフバランスという言葉がない時代に働き始め、紆余曲折のなかで、自分なりに健康管理や仕事について考えてきましたが、幸せになることが一人ひとりの「戦略」として体系的に整理されていることがとても新鮮でした。もっと早く出会っていれば良かったと思いますが、「ライフデザイン3.0」は、「いつからでも始め、何度でもやり直し、方向転換をしながら」でよい、という本書の語りかけに救いを感じながら、これからの生き方を考えていきたいと思います。

一人でも多くの皆様に本書を読んでいただき、ご自身と周囲の方々の幸せに向けて行動を起こしていただく、社会の仕組みがそれを促すものに変わっていく、そんなきっかけになることを願ってやみません。

株式会社　第一生命経済研究所　顧問　宗像　直子

調査概要

1.「ライフデザインに関する調査」の概要

当研究所では人々の生活実態と意識の現状や変化を把握するため、1995～2021年の間に計11回、「ライフデザインに関する調査」を行ってきました。第7回調査までは、住民基本台帳を利用して無作為に抽出した全国の18～69歳の男女個人を対象に、調査員による留置記入依頼法で実施しています。2015年の第8回調査からは、調査実施環境の変化等をふまえて、調査方法をインターネット調査に変更しました。これにより、それまでと比べてサンプル数を大きく増やすことができ、多様化の進む日本社会をより詳しく分析できるようになりました。また、2019年の第10回調査からは調査対象者に70代も含めました。

本書では、これらの調査のうち、主に「第11回 ライフデザインに関する調査」の調査結果を紹介しています。

なお、前回（第10回）までは調査名を「今後の生活に関するアンケート」としておりましたが、今回（第11回）より「ライフデザインに関する調査」に変更いたしました。

第1～7回調査の概要

調査	調査時期	標本数	有効回答数	書籍名
第1回調査	1995年1月19日～2月7日	3,000	2,352	ライフデザイン白書1996-97
第2回調査	1997年1月10日～1月27日	3,000	2,372	ライフデザイン白書1998-99
第3回調査	1999年1月22日～2月8日	3,000	2,210	ライフデザイン白書2000-01
第4回調査	2001年1月19日～2月5日	3,000	2,254	ライフデザイン白書2002-03
第5回調査	2003年1月22日～2月10日	2,000	1,472	ライフデザイン白書2004-05
第6回調査	2005年1月12日～1月27日	3,000	2,128	ライフデザイン白書2006-07
第7回調査	2010年1月9日～1月31日	3,000	1,986	ライフデザイン白書2011年

第8～11回調査の概要

調査	調査時期	有効回答数	書籍名
第8回調査	2015年1月29日～1月30日	7,256	ライフデザイン白書2015年
第9回調査	2017年1月27日～1月29日	17,462	「人生100年時代」のライフデザイン
第10回調査	2019年1月31日～2月6日	19,630	人生100年時代の「幸せ戦略」
第11回調査	2021年1月29日～2月3日	19,668	「幸せ」視点のライフデザイン（本書）

第11回調査の詳細

調査対象	全国の18～79歳の男女個人（調査委託先の登録モニター）
抽出方法	以下の２つの年代グループに分割し、各年代グループのなかで層化抽出 ①18歳～69歳：地域（10エリア）×性・年代別 （ただし、20・30・40代は地域（10エリア）×性・年代×未既婚別） ②70歳～79歳：地域（首都圏・京阪神・東海・その他の４エリア）×性別×未既婚別 ※地域・性別・年代・未既婚の各比率は、国勢調査に準拠
調査方法	インターネット調査
調査機関	株式会社マクロミル

第11回調査の回答者（18~69歳）の主な属性

（単位：％）

性別	男性	49.8
	女性	50.2
年代	男性29歳以下	9.0
	男性30代	9.4
	男性40代	11.1
	男性50代	9.5
	男性60代	10.9
	女性29歳以下	8.7
	女性30代	9.3
	女性40代	11.1
	女性50代	9.6
	女性60代	11.4

※本書では18～69歳17,599名の結果のみ取り扱っています。

2.「新型コロナウイルスによる生活と意識の変化に関する調査」の概要

当研究所では、新型コロナウイルスの感染拡大が生活に及ぼした影響を明らかにするために、2021年に実施した「第11回 ライフデザインに関する調査」（1参照）に先がけて、2020年には「新型コロナウイルスによる生活と意識の変化に関する調査」を3回にわたり実施しました。

その調査の概要は以下のとおりです。

調査	調査時期	調査対象	有効回答数	調査方法	調査機関
第1回調査	2020年4月3日~4日	全国の20~69歳の男女個人（調査委託先の登録モニター）	1,000	インターネット調査	株式会社クロス・マーケティング
第2回調査	2020年5月15日~16日		1,000		
第3回調査	2020年9月16日~18日		3,000		

これらの調査の結果は、当研究所のホームページなどでも紹介しています。
https://www.dlri.co.jp/

人生100年時代のライフデザインを考えるボードゲーム
「ライフデザイン 3.0 ゲーム」のご紹介

第一生命経済研究所は、『人生 100 年時代の「幸せ戦略」(ライフデザイン白書2020)』(第一生命経済研究所編、東洋経済新報社刊、2019 年 10 月発行)を基に、『ライフデザイン 3.0 ゲーム』を開発しました。

「人生 100 年時代」といわれるように、長寿化とともに価値観やライフコースの多様化が進み、一人ひとりが主体的に生き方や働き方を選択する(ライフデザインする)必要性が増しています。

『ライフデザイン 3.0 ゲーム』は、プレイヤーが働き方・生き方を主体的に選択しながら歩む人生を疑似体験することで、3つの人生資産(「健康」「お金」「つながり」)や QOL 向上の理解促進に加えて、自身のキャリアデザインに対する意識を高めることを狙いとしています。

ライフデザイン3.0ゲームの特徴

①ボードゲーム形式

多くの方に親しみのあるボードゲーム形式(双六形式)です。サイコロを振って出た数字だけ駒を進め、現代のヤング・ミドル・シニアの人生で起こる様々な出来事を疑似体験します。各マスでは出来事によって、3種類のポイント(「健康」「お金」「つながり」)が増減します。

②9種類の「ワークスタイルカード」から働き方を選択し、多様な人生を疑似体験します

働き方や生き方の特徴を示した9種類の「ワークスタイルカード」をプレイヤー自らが選択し、やり直し・方向転換をしながら多様な人生を疑似体験していきます。ワークスタイルを変更できる地点(ワークスタイルチェンジ)を通過すると、「ワークスタイルカード」の中から自身の働き方を選択・変更することができます。「ターニングポイント」では退職する・しないを選

択でき、退職を選択することで退職後のワークスタイルカードに変更することもできます。

③3つの「人生資産」を積み上げていきます

プレイヤーは、マスの出来事や自身のワークスタイルを通じて、「健康」「お金」「つながり」の3つの人生資産を積み上げていきます。ワークスタイルごとに獲得しやすい資産は異なるため、プレイヤーはその時々でどの資産を充実させたいかを考えながら、ゲームを進めていきます。

④他者と比較しながら自分を相対化

ライフデザイン3.0ゲームには勝ち負けはありません。プレイヤーは自分自身の望む人生を送るために、ワークスタイルや結婚・退職等を選択しながら、3つの資産を積み上げていきます。プレイヤー同士がどのような人生を歩むか互いに見比べながら、自然と自身の選択や他者の選択について対話がはずみ、自身の生き方を相対化することができるようになります。

■ライフデザイン3.0ゲームの対象

大学生以上、3〜5人

キャリア教育や社員研修の教材として、ご活用いただけます。

■ライフデザイン3.0ゲームのご利用に関する注意事項

本書発行時点ではお貸し出しのみの対応とさせていただいております。

当ゲームに関するご質問や活用のご相談等につきましては、以下にお問い合わせください。

「ライフデザイン3.0ゲーム」に関するお問い合わせ
㈱第一生命経済研究所 ライフデザイン研究部
広報担当 E-mail：koho＠dlri.jp

LIFE DESIGN 3.0 GAME

人生100年時代のラ

START

●〈スタート用〉ワークスタイルカードと〈健康〉〈お金〉〈つながり〉を各 3000 ポイント持ってスタートします。
●順番にダイスを振り、出た数字のマスまで進み、書いてある文章を声を出して読みます。
マスの中の各資産のポイントを獲得したり、失ったりします。

マス	内容	健康	お金	つながり
Y1	長い就職活動を終えて、希望の会社に就職する	−	＋3000	＋3000
Y2	憧れの先輩を見習い、朝型生活に切り替える	＋1000	−	−
Y3	マッチングアプリで恋人ができる	−	−1000	＋1000
Y4				

マス	内容	健康	お金	つながり
M2	育児ブログが大人気となり、収益化に成功する	−	＋1000	＋1000
M1	パートナーが昇格した結果、毎日帰りが遅くなる	−	＋1000	−1000
Y15	子供が生まれ育児休暇を取得する	−	−	＋3000
Y14	引越しをしてパートナーと同居を始める	−	−1000	＋1000
Y13	ハネム れのホ に泊ま			

マス	内容	健康	お金	つながり
M3	交通事故に遭って入院したが、保険金が下りる	−2000	＋1000	−

マス	内容	健康	お金	つながり
M2	数年前に買った株が、突然値上がりして儲かる	−	＋2000	−
M1	大学時代の友人と週末起業して初仕事をする	−	＋1000	＋1000
Y15	犬を飼い始めて散歩仲間ができる	＋1000	−	＋1000
Y14	初恋の人と SNS でつながり連絡を取るようになる	−	−	＋2000
Y13	海外旅 気にな 術をす			

MIDDLE

ワークスタイルを変更することができる（そのままでも OK）

1マスとカウントせず進む

WORKSTYLE CHANGE

ワークスタイルの変更はマスの移動とポイント精算後に実施してください

マス	内容	健康	お金	つながり
M4	親から生前贈与を受けるが、兄弟姉妹と揉める	−	＋2000	−2000
M5	保有株が下落しショックで眠れなくなる	−1000	−2000	−
M6	仕事量が増え収入が増えるも体調を崩してしまう	−2000	＋1000	−
M7	積極的に休暇を取り、家族と過ごす時間を増やす	＋1000	−	＋1000

BONUS GET!

マス	内容	健康	お金	つながり
S3	親が急死して遺産を相続する	−	＋3000	−2000
S2	長年の取引先が会社を畳んでしまう	−	−	−1000
S1	財形貯蓄の一時金を受け取りローンを完済	−	＋3000	−
M18	ぎっくり ように なり外			

マス	内容	健康	お金	つながり
S4	友人が社長になった縁で同社の相談役に就任	−	＋1000	＋1000

マス	内容	健康	お金	つながり
S3	念願の社交ダンスを始めてコンテストで入賞する	＋3000	＋1000	−
S2	SNS で同級生とつながり、同窓会を開催する	−	−	＋2000
S1	ラジオ体操の指導員になり毎週体操会を実施	＋2000	−	＋1000
M18	親を看 内だけ 行なう			

SENIOR

1マスとカウントせず進む

CARD REVERSE

ワークスタイルを表→裏、裏→表に変更することができる（そのままでも OK）

ワークスタイルの変更はマスの移動とポイント精算後に実施してください

BONUS GET!

マス	内容	健康	お金	つながり
S5	転んで頭を打ち救急車で運ばれる	−2000	−	−
S6	人間ドックの検査結果が良く、気持ちも若くなる	＋2000	−	−
S7	事故に遭い大怪我をして家にこもりがちになる	−3000	−3000	−3000
S8	日本の良さを伝えるためにホストファミリーになる	−	−1000	＋2000
S9	仲の良い 突然亡く			

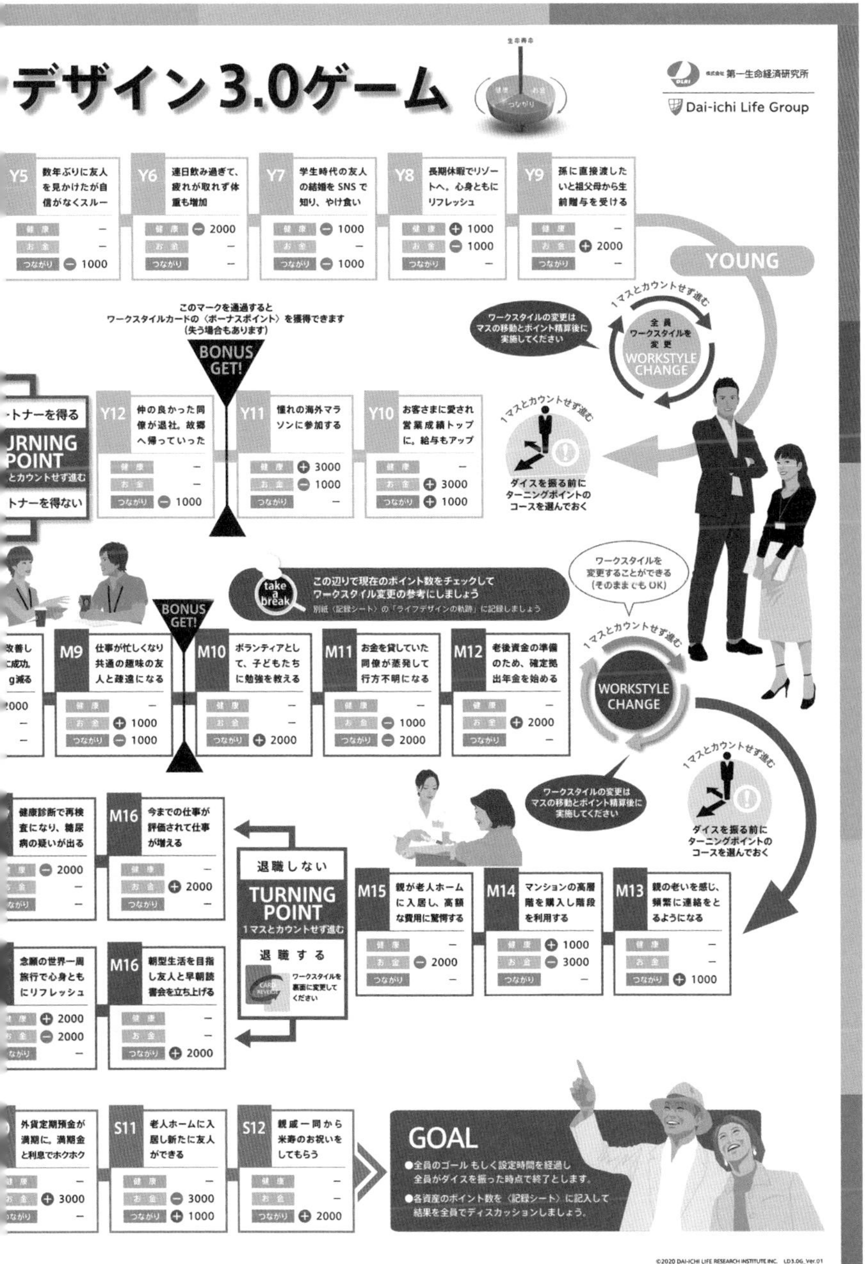

デザイン3.0ゲーム
生命寿命
健康
お金
つながり
株式会社 第一生命経済研究所
Dai-ichi Life Group
Y5 数年ぶりに友人を見かけたが自信がなくスルー
健康 — お金 — つながり − 1000
Y6 連日飲み過ぎて、疲れが取れず体重も増加
健康 − 2000 お金 — つながり —
Y7 学生時代の友人の結婚を SNS で知り、やけ食い
健康 − 1000 お金 — つながり − 1000
Y8 長期休暇でリゾートへ。心身ともにリフレッシュ
健康 + 1000 お金 − 1000 つながり —
Y9 孫に直接渡したいと祖父母から生前贈与を受ける
健康 — お金 + 2000 つながり —
YOUNG
1マスとカウントせず進む
全員ワークスタイルを変更
WORKSTYLE CHANGE
ワークスタイルの変更はマスの移動とポイント精算後に実施してください
このマークを通過するとワークスタイルカードの〈ボーナスポイント〉を獲得できます（失う場合もあります）
BONUS GET!
-トナーを得る
JRNING POINT
とカウントせず進む
トナーを得ない
Y12 仲の良かった同僚が退社。故郷へ帰っていった
健康 — お金 — つながり − 1000
Y11 憧れの海外マラソンに参加する
健康 + 3000 お金 − 1000 つながり —
Y10 お客さまに愛され営業成績トップに。給与もアップ
健康 — お金 + 3000 つながり + 1000
1マスとカウントせず進む
ダイスを振る前にターニングポイントのコースを選んでおく
take a break
この辺りで現在のポイント数をチェックしてワークスタイル変更の参考にしましょう
別紙〈記録シート〉の「ライフデザインの軌跡」に記録しましょう
ワークスタイルを変更することができる（そのままでもOK）
BONUS GET!
改善し に成功。 g減る
2000 — —
M9 仕事が忙しくなり共通の趣味の友人と疎遠になる
健康 — お金 + 1000 つながり − 1000
M10 ボランティアとして、子どもたちに勉強を教える
健康 — お金 — つながり + 2000
M11 お金を貸していた同僚が蒸発して行方不明になる
健康 — お金 − 1000 つながり − 2000
M12 老後資金の準備のため、確定拠出年金を始める
健康 — お金 + 2000 つながり —
1マスとカウントせず進む
WORKSTYLE CHANGE
ワークスタイルの変更はマスの移動とポイント精算後に実施してください
1マスとカウントせず進む
ダイスを振る前にターニングポイントのコースを選んでおく
健康診断で再検査になり、糖尿病の疑いが出る
康 − 2000 金 — ながり —
M16 今までの仕事が評価されて仕事が増える
健康 — お金 + 2000 つながり —
退職しない
TURNING POINT
1マスとカウントせず進む
退職する
CARD REVERSE
ワークスタイルを裏面に変更してください
M15 親が老人ホームに入居し、高額な費用に驚愕する
健康 — お金 − 2000 つながり —
M14 マンションの高層階を購入し階段を利用する
健康 + 1000 お金 − 3000 つながり —
M13 親の老いを感じ、頻繁に連絡をとるようになる
健康 — お金 — つながり + 1000
念願の世界一周旅行で心身ともにリフレッシュ
康 + 2000 金 − 2000 ながり —
M16 朝型生活を目指し友人と早朝読書会を立ち上げる
健康 — お金 — つながり + 2000
外貨定期預金が満期に。満期金と利息でホクホク
康 — 金 + 3000 ながり —
S11 老人ホームに入居し新たに友人ができる
健康 — お金 − 3000 つながり + 1000
S12 親戚一同から米寿のお祝いをしてもらう
健康 — お金 — つながり + 2000
GOAL
●全員のゴール もしくく設定時間を経過し全員がダイスを振った時点で終了とします。
●各資産のポイント数を〈記録シート〉に記入して結果を全員でディスカッションしましょう。

〈著者〉

株式会社　第一生命経済研究所

第一生命経済研究所は、第一生命グループの総合シンクタンク。経済分野にとどまらず、金融・財政、保険・年金・社会保障から、家族・就労・消費などライフデザインに関することまで、さまざまな分野を研究領域としている。生活研究部門の前身は1988年に第一生命が設立したライフデザイン研究所であり、2002年に第一生命経済研究所と合併し現在の組織となった。独自のアンケート調査やフィールド調査にもとづくレポートの発信、セミナー事業の展開などを通じ、広く世の中に情報提供・提言を行っている。

ホームページ：https://www.dlri.co.jp/

〈執筆者〉

宮木由貴子	部長兼主席研究員	序章・7節・22節・30節・終章 担当　（企画リーダー）
稲垣　円	主任研究員	1節・2節・3節 担当　（第1部リーダー）
的場康子	主席研究員	4節・8節・9節・16節・17節 担当　（第2部リーダー）
北村安樹子	主任研究員	5節・6節 担当
柏村　祐	主席研究員	10節・12節 担当
神村玲緒奈	課長補佐	11節・14節 担当
石附賢実	グループ長	13節 担当
榎並重人	研究理事	15節 担当
星野卓也	主任エコノミスト	18節 担当
村上隆晃	主席研究員	19節 担当
村井幸博	上席講師	20節 担当
世良多加紘	研究員	21節 担当
水野映子	上席主任研究員	23節・27節・29節 担当　（第3部リーダー）
上代実志	主任講師・保健師	24節 担当
松島直子	講師・保健師	25節 担当
近藤真名美	講師・看護師	26節 担当
後藤　博	主任研究員	28節 担当

〈インタビュー構成・編集〉

髙宮咲妃	研究員

〈制作協力〉

丹下博史	タスクフォース長
新家義貴	部長兼主席エコノミスト
荒銭恵子	部長
石川めぐみ	上席講師
井川澄子	事務・広報担当
佐藤歩美	慶應義塾大学大学院政策・メディア研究科修士2年

〈統括〉

斎藤勝彦	取締役

「幸せ」視点のライフデザイン

2万人アンケートが描く生き方・暮らし方の羅針盤

2021年10月28日発行

著　者――第一生命経済研究所
発行者――駒橋憲一
発行所――東洋経済新報社
〒103-8345　東京都中央区日本橋本石町 1-2-1
電話＝東洋経済コールセンター 03(6386)1040
https://toyokeizai.net/

装　丁…………濱田千鶴子
イラスト…………本島　亨
ＤＴＰ…………アイランドコレクション
印　刷…………東港出版印刷
製　本…………大口製本印刷
 Printed in Japan　ISBN 978-4-492-96201-5